福建师范大学协和学院出版专项基金资助项目

U0769346

外贸参展实务

主　编　韦樟清
副主编　刘京华　林　青

Exhibition practice of foreign trade

经济管理出版社
ECONOMY & MANAGEMENT PUBLISHING HOUSE

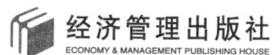

图书在版编目（CIP）数据

外贸参展实务 / 韦樟清主编 . -- 北京：经济管理出版社，2015.12
ISBN 978-7-5096-4113-2

Ⅰ. ①外… Ⅱ. ①韦… Ⅲ. ①国际贸易－展览会－管理－教材 Ⅳ. ①F743.3

中国版本图书馆 CIP 数据核字（2022.7 重印）第 299551 号

组稿编辑：王光艳
责任编辑：赵晓静
责任印制：黄章平

出版发行：经济管理出版社
（北京市海淀区北蜂窝 8 号中雅大厦 A 座 11 层　100038）
网址：www. E-mp. com. cn
电话：（010）51915602
印刷：北京市海淀区唐家岭福利印刷厂
经销：新华书店
开本：787mm×1092mm/16
印张：17.5
字数：382 千字
版次：2017 年 2 月第 1 版　2022 年 7 月第 4 次印刷
书号：ISBN 978-7-5096-4113-2
定价：58.00 元

·版权所有　翻印必究·

凡购本社图书，如有印装错误，由本社读者服务部负责调换。
联系地址：北京阜外月坛北小街 2 号
电话：（010）68022974　邮编：100836

前　言

当前，会展经济已成为我国经济发展的新亮点，但与之不相适应的是我国相关方面的高素质专业人才奇缺，尤其是从事外贸会展的人才更为稀缺。为了顺应外贸参展业发展对人才的需求，我们组织编写了这本《外贸参展实务》教材。

《外贸参展实务》是国际贸易实践领域的重要课程，但迄今为止已出版的关于外贸参展方面的教材却比较有限。本教材在写作过程中力求突出自身的显著特点，针对应用型高等院校人才培养的目标，在对"外贸参展"主要环节和基本理论方面进行介绍的同时添加了最新的实操案例，侧重理论与实践的结合。在内容编写上，本教材较为系统地阐述了外贸参展的发展历程，重点介绍了会展的准备流程、展位设计、展会营销、会展商务接待、会展现场管理、展会知识产权纠纷、展会观众信息管理以及参展绩效评估与工作总结的理论与实务。同时，在各部分内容中均加入了诸多实际案例，帮助读者对外贸参展过程的各方面实践操作有全面的理解和深刻的认识，突出"实基础与强技能"相结合的人才培养需要。本教材结构完整，共分为九章，各章配备了相应的案例和本章小结，便于自学和课后复习。

本教材既是多所应用型本科院校专业教师们辛勤创作的结晶，也是其多年来从事国际贸易、外贸参展等相关课程教学与研究的经验总结和研究成果，具有较强的理论性、实践性与前沿性。本教材由福建师范大学协和学院韦樟清副教授担任主编，负责拟定写作大纲和框架设计，并安排和协调写作活动，由福建师范大学协和学院刘京华和林青两位老师担任副主编。参与编写的老师还有福建师范大学协和学院的张帆老师、芦林堃老师以及谢儒杰老师。具体编写分工如下：韦樟清编写第一章；张帆编写第二章、第五章；韦樟清、谢儒杰编写第三章；林青编写第四章、第六章第三节和第四节；芦林堃编写第六章第一节和第二节、第八章、第九章；刘京华编写第七章。

本教材适用于应用型本科院校经济管理类专业学生，可作为在职培训的外贸参展从业人员和广大外贸从业者和爱好者阅读和学习。

本教材参考了大量的国内外文献资料，大多数已在后面的参考文献中列出，个别成果若被疏漏，敬请诸位专家指出并希望给予谅解。在此，我们编写组向本教材参考过的中外文献的作者表示诚挚的谢意。由于编写时间仓促，编者的知识、经验不足，水平有限，书中疏漏、不妥之处在所难免，敬请同行专家和广大读者批评指正。

编　者
2016 年 10 月

目 录

第一章 外贸参展概述 ... 1

第一节 会展的基本内涵 ... 1
一、会展的界定 ... 1
二、会展构成要素 ... 2
三、会展的特点 ... 3
四、会展的基本功能 ... 4

第二节 外贸企业参展概述 ... 5
一、外贸企业参展的作用 ... 5
二、影响外贸企业参展的因素 ... 7
三、外贸企业参展应该注意的问题 ... 8

第三节 会展的发展历程 ... 9
一、欧洲会展业的起源与发展 ... 9
二、中国近代会展业的发展 ... 11
三、现代会展业 ... 12

第四节 境外展会概况 ... 12
一、德国及其他欧洲国家 ... 13
二、以美国为代表的北美地区 ... 16
三、日本和亚洲其他地区 ... 17
四、南半球新兴会展国 ... 19

本章小结 ... 20

第二章 展会的筹备 ... 21

第一节 展会调查和选择 ... 21
一、展会调查步骤 ... 21

二、展会的选择 ……………………………………………………… 24
第二节　参展计划制订 …………………………………………………… 26
　　一、宏观计划 ………………………………………………………… 26
　　二、微观计划 ………………………………………………………… 26
　　三、长期计划和短期计划 …………………………………………… 26
　　四、参展计划制订方法 ……………………………………………… 27
第三节　展会预算 ………………………………………………………… 30
　　一、展会预算要考虑的费用 ………………………………………… 30
　　二、展会预算制作需注意的事项 …………………………………… 31
第四节　展品准备 ………………………………………………………… 32
　　一、展品应具备的特点 ……………………………………………… 33
　　二、展品准备的步骤 ………………………………………………… 33
　　三、样品报价 ………………………………………………………… 34
第五节　参展人员配置及培训 …………………………………………… 36
　　一、参展人员的配置 ………………………………………………… 36
　　二、展位人员配置 …………………………………………………… 38
　　三、展会培训内容 …………………………………………………… 38
　　四、展会培训时间和方法 …………………………………………… 42
第六节　参展资料筹备 …………………………………………………… 43
　　一、展会宣传资料 …………………………………………………… 43
　　二、其他参展工具 …………………………………………………… 44
第七节　交通住宿安排 …………………………………………………… 45
第八节　物流准备 ………………………………………………………… 49
　　一、预估展品的数量、总体积和总重量等数据信息 ……………… 49
　　二、物流公司评估和选择 …………………………………………… 49
　　三、展品及辅助参展用品完成后，联系物流公司准备运输 ……… 51
第九节　现场布展 ………………………………………………………… 52
本章小结 …………………………………………………………………… 53

第三章　展位设计方法及实践 ……………………………………………… 55

第一节　展位设计定位及前期准备 ……………………………………… 55
　　一、展位设计定位 …………………………………………………… 55
　　二、熟悉和了解参展商与展品 ……………………………………… 55
　　三、展位的平面布局与功能分配 …………………………………… 56

第二节　标准展位的使用 ··· 57
一、标准展位概况 ··· 57
二、标准展位的特点 ··· 57
三、标准展位的布展流程 ··· 58

第三节　特展展位 ··· 59
一、特展展位的特点 ··· 59
二、特展展位的使用范围 ··· 60
三、特展展位的构成要素 ··· 61

第四节　展位的空间安排及展具、材料的使用 ··· 64
一、展位布局安排 ··· 64
二、展位设计变化法则 ··· 67
三、展位道具要素控制 ··· 67

第五节　展位设计的视觉辅助控制 ··· 71
一、色彩要素控制 ··· 71
二、材料要素控制 ··· 73
三、灯光与照明 ··· 75

本章小结 ··· 76

第四章　展会营销 ··· 79

第一节　企业参展营销概述 ··· 79
一、企业参展营销的含义 ··· 79
二、会展活动中的营销关系 ··· 79
三、企业参展营销的内容 ··· 80
四、企业参展营销的作用 ··· 81

第二节　企业参展营销目标的制定 ··· 83
一、会展营销目标的制定及内容 ··· 84
二、确定企业参展营销目标的流程 ··· 87
三、会展营销目标制定的误区 ··· 93

第三节　展前营销 ··· 95
一、展前营销的概念 ··· 95
二、展前营销的形式 ··· 96
三、展前营销相关资料准备 ··· 99
四、展前营销费用财务预算 ··· 99
五、展前营销人员安排 ··· 100

第四节 展中营销手段 ·· 102
一、展中人员促销 ·· 102
二、展中广告宣传 ·· 103
三、展中公共关系营销 ···································· 108
四、展中销售促进 ·· 109

第五节 展后营销 ·· 117
一、展后营销的概述 ······································ 117
二、展后营销的内容和要素 ································ 118
三、展后营销的形式 ······································ 118

本章小结 ·· 120

第五章 会展中商务接待技巧与谈判策略 ·························· 121

第一节 会展基本接待技巧 ···································· 121
一、初步接触客户 ·· 121
二、深入交谈 ·· 124
三、交谈结束 ·· 127

第二节 会展谈判策略 ·· 127
一、会展谈判类型 ·· 127
二、会展谈判准备 ·· 128
三、初步谈判策略 ·· 129
四、展中报价策略 ·· 132

本章小结 ·· 136

第六章 参展现场管理 ·· 137

第一节 现场活动管理 ·· 137
一、参加或举办现场活动的目的 ···························· 137
二、现场活动的主要形式 ·································· 138

第二节 现场人员管理 ·· 153
一、现场人员的主要工作内容 ······························ 153
二、现场人员工作安排 ···································· 154
三、现场人员的知识和技能要求 ···························· 155
四、现场基本规章制度 ···································· 157
五、人员激励措施 ·· 158

第三节　展台现场管理 ··· 160
一、参展商展台管理的注意事项 ··· 160
二、企业参展的安全管理和危机应对 ·· 164

第四节　撤展 ·· 171
一、处理展品 ·· 171
二、展台拆卸和展位清理 ·· 172
三、参展物品出馆和物流对接 ·· 172
四、与主办方交接 ··· 173
五、撤展分析 ·· 175

本章小结 ·· 177

第七章　外贸参展中的知识产权纠纷与化解 ··· 179

第一节　知识产权 ··· 179
一、知识产权定义 ··· 179
二、知识产权的主要分类 ·· 180
三、知识产权保护的有关法律及公约 ·· 180

第二节　展会中知识产权概述 ·· 180
一、展会知识产权概念 ·· 180
二、展会知识产权所涉及的主要法律 ·· 181
三、展会中知识产权纠纷特点 ·· 181

第三节　展会中涉及知识产权侵权类型 ··· 182
一、展会本身所具有的知识产权 ··· 182
二、参展项目所具有的知识产权 ··· 183

第四节　我国企业境外参展知识产权纠纷探究 ·· 188
一、我国企业境外参展常遇知识产权纠纷的原因 ································· 188
二、我国展会知识产权保护存在的主要缺陷 ······································· 190

第五节　外贸参展知识产权纠纷的化解措施 ··· 196
一、政府相关部门的监管 ·· 196
二、展会主办方的责任 ··· 199
三、参展商的自律 ··· 200

第六节　外贸展会知识产权纠纷应对实务 ·· 201
一、采取预防措施 ··· 201
二、参展过程中参展商的知识产权纠纷应对措施 ································· 202

三、参展过程中参展商的知识产权维权措施 …… 207
本章小结 …… 215

第八章 展会观众信息管理 …… 217

第一节 观众信息收集 …… 217
一、观众信息收集的目的 …… 217
二、观众信息收集的准备工作 …… 217
三、观众信息收集的渠道 …… 220
四、观众信息数据库的建立 …… 221

第二节 观众信息分类管理 …… 224
一、观众信息分类管理的目的 …… 224
二、观众信息分类管理的方法 …… 225
三、观众信息分类管理的应用 …… 229

第三节 展后客户跟进 …… 229
一、展后客户跟进的难点 …… 229
二、展后客户跟进的流程 …… 230
三、客户分类跟进的策略 …… 232
四、展后客户跟进的其他技巧 …… 234

第四节 展会观众信息管理与CRM的结合 …… 234
本章小结 …… 235

第九章 参展绩效评估与工作总结 …… 237

第一节 参展目标概述 …… 237
一、销售目标 …… 237
二、商务目标 …… 237
三、宣传目标 …… 238
四、信息目标 …… 238

第二节 参展目标分析 …… 238
一、快速消费品 …… 238
二、耐用消费品 …… 239
三、工业品 …… 240
四、服务行业 …… 240

第三节 参展绩效考核体系 …… 241

一、参展绩效考核的目的和流程 …………………………………… 241
　　二、绩效考核的相关原则 …………………………………………… 242
　　三、参展绩效考核指标 ……………………………………………… 243
　第四节　参展工作总结 ………………………………………………… 246
　　一、参展工作总结的作用 …………………………………………… 247
　　二、参展工作总结的内容 …………………………………………… 247
　本章小结 ………………………………………………………………… 248

附　录 ……………………………………………………………………… 249
　附录1　展会知识产权保护办法 ……………………………………… 249
　附录2　世界贸易组织 TRIPS 协议中与外贸参展知识产权保护问题有关的规定节选 … 254

参考文献 …………………………………………………………………… 265

第一章
外贸参展概述

第一节 会展的基本内涵

一、会展的界定

会展包括会议和展览两个基本组成部分。所谓会议，是指人们以各自相同或不同的目的，围绕一个共同的主题，进行信息交流或聚会商讨的活动。会议的相关利益主体有主办者、承办者和参与者。一般来说，会议的主办者拟订举办会议的计划并委托给承办者，然后由承办者围绕既定的会议主题进行精心设计，并在市场上寻求会议的目标与会者、相关人员，如政府官员、演讲嘉宾以及举办场所，并承办相关的会议工作。

所谓展览，美国《大百科全书》中是这样定义的：一种具有一定规模，定期去非固定场所举办的，来自不同地区的各组织的商人聚会。展览会的利益主体包括主办者、承办者、参展商和专业观众，其活动的主要内容是实物展示以及参展商和专业观众之间的信息交流和商贸洽谈。主要名称有博览会、展览会、交易会、展销大会等。

不同主体对会展理解的侧重点是不同的。对会展主办者来说，会展就是按照社会需求，通过物品（展品）在一定时间、空间条件下的直接展示来传递和交流信息，使观者做出购销决定、进行投资决策，或者从中学习、受到教育的社会服务活动。对参展商而言，主要是通过物品的展示吸引观众，与观众进行交流，以实现交易或教育的目的。对观众来讲，主要是通过会展所展示的各种信息，实现购买或接受教育的目的。但无论从哪个角度定义会展，其一个共同点就是会展是为满足人类需要而存在的，这种需要应该是多层次、多方面的。

本书主要从企业参展的视角，研究外贸企业如何通过展品展示和参展管理达到吸引观众、结识客户、促进销售、达成交易等目的。

二、会展构成要素

会展是在一定的时间段内，在一定的地点由特定组织者举办的为参展商和观众提供信息的活动。从这个角度来说，会展活动应该具备以下六个因素：时间、地点、组织者、参展商、观众和信息。

1. 时间

任何一个会展都需经过长时间的筹备，仅在短短的几天内举行相关活动，从这点来看，会展时间呈现的是"点状"分布。所谓的"点状"分布并不是说会展在一个时点上举办，而是相对于一般连续性生产和销售的产品来说，会展的生产和销售是非连续性的。有些会展是一次性的，在时间序列上只出现一个点；有些会展活动是按照一定的频率经常举办的，如北京每两年举办一次的国际汽车展，在时间序列上是众多点的集合。

2. 地点

会展的举办要有一定的地点。地点既指举办的国家或地区以及这些国家或地区的城市，又指举办会展的具体场所，即哪一个会展中心等。一个展会一般在一个城市的一个会展中心举办，这样有助于会展现场的管理和会展效果的提高，但有时受限于会展场馆的容量，一些大型的展会也会在同一个城市的两个或两个以上的场馆同时举办。

3. 组织者

会展是一种有组织的活动。对于一个大型的展会来说参与展会的组织者有多种类型，一般有主办者、承办者、协办者和支持单位等。

展会的主办者也是所有权者，展会由谁来主办，其所有权就归谁所有。虽然每个展会都有主办主体，但是很多主办主体都不直接参与展会实际的组织、安排和管理工作，而是委托其他的单位来承办。承办单位主要是接受主办方的委托，负责整个展会的组织、安排和管理工作。也就是说，承办单位是实际运作、经营和管理展会的一方。

4. 参展商

从理论上讲，一般认为会展的需求者有两类：一类是参展商，另一类是观众。参展商是指在展会、博览会等活动中，提供产品、技术、图片等进行展示的参展主体。参展商之所以参加展会，是因为通过展会可以展示自己的产品，可以宣传自己的企业，能促进交易的实现，等等，因此参展商是对展会有需求的，从需求者的角度来讲，参展商是独立于会展之外的，不应该成为构成会展的要素。

5. 观众

观众是会展的又一重要参与者，其有专业观众和普通观众之分。有些展会只对专业观众开放,而不对普通观众开放,如广交会;有些展会对专业观众和一般观众进行开放时在时间上会有所选择,比如,北京国际汽车展持续五天,一般在前三天对专业观众开放,而在后两天对普通观众开放。

6. 信息

信息可以说是会展的灵魂。参展商参展是为了获取观众的信息或同行业其他厂商的信息,观众参加会展是为了获得参展产品的信息,媒体参展是为了寻找有价值的信息和新闻点,组展商组织会展是为了给参展商和观众提供一个交流信息的平台。

在会展中,信息多种多样,有产品信息、产业信息、资金信息、技术信息、思想和政策信息。

三、会展的特点

1. 供给主体的多元性

会展的主办主体一般有专业会展公司、行业协会、政府、高校、科研院所、一般性企业等,这说明展会的供给主体是多元性的。在市场经济环境下,展会活动的主体应该是专业的会展公司。而行业协会作为联系政府和企业的桥梁,拥有众多本行业内的企业作为会员单位,且行业协会的职能决定了它非常了解行业内企业的需求,因此由行业协会举办的展会通常有众多的企业参展。

2. 消费主体的二元性

会展的消费主体有两类:一类是参展商,一类是观众。参展商和观众作为会展产品的两类消费者,存在互为需求的对象关系。参展商需求展会主要是为了获得更多的观众或客户商,而观众需求展会是为了看到更多的参展产品或参展商。可以说,没有观众就没有参展商,没有参展商也就没有观众。由此,会展是一种典型的双边市场,具备双边市场的一般性质和运作规律。

3. 生产和消费同步性

会展是一种服务产品,具有一般服务产品的特点,即生产和消费具有同步性。在会展举办期间,会展组织者通过有效地组织服务提供商、参展商和观众,从而为参展商和观众提供会展服务。

4. 消费的同时同地性

会展不仅生产和消费同步进行,而且消费属于一种集体性消费,这是会展区别于一般产品的一个非常显著的特点,也是由于会展产品的消费具有非排他性特点。

而对于会展来说,由于存在两类消费者——参展商和观众,且两者是在同时、同地消费,所以两类消费者的消费效果是相互影响的。

5. 信息集聚性

会展在确定的时间和地点可以使信息集中,尤其是在贸易展会上,能使产品得到充分的宣传、展示,其直观性、艺术性、宣传效果得以充分体现;能集合众多的买家和卖家进行互相交流,集中时间,批量购销,既沟通了信息,又实现了商品的买卖,从而大大降低了经济活动中的交易费用。

6. 产业关联性

会展具有很高的产业关联性,需要多种产业相互协调、密切配合才能完成。包括与会展直接相关的部门和行业、展会活动的策划与组织部门、会展中心的经营管理部门以及直接服务于会展活动的交通、旅游、广告、装饰、边检、海关、餐饮、通信和住宿等行业。

四、会展的基本功能

会展业的基本功能主要有四个,即产品展示功能、企业营销功能、信息传播功能和商贸洽谈功能。

1. 产品展示功能

产品展示是会展(主要指展览会)最基本的功能。会展为参展商提供展示推介的平台,从而实现营销目的。在展会上参展的商品不仅包括实物产品,也包括先进的技术成果、新工艺等。由于会展的便捷性、集中性、直观性和快速性,对参展商品尤其是新产品、新技术和新成果的展示与推行起着极其重要和不可替代的作用,即使在信息技术和手段迅速发展的今天也是如此。在历史上,许多具有划时代的发明创造,如电话机、留声机、蒸汽火车、电视机等都是首先在展览会上亮相、展示后,才引起关注和推广的。

2. 企业营销功能

会展活动为参展商提供了一个完全展示自己商品的舞台。在展会上,参展商通过综合使用声、光、电等技术,对展台展位进行精心设计与布置,并配合开展各种促销活动以及与企业关联的相关活动,从而展示企业的经营理念与产品品牌,在客户面前树立企业自身良好形象,为企业创造良好的社会氛围,进而更好地实现企业营销目的。

3. 信息传播功能

展会活动是大量人流、物流、信息流和资金流的汇聚,可以为政府与企业、企业与企业、企业与消费者以及社会各团体之间提供沟通与交流的平台,从而促进各种新意识、新观念和各种经验与理论的传播。例如,北京高科技国际周通过设立高新技术产业论坛、硅谷杰出华人论坛、知识产权论坛、风险投资与融资上市论坛等各种论坛会场，邀请世界高科技相关行业的顶级人物进行演讲，从而促进了业界全球性的相互沟通和交流。

4. 商贸洽谈功能

会展活动是参展商和采购商相互认识、相互洽谈并实现交易的平台，是促进国内外经济、技术交流与合作的平台。因此，商贸洽谈是会展的一项基本功能。在每一次展览会上，都能签署金额可观的购销合同及投资、转让、合资意向等。比如，在2014年举办的第116届中国进出口商品交易会上，即使在参会的企业与人数均比往年有所下降的情况下，也依然实现了出口成交额291.6亿美元的成果。

第二节　外贸企业参展概述

一、外贸企业参展的作用

参展是企业开发市场的重要方式。通过参展企业可以突破传统的市场开发模式，更好地实现营销目的。具体来说，其作用主要表现为以下几方面：

1. 提高企业形象，促进商品营销

企业通过参展可以展示和宣传自己的产品，建立与新客户的联系，巩固与老客户的关系，进行市场调研并最终实现交易的目的。在企业文化和理念备受重视的现代社会，会展担负着传播企业文化、树立企业和产品形象的重要使命。

在展会中，企业参展既可以展示有形的产品，也可以向观众散发文学资料、光盘，还也可以展示企业的商标、标志等；产品既可以是静态展示，也可以是动态展示（如现场演示、电视画面演示）。参展企业可以以展台为阵地宣传自己，也可以通过新闻媒体的宣传来提高企业形象。

在会展中，参观者可以通过展示的实物样品对其进行全面、真实的感受。比如，在食品展上，参观者除了可以眼观，还可以现场品尝，评其味道；在化妆品展上，参观者既可以试用，也可以闻化妆品的香味；在缝纫展上，参观者可以亲眼看到制作时尚服装的过程；在音乐展上，参观者可以亲自击打钢琴的键盘，听到其音质效果。总之，在会展中参观者可以运用所有感官对参展企业的展品做详尽、全面的了解，进而促进展品的营销。同时，在会展中，能来会展的参观者其主要是对展品感兴趣的潜在购买者，隐藏着巨大的商机。这是企业参展的目的所在。

2. 深入行业展示平台，集中收集行业参展信息

会展是一个参展商云集的展会，能比较全面地反映该行业的现状和发展的趋势，也是参展商一个理想的信息收集平台。在展览会上，参展商可以利用各种方式进行市场调研，广泛收集相关竞争者和顾客的第一手资料。

在展览会上，参展商可以就参展产品的生产技术进行调研，如果是新技术产品，可以调研该产品的市场现状及发展趋势；可以了解客户对本企业产品的意见，也可以了解某个竞争对手。

调研的内容主要有供求走势、价格、包装、交货期、付款条件、客户对产品的建议和要求等。总之，参展商通过收集客户的意见和要求，参观其他展位，观察其接待情况，可以获得所需的市场信息。

3. 加快建立联系，扩大客户群体

企业参展是一个与客户进行交流和联系的渠道。在展会上，参展商们与客户相识、相知，并建立联系。这将对参展商的销售业绩产生巨大影响。据美国一项调查显示，16%的客户是在展会结束后再联系一次签约的；10%的客户是在展会结束后再联系两次签约的；20%的客户是在展会结束后再联系三次才签约的。因此，在展会上相互了解并建立联系，在展会后再进行一些后续工作，将会给参展商带来长远和更大的经济利益。

在短短几天会展期间，参展商可以接触到该行业或其产品的大部分客户，可以与批发商、零售商、代理商甚至最终顾客等新老客户建立和加强关系，这是电话营销、人员营销难以达到的效果。而且这种接触与联系的效果更好，其主要原因有三个方面：一是展会上的客户质量非常高。参展的客户大多是业内人士，是观展者和参展商精心甄别挑选后通过专门途径吸引来的。据美国一项统计调查显示，贸易展会上，48%的客户拥有采购权或影响力，他们当中不少是拥有采购决策权的关键人物和重要人物。二是在展会上能实现高质量的交流。因为来参加展会的客户的目的是为了与参展商接触交流、收集信息、洽谈贸易。所以在这种情况下，参展商与客户进行交流就容易得多。三是在展会上交流更加全面。在展会上参展商与顾客的交流是面对面的双向直接交流。这种交流的效果显然比广告这种单向的、间接的交流方式更好。

4. 增加交流机会，提高贸易成交量

会展活动，尤其是大型的国际会展将各国、各地区客商齐聚一堂，有力地促进了会展举办地的对外经济贸易交流与合作，并大大降低了贸易成本。贸易性展览通常采取规模经营的方式，在相对集中的场所内，汇集了特定行业的众多企业来展示和展销各种产品，使当地和外地的采购商能够在展览会上对自己所需要的产品进行充分的比较和选择，而无须为寻找质优价廉的供货对象到处奔波，同时也使参展的供货商迅速接触到大量的潜在客户，因而展览大大地降低了企业的采购和营销成本，优化了贸易双方的经营环境，为各类企业

带来了巨大的便利。会展在同一时间、同一地点使同一行业中最重要的生产厂家和购买商集中到一起，这种机会在其他场合确实是找不到的。据英国展览业联合会调查，展览是优于专业杂志、直接邮寄、人员推销、公关、报纸、电视等促销手段的有效的营销中介体。其调查显示，通过一般渠道找到一个客户的成本约为219英镑，而通过展览的方式成本仅为35英镑。

在展会上，参展商通过向顾客宣传、介绍产品，使顾客产生兴趣，经过洽谈后可以达成意向协议。通常在其他情况下，这个过程比较长，但在展会上，可以在比较短的时间内完成，尤其是对企业有业务往来的老客户更是如此。对潜在客户，参展商可以在其产生兴趣时趁热打铁开展营销，从而在展会上实现迅速提升贸易成交额的目的。这是因为客户都是有备而来的，客户当场了解产品品种、性能、质量、价格，并在现场比较其他参展商的同类产品，进而就可能与参展商进一步洽谈价格、包装、付款方式等交易条件，直至签约成交。因此，在展会上，客户在一个比较短的时间内就可以完成对比、看样品、成交的全部过程。据美国一项调查显示，34%的客户在会展期间会与参展商签订合同。

二、影响外贸企业参展的因素

1. 企业内外部环境

外贸企业为了实现通过参展达到建立联系、开展调研、进行宣传并促成交易的目标，必须全面考虑企业内外环境，特别是企业营销战略，综合考量之后再做出是否参展的决策。否则，在企业内外环境还不成熟的情况下，就盲目参展往往不能发挥其应有的作用，造成人、财、物的浪费，甚至影响企业在目标市场的形象。

企业外部环境既包括六个宏观环境因素，其分别是人口（因素）、政治法律（因素）、经济条件（因素）、技术（因素）、社会文化（因素）、竞争（因素），又包括三个企业市场营销因素，其分别是企业市场、供应商和营销中介。后面三个因素对企业的影响远远大于前面六个因素。

2. 产品及产品行业状况

产品是企业考虑是否参展的重要因素。一般而言，除了市场份额因素外，产品本身都具有生命周期，即导入、成长、成熟、饱和、衰退五个阶段。参展效率与产品周期之间存在着一定的关系。在产品的导入与成长阶段，参展可以达到事半功倍的效果，而在产品的成熟与饱和阶段，参展对产品的推销作用就会大大降低，变成事倍功半，而到了产品的衰退阶段，参展就是徒劳无功了。

同时，产品行业状况也是企业考虑是否参展的重要因素。如果是新兴行业或朝阳行业，属于正在发展的行业，其市场规模或快或慢地在扩大。因此，其企业通常会考虑采取积极抢占、努力扩大市场份额的战略，这就可能需要通过参展来实现其战略目标；但是如果产品是夕阳行业则会考虑转行，而不是浪费财力、精力做无谓挣扎，企业会缩小展出工作规模，甚至不再参展。

3. 目标市场状况

目标市场状况直接影响着企业参展的决策。会展举办地不同，其面向的市场也不一样。选择适合的目标市场参展，必然会取得较好的参展效果。如果会展的举办地是欧洲，而参展商的产品开发的目标市场也在欧洲，那么企业参展的可能性就会大大增强；相反，如果会展的举办地与企业的目标市场相差较大，那么企业参展的可能性就会相应减弱。

三、外贸企业参展应该注意的问题

1. 根据外贸企业参展的目标选择不同的展览会

外贸企业应该明了不同性质的展览会适宜于不同的参展目标。如果外贸企业以结识客商、推销商品、签约成交为参展目标，那么就应该选择贸易型展览会，而不宜选择综合性展览会。世界各地包括发达国家的某些展会容易让参展外贸企业产生错觉，如巴黎国际博览会，历史悠久、规模庞大，但它却不是典型的贸易性质的展览会。观众虽多，但有效观众数量却很少。

如果外贸企业以扩大出口商品和品牌影响、调研市场、听取客商反映、了解市场需求，最终建立良好企业形象为参展目标，则可以选择综合性展览会。通过在展会上散发资料、出售展品等手段，进行广泛的人际交流，在热热闹闹、红红火火的氛围中实现参展目标。

如果外贸企业实力雄厚，在目标市场已经有良好的销售基础，也可以通过参加展示性展览会进一步提升企业形象。世博会是典型的展示性展览会，展会上设立企业馆始于1933年芝加哥博览会，2010年召开的上海世博会上设有16家企业馆，其中不乏可口可乐、思科等国际著名企业，它们选择这种消费性展览会参展一定有其商业动机。

2. 根据自身的情况选择不同规模的展览会

展览会的规模层次往往与流通环节有相应的关系。对外贸企业来说，主要营销对象是进出口商，很多经营进出口业务的客商都习惯参加行业内著名国际性展会。大型国际性展会属该行业的"晴雨表"，能吸引业内顶级展商与会，陈列产品往往代表了科技与时尚的最新动态，因而也是外贸企业观摩学习的极好机会。

对外贸企业来说，如果处于初创期，参展的目的主要是探索市场，则可以采用"广泛撒网""伺机捕鱼"的做法。一般来说，展览会知名度越大，吸引专业观众越多，成交的概率就相对较大。因此，选择参加国际性展会推销产品时往往会收到"东方不亮西方亮"的效果。

如果企业处于发展成熟期,其已经有了重点销售地区,拟在该区域做深度分销时,就比较适宜参加具有针对性的区域性展览会。因此,选择参加国际性展会还是区域性展会,主要是根据自身情况而定。如果区域性展览会参展效果能够达到外贸企业要求,特别是对于那些还处于创业发展阶段的中小型外贸企业来说,就没有必要花费更多的成本去参加层次更高、规模更大的国际性展览会。

3. 根据展览会的特点选择参展机会

参展企业如果想推销某个专门产品,一定要有针对性地选择专业性展览会,不要因其有效展览面积相对较小、参展观众数量相对较少而影响选择。展示规模不在于面积大,而在于商品对路;与会观众不在于数量多少,而在于是否有效。如法兰克福国际照明展览会(Light + Building),虽然其规模不大,但它却是世界照明行业最新动态和市场的"晴雨表"。无论客商还是观众,都为能参加这样专业的展会而感到骄傲,业内称其为"世界照明行业的麦加"。近年来,聚焦效果好的展览会已成为中国外贸企业参展的主流倾向。

有些跨行业、复合型出口商品,如果要选择非常匹配的专业性展览有难度,此时对外贸企业来说,选择参加横向型展览来探索市场,也是一种明智的做法。比如一家出口人造首饰的外贸企业,拟通过参加境外展览来推广促销,当时有三种方案可供选择,第一是参加国际珠宝展这类专业展会,第二是参加大型综合博览会,第三是参加合适的横向型展览会。若参加珠宝展,由于人造首饰毕竟不是货真价实的珠宝首饰,故不合适。若参加大型博览会,可能由于这种小商品淹没于商品大海中而不能引人注目,参展效果欠佳。因此,选择参加法兰克福横向型的消费品展,在礼品和首饰主题馆租用摊位,效果更好。

当然,如果促销目标地区为发展中国家,而当地根本没有专业性展览会,那么外贸企业只能退而求其次,参加合适的综合性展览会。

第三节 会展的发展历程

一、欧洲会展业的起源与发展

随着商品经济的发展,人们通过展示来实现商品交换的目的。这种展示在工业革命之前主要表现为集市形式,包括市、集、庙会等多种市场交换形式。欧美展览界普遍认为展览会起源于集市,因为集市已具备了展览会的一些基本特征,如在固定地点,定期举行等。但是,集市形式松散,规模较小,并具有浓厚的农业社会特征,因此集市是展览处于初级阶段的形式。

18世纪60年代，工业革命爆发后，欧洲经济迅速发展，这也引起了会展业的一系列变革。在这一阶段，由于行业自由化，工业技术的发展及交通手段的改善，使商人们无须在特定的时间、地点提供产品，而只需带样品来参展，然后拿着订单回去，并通过工业化的生产及时提供交易。因此工业革命后会展已经从货物贸易变为样品贸易。

1798年，在法国内务部长德纳夫沙托(De Neufchateau)的提议下，法国举办了世界上第一个由政府组织的工业产品大众展(Exposition Publique des Products de I'lndustrie)。尽管在此之前欧洲也出现过一些工业展览会，但规模普遍较小且未连续举办，因而西方学者倾向于将这次展览作为近代工业展览会的开端。此后的近50年里，许多国家都模仿法国举办过工业展览会，然而由于当时贸易保护主义盛行，这些工业展会基本没有外国参展商参加。

1851年，英国在伦敦举办了"万国工业博览会"(The Great Exhibition of the Works of Industry of all Nations)。该展览会在海德公园的水晶宫举行，展出面积达到10万平方米，参展商有1.7万多家，其中约50%来自国外，参观人数超过600万人次。这是世界上第一个真正具有国际规模的展览会，其目的是通过展览活动促进国家间的贸易与合作，以实现全球资源和市场的共享。这次展览会便是后来的世界博览会的前身，因而西方展览界将其看作第一个世界博览会。

📖 案例

万国工业博览会

万国工业博览会（Great Exhibition of the Works of Industry of all Nations，后来以Great Exhibition为特指这一场博览会的专有名词），也就是人们通常所说的"1851年博览会"或"水晶宫博览会"，是全世界第一场世界博览会，在英国首都伦敦的海德公园举行，展期是1851年5月1日至10月11日，本次博览会历时五个多月，吸引了6039195名参观者，主要内容是世界文化与工业科技，其定名中的"Great"在英文中有伟大的、很棒的、壮观的意思，借此博览会，英国在当时展现了工业革命后技冠群雄、傲视全球的辉煌成果，因此被视为维多利亚时代的里程碑。这次盛会不仅展示英国工业至高无上的地位，同时成为实现和平与贸易自由化的一个实例，体现英国在体制与民主上的效能。

此博览会由当政的维多利亚女王的丈夫阿尔伯特亲王（Prince Albert，1819～1861）和亨利·库尔（Henry Cole）共同筹办，目的是庆祝现代工业科技与设计的新兴潮流。举办这样一届博览会的设想源自19世纪早期在英国举办过的几次当地展览会，例如，1847年阿尔伯特亲王主持了一个名为"艺术社会"的展览会，在1847～1849年发动了一系列设计精良的展品制造商参展。由此，亲王与亨利·库尔开始商讨举办另一个展览会，一个突破本土范围的全球性的盛会。

鉴于单独展出英国本土工艺，将使英国殖民地与保护国的许多先进成就被忽略，因此万国工业博览会乃是采用邀请"日不落帝国"的"世界"来达成真正的"世界（或国际）"博览会，英国甚至认为对邻近"不文明"的国家展示科技成就是一件重要的大事。当时英国境内盛行着对国家成就的自负与炫耀思维，多数人因为政治与经济发达而有安全感，而维多利亚女王则试图用她的政权强化人民的满意度，综合这些因素，于19世纪50年代中期出现了"Victorian"的字眼，以此来传达一种关于国家与这个时期的自我意识。

为提高大众的积极性，组织方通过演说、传单、宴会和个人呼吁等方式鼓励来自工业界人士的捐助。开始阶段捐助进展缓慢，但不久情况便有所改观。其中，铁路承造商萨穆尔·皮托允诺50000英镑，女王与王储则各捐赠了1500英镑，随后更多的资金开始注入，其中也不乏普通老百姓的积蓄。总共有大约5000人参与了此次捐助。

由于获得公众广泛的支持，英国政府专门为世博会建立了一个皇家专项委员会，并且使之通过宪法修正案而成为永久性机构。除了皇家专项委员会，一个建筑委员会也于1850年7月宣布成立，并开始征集博览会建筑设计方案，这也是博览会专门委员会中的一个。在所有应征的254个设计方案都被否定之后，建筑委员会开始自己筹划一个官方设计方案。1850年，这个设计终于揭开了神秘面纱，它是由砖块、铁块、石块组成的圆顶建筑物，这个设想中的圆顶甚至比圣保罗大教堂的圆顶更大。

这场博览会最具特色的建设非水晶宫莫属，该建筑由约瑟夫·帕克斯顿设计，由土木工程师威廉·亨利·巴洛（William Henry Barlow）从旁协助，用来作为该次展览的主要会场，也是当代对建筑物的一个大胆尝试，由铁为骨架和完全来自伯明翰和其邻近城镇斯梅西克（Smethwick）的玻璃为主体，建成之后果然一鸣惊人。这巨大的玻璃屋长约563米，宽约138米，从地基到竣工费时仅九个月，这个建筑后来被移动并且重建于伦敦南区的塞登哈姆，这个地区后来也因此被更名为水晶宫。

二、中国近代会展业的发展

中国会展业的历史可以追溯到奴隶社会的具有商业性质的集市。那时的集市包括市、集、庙会等多种市场交换形式，在《吕氏春秋·勿耕》中便有"祝融作市"的记载。

近代中国的会展业依然以集市作为主导展览形式，这种状况一直持续到19世纪末。中国近代会展业的发展主要体现于20世纪初举办的几次展览会和博览会以及抗战时期的展览会上。1905年，清朝政府在北京设立了劝工陈列所，1915年，北洋军阀农商部下属的劝业委员会设立了商品陈列所，这两次展览活动都是为了鼓励生产和展示国产商品。1935年至1936年3月，中国艺术国际展览会在伦敦举行，这是中国第一次出国办展。这次展会共展出展品3000多件，参观人数达42万人次，在英国甚至整个欧洲引起了巨大轰动。在抗战时期，我国政府分别举办了一些展览活动。1942年的迁川工厂出品展览会、

1943年的四川省物产竞赛展览会，1944年的重庆工矿产品展览会，等等。上述展览会对近代中国经济发展起了一定的推动作用。

三、现代会展业

现代会展业起源于1894年德国莱比锡样品博览会。该样品博览会兼具集市的市场性和工业展的展示性，实现了以展示为手段来达到交易的目的，因而被认为是现代贸易展览会和博览会的最初形式。

现代贸易展览会和博览会的发展过程大致可分为两个阶段：第一阶段是两次世界大战期间综合性贸易展览会的发展。第一次世界大战不仅使许多国家陷入经济困境，同时也破坏了此前的国际自由贸易环境，各国不得不寻求新的途径来促进本国经济的发展，综合性贸易展览会和博览会应运而生。在1916~1919年，法国举办过三届国际博览会，并取得了较大的成功。但是，在这一阶段各国举办的许多展览活动，其展出水平和实际效果都普遍下降，展览业出现了混乱的局面。1942年，国际商会在巴黎召开了国际展览会议，以此为基础，国际博览会联盟（Uniondes Fairs International，UFI）次年在意大利米兰成立。该组织的成立对提高国际展览会的质量标准、维护全球展览业的正常秩序做出了重要的贡献。第二阶段是第二次世界大战后，世界各国都着力进行经济建设和发展科技教育，劳动分工越来越细，产品更新速度明显加快，综合性的传统贸易展览会已难以全面、深入地反映工业水平和市场状况。在这种背景下，现代贸易展览会和博览会开始朝专业化方向发展，并在20世纪60年代成为展览业的主导形式。专业展览会在展览内容、参展商和观众上具有明显的专业性，这有利于反映某个行业及其相关行业的整体发展状况，因而具有更强的市场功能。

目前，世界会展业正朝着国际化、专业化、高科技化等方向发展，前景一片光明。随着会展活动对社会经济特殊作用的进一步体现，会展业必将受到越来越多国家和地区的重视。而且，伴随会展活动的发展和会展理论研究的深入，统一的会展管理制度、会展技术标准等将在世界范围内逐步建立起来。

第四节　境外展会概况

从全球范围来看，会展业发展很不平衡，欧洲整体水平最高，以美国为代表的北美地区也很发达，亚洲展览业实力规模仅次于欧美，南半球大洋洲、拉丁美洲、南部非洲等新兴展览业近年也逐步发展兴旺。由于各国会展业发展形势不尽相同，展会集中的领域也各有侧重，对这些情况有所了解，有助于外贸企业依据个性化业务拓展的需求，有针对性地选择合适的展会参展。

一、德国及其他欧洲国家

欧洲是世界会展业的发源地，经过 100 多年的积累和发展，欧洲会展经济整体实力最强、规模最大。德国是全球会展强国，意大利、法国和英国等都是世界级会展大国，它们凭借科技、交通、通信、服务业等方面的优势，在世界会展经济发展过程中处于主导地位。

1. 德国

德国是世界展览强国，汉诺威、法兰克福、杜塞尔多夫、科隆、柏林、慕尼黑等都是著名的会展城市。若按营业额排序，世界十大知名展览公司中，德国企业就有六个，分别是汉诺威展览有限公司、慕尼黑国际展览公司、法兰克福展览集团、柏林展览公司、科隆国际展览集团和杜赛尔多夫展览集团。全球知名国际经贸展有 2/3 在德国举办，其中大多数成熟展会都经过几十年乃至上百年的市场培育，2010 年世界商展 100 强榜单中，德国占了 58 席，西欧有 20 个顶级专业展，前 10 名被德国包揽。

德国拥有 25 处规模巨大、设施先进、配套齐全的展览场馆，净展出面积达 690 万平方米，为世界之最。年参展企业约 17 万家，国外展商比例超过 50%，有的展会甚至高达 70%~80%。专业观众近 1000 万人次，1/3 来自境外。德国展会内容丰富，基本涵盖各个行业和门类；分类科学，每个展会都是一个独特的细分市场。再加上展会主题明确，展会品牌独一无二，参展商按图索骥，总能找到适合自己参加的展会。我国改革开放后，外贸企业挑选境外展会参展，其中以德国展会为数最多，实践证明这种选择也是明智的。

📖 案例

法兰克福国际家用纺织品贸易博览会

法兰克福国际家用纺织品贸易博览会是世界上举办历史最长、规模最大、品种最齐全的家用纺织品展览会，自创办已有 30 多年的历史。主要展品有床上用品、毛巾、台布、沙发布、窗帘、靠垫及装饰垫、床具、墙纸及房屋饰件、纤维及纱线等。涵盖了除服装和产业用布以外所有的纺织品及相关产品，以及与家用纺织品相关的图书杂志等出版物、各类图书、画册等。中国近十年都组团前往，企业普遍感觉收获很大。

2. 意大利

意大利地处地中海中部，传统上是进入西欧、俄罗斯、巴尔干半岛和地中海南部市场的自然门户，所以意大利展会可以吸引众多周边地区特别是中东客商前来参展。目前，意大利是仅次于德国的世界第二展览大国，每年举办近 200 个国际性展会，约有 23 万家展商参展，展会专业观众计 2200 万人，其中超过 50% 来自国外。

意大利大型国际展会主要集中在米兰、博洛尼亚、巴厘、维罗纳四个城市。米兰国际家具展是世界顶级专业展会、全球家具设计师朝圣的地方；博洛尼亚农机、园艺机械展是目前世界规模最大的农机、园艺机械专业展，与会观众超过13万人；巴厘东方博览会是闻名世界的综合性博览会；维罗纳国际石材展是全球规模最大、层次最高的专业展，得到业内人士的一致好评。这些展会展出内容多为引领市场潮流的新产品、新技术，范围广泛，几乎涉及了各个生产领域。

意大利国际展在规模上不及德国，但其内容广泛、市场细分，专业化、国际化程度很高，如米兰光学、验光及眼镜展，维罗纳国际葡萄酒和烈性酒展，博洛尼亚建筑卫浴设备展，帕尔玛食品机械展，加答鞋展等都是各自行业的佼佼者。

📖 案例

意大利佛罗伦萨男士流行服装展览会

"PITTI IMMAGINE UOMO男士流行服装展览会"是目前国际上定位最高的男装展之一，该展览会的目标是紧随时代潮流，不断求变求新，用精良的设计与品质博得人们喜爱。历届展览会的服装产品大致可以分为以下几类：传统西服、休闲装、超级休闲装（运动装及生活装）、都市风格的新潮服装以及各类服饰配件等（包括领带、帽子）。这里聚集了一批具有创新思想的年轻设计师，所展出的服装、面料及服饰配件都具有很强的创造性。该展览会分别在每年的1月和6月各举办一次，迄今为止，已是第64届展会了。据2002年6月的展览会统计，来自世界各国的19754名专业人士参观了该展，展出面积达55060平方米，共有669家公司、756个品牌参展。主要参展商来自欧洲和美洲，如英国106家、美国43家、法国33家、德国20家等。2003年6月的展览会重点展示2004年春/夏男装。所发布的信息具有较高的权威性、时尚感和参考价值，展示的服装无论从工艺上还是款式上都堪称顶尖。与此同时，像BOSS、阿玛尼、鳄鱼、杰尼亚等一些国际服装知名品牌也齐聚展会，其深厚的文化艺术底蕴，为高档次服装展会树立了典范。中国贸促会纺织分会一直组织我国企业前往参观该展。

3. 法国

法国也是世界展览大国，现有大小600家展览公司，还有230家承接展会设计搭建、电器安装、清洁安保等业务的企业，展览从业人员近万人。法国可供举办展会的室内场地总面积达200万平方米，分布于80个城市，其中世界展会之都巴黎所属的巴黎、维尔班特、布尔日三个展览中心就占了1/3规模的展览场地。法国展会年观众总数约621万人、参展企业计5.8万余家。国际著名展会有BATTMAT建材展、SIAL食品展、SIMA农业展、EMBALLAGE巴黎国际包装工业展、VINEXPO酒展、EUROPAIN面包糕点展、AERONAUTIQUE巴黎航空航天展以及POLLUTEC环保展等。

传统法国展会有两个显著特点：一是以综合性展会为主流。法国每年举办的1400个展览会中，只允许专业人士入场的真正专业展会只有 120 个左右。为顺应世界展览潮流，法国展会专业化倾向正不断增强。世界知名的法国国际男装展每年举办两届，展出面积近 6 万平方米；巴黎国际建材展是当今世界最大的专业建材展之一，展出面积超过 20 万平方米；巴黎国际工业包装展是全球最大、最具影响力的包装专业展，参展商近 2300 家；其他如食品领域 SIAL 展、农牧业设备技术领域 SIMA 展、工程机械领域 IETERMAT 展、皮革领域展 Le CuirAli、家居装饰领域 Maison & Objet 展等也是非常著名的专业展会。二是国际化程度不高。通常国外参展商比例为 33%，国外观众仅占 8%。近年欧洲展会竞争加剧，为了生存，法国展会努力提高国际化水平。为了使更多境外专业观众来法国参展，法国几家主要展览公司共同组织了一个法国国际专业展促进会，并在世界 50 多个国家和地区建立了办事处，组成一张有效的促销网络，专门为 65 个法国专业展会做各种形式的促销工作，这一举措在世界上是独一无二的。

📖 案例

法国 PV 国际面料博览会（秋季）TEXWORLD 面料展

PV 面料展是国际上知名度高，并具权威的面料博览会，每年在巴黎举办两届。该展览会已有 26 年的历史，是欧洲顶尖的面料博览会。在此展览会上，欧洲地区最优秀的纺织面料商将展出他们设计、生产的最时尚、最新潮的面料。同时主办单位也会举办最新面料和面料流行趋势的发布会等一系列专业活动。我国自 20 世纪 90 年代初期起，每年春秋两季分别组团赴法国参观该博览会。

每年 10 月的 TEXWORLD 面料博览会是由亚洲纺织厂商联合举办的，虽然创办时间不长，但因其展出面料的品种极其丰富，产品主要面向亚洲的面料厂商，以逐渐被业内人士所瞩目，成为全球最高水平的面料博览会之一。TEXWORLD 面料博览会对亚洲观众没有任何限制，是名副其实的促进公平竞争、为全世界纺织面料企业服务的面料博览会，因此亚洲各参观、参展企业都将受益匪浅。

4. 英国

英国是世界近代展览的起源地，其视贸易为经济命脉，一贯强调展览对进出口贸易的推动作用。全球知名展览公司如励展集团、CMP、ITE 等都选择将总部设在英国。英国每年举办 1800 多个展会，吸引 1700 万观众和 27 万家展商前来参展，展馆净面积为 310 万平方米，主要集中在伦敦、伯明翰、曼彻斯特、爱丁堡、卡迪夫等大城市。伯明翰因拥有全国最大的展览场馆，大多数国际知名展会如伯明翰春季秋季博览会、英国国际建筑博览会、英国国际汽车展览会等都在此举办。

英国展会有两个特点：一是国际化程度高。范堡罗国际航空航天展是世界最大的民用军用航空宇宙器材专业展会，1/3 展商和访客均来自国外；在艾伯丁举办的欧洲近海石油和天然气开采展,吸引了世界 104 个国家、2.6 万名专业观众前来参展。英国展基本没有国内展和国际展的区分,几乎所有展会都有众多境外企业参加,摊位只按商品类别划分而不按参展地区划分。二是专业化性质强。许多展会规模不大,分类很细。英国厨房卫浴展,规模虽不及意大利米兰展,但参展访客中,专项经营墙地装饰砖的采购商就多达 7000 余人;英国电子工业展,参展的采购商都从事电子制造加工机械和元器件业务,主办方为避免首次参展展商的误会,专门强调不包括电子制成品项目。

二、以美国为代表的北美地区

与老牌欧洲会展强国相比,北美诸国是世界会展业的后起之秀。美国和加拿大的会展经济都相当发达,每年举办展会总计 13000 多个,净展出面积高达 4600 万平方米,参展商 120 万家,观众近 7500 万人,已形成了北美地区独特的办展模式和风格。北美会展业主要以美国和加拿大为代表,著名的会展城市包括多伦多、拉斯维加斯、芝加哥、纽约、奥兰多、达拉斯、亚特兰大、新奥尔良、旧金山和波士顿。

1. 美国

美国的展览会是在 18 世纪从欧洲传过来的,之后不断发展壮大。发展初期,在波士顿等地举办的展会只是一种信息发布和形象展示。20 世纪初,美国在旧金山和芝加哥建立了综合性质的贸易市场,让许多批发商长期集中展出,后来制造商和进口商也加入其中。到 20 世纪的最后 10 年,美国经济和对外贸易迅猛发展,极大地推动了展览业的繁荣,现每年举办展示面积超过 500 平方米的展会约为 4000 个,参展商计 100 余万家,观众超过 7000 万人,其中芝加哥国际包装工业展、纽约国际玩具展、芝加哥国际制造技术展等都是世界顶级贸易展会。

美国最著名的展览城市——拉斯维加斯,其建立在内华达沙漠中,采用私人管理会展业,突破了会展应靠近产业和市场的一般规律,实行会展、酒店、博彩三位一体经营模式,全美最大的 200 个国际展会中有 40 个在此定期举办,其中工程机械展、消费类电子展、汽配展、服装展、国际五金工具及花园用品博览会排名都进入了世界 100 强。近年来,拉斯维加斯利用其独有资源,发展势头更为强劲,有些在其他城市已举办多年的展会也跟风来此落户,当地会展中心场地已预订到 2024 年。

美国展会的专业化程度和国际化程度不及欧洲,有些展会是美国州之间的贸易往来和批零之间的交易场所。尽管如此,由于美国本土市场容量极大,许多展会对国外参展商仍有不小的吸引力。

2. 加拿大

加拿大是全球第三矿业大国,石油市场最大供应地,经济规模庞大,年进出口额达

8000亿美元，这些优势为会展业奠定了良好基础。

加拿大会展经济发展迅速，每年举办展会总数达3300个，展出面积近100万平方米，接待参展商38万家、观众6000万人次。多伦多是加拿大的经济中心和会展中心，建有4座硬件水平和智能化程度都非常高的大型国际展会场馆，其他如蒙特利尔、温哥华、爱德蒙顿、卡尔加里等城市也建有配套非常齐全的展览设施。

加拿大最大的50个贸易展覆盖了35个行业，主要包含油砂、木材、石油天然气、冰雪工业、皮毛产品、矿业、建筑、园艺、木工机械、农业机械、印刷、放射医学、保健品等领域，这些展会几乎全是针对性强、观众质量高的专业性展览。加拿大主要会展公司都是国际化展览公司，举办的展会也日益面向全球市场，专业化和国际化已成为加拿大展会的主流。

三、日本和亚洲其他地区

亚洲是世界展览的后起之秀，以中国、日本、新加坡、中国香港为代表的亚洲国家和地区，或凭借强大的经济实力，或凭借广阔的市场潜力，或依靠发达的基础设施和高水平的服务，或依赖有利的地理位置和较高的国际开放度，极大地推动了会展业的迅猛发展，成为当今世界会展经济中最具发展潜力的地区之一。

1. 日本

日本以其雄厚的经济实力、良好的基础设施、发达的交通网络、周到的服务、特有的民族文化赢得了许多重要国际会议、展览会和世界典型节事活动的主办权。日本展览会无论展会档次，还是展馆设施、经营管理在亚洲都属于上乘。日本每年举办各种展会600个，内容涉及34个行业，专业展的数量占80%以上，其中大多在日本最大会展场馆东京国际会议中心举办。东京国际礼品展、国际食品饮料展、国际汽车展、国际家具展、国际礼品展、国际花卉展等都是规模大、声誉好的专业贸易展。日本共有各种会展设施291个，总面积106万平方米，主要分布在以东京为中心的关东地区，名古屋、静冈周围的中部地区和大阪、神户为中心的近畿地区，这三个地区占了日本会展总面积的74%。

但是，由于其人口众多，内贸发达，故展览业长期以来过分专注国内市场，仅有少量面对海外，现规模较大的国际性展会仅占日本展会总数的10%左右。

2. 新加坡

新加坡虽是袖珍国家，但其具有得天独厚的地理条件，新加坡航空港可直航50个国家154个城市，以此为中心3小时飞行距离内有2.5亿人口活动。同时，由于政治稳定、经济政策完善、商业环境良好，具有较高的国际开放程度和较高的英语普及率，这些为新加坡会展业的发展创造了有利条件。

新加坡展览业起步于20世纪70年代，其一直把加强基础设施、提高展会档次与接待能力作为发展战略。新加坡博览中心、新达新加坡国际展览与会议中心（新达城）及莱佛士城会议中心是新加坡三大会展中心。其中，新加坡博览中心是亚洲最大的展览馆，有单体12000平方米无柱结构展览大厅、可容纳12000人的会议大厅、可停放2200辆汽车的停车场和可供1万人同时就餐的食堂；近年斥巨资新建新加坡博览中心，又增加了10万平方米展馆面积和2.5万平方米室外展场。会展中心周边建有100多家宾馆酒店，拥有3万多间客房，大多数住客可步行去展馆，驱车20分钟即能抵达樟宜机场。新加坡拥有40多家专业展览公司和几百家相关企业，从业人员约1.5万人，会展公司之间很少打价格战，都强调以服务取胜，用展览效果吸引展商和观众。

新加坡被国际展览管理协会（IAEM）评为世界第五大展览城市，是已连续17年获亚洲排名第一的国际会展中心城市，全亚洲获国际展览业协会（UFI）认证的40多个国际展览会中有19个在新加坡举办。每年新加坡举办的国际性专业贸易展共计100多个，出席各种展会的国外宾客达40多万人。亚太航空展、新加坡国际家具展、国际纺织机械亚洲展等都是世界知名专业贸易展。

传统新加坡展会规模一般仅几千平方米，由于周边国家同行竞争，原有一些优势项目如木工展、印刷展等现已不复存在。进入21世纪后，当地展会呈现一片联合趋势，比如原食品、饮料、酒店餐饮、灯具、酒类等一些有关联的展会现已合并同期举办，更名为亚洲食品与酒店展；原机床、金属工业、锻压、度量技术、机械和手工工具等展会合并为亚洲工业金属展；原互联网应用、移动通信、网络技术等展会合并为亚洲通信展。通过这样的归并，新展会展出面积扩大到上万甚至几万平方米，参展商增加为几千家，中国参展企业应该关注这种变化，选择适合自己的展会和展区参展。

3. 中国香港

中国香港素有"国际会展之都"的美称，每年举办100多个国际性展会，其中获得国际展览业协会认证的展会有22个，亚太及远洋62000多家参展商和世界各地超过520万专业观众前来参展，几十万买家在展会期间落单签约。与亚洲其他地方相比，中国香港展会不追求数量而注重质量，多数展会的规模、知名度及综合排名都位居世界或亚太地区的前列，香港钟表、珠宝首饰展名列世界第一，香港玩具展仅次于纽伦堡、纽约玩具展而排名世界第三，香港服装节堪称亚洲之最。

香港会展中心占地25万平方米，展览面积超过66000平方米，是亚洲第一个专门为展会兴建的大型设施，集展览、会议、酒店、餐饮、文娱于一体，自落成以来承接了大量展会项目。香港贸发局除了担负展会管理职能，还参与办展开拓贸易，并利用其主办的"贸发网"，展前有针对性地做好客商邀请工作，展后则通过联系展商和观众，为后续成交提供有益服务，现"贸发网"每天浏览人次达28万，被AC尼尔森公司评为亚洲最佳商贸推广网站。

四、南半球新兴会展国

一个地区的展览规模水平与其经济总体发展密不可分。随着全球经济发展,大洋洲、南美洲和南部非洲等地的展览业也逐渐发展起来,打破了原本以欧美为代表、北半球垄断世界展览的局面。

1. 以澳大利亚为代表的大洋洲地区

大洋洲展览发展水平仅次于欧美,但规模小于亚洲,主要集中在澳大利亚。澳大利亚矿产资源丰富、农牧渔业都很发达,经济已将近20年保持高增长发展势头,进而促进了当地会展业的发展。悉尼、墨尔本、布里斯班、珀斯等都是闻名世界的会展城市。澳大利亚有展览场馆100多处,每年举办300个大型展会,吸引参展商5万多家,各类观众超过600万人次;有展览公司106家,主要承担展会主办和场馆经营;相关展览服务企业122家,主要涉足展览设计、展台搭建、展品运输、展会餐饮、配套旅游等业务,两者相加全职雇员超过3500人。目前,澳大利亚能够举办规模较大的展览会的主要有两家,分别是澳大利亚展览服务有限公司和励展(澳大利亚)公司。

澳大利亚专业展吸引大批高素质买家前来参观,其中63%的观众来自企业管理层,每10名观众中有4个CEO、企业主管或董事,还有24%是营销、采购经理,最终有购买决策权的占45%,平均每个买家购买能力为3.74万澳元。澳大利亚专业展主要包括家庭用品、酿酒、食品饮料、体育用品、礼品、工艺品、服装、纺织品、建筑、矿产、电子及电子工程、工业自动化等行业,其中悉尼国际家具展(AIFF)、墨尔本国际消费品博览会(IMPEX)、澳大利亚国际矿业展览会(AIMEX)等都是规模和影响力很大的国际展会。还有一些著名展会隔一年分别在悉尼或墨尔本举办,如澳大利亚国际食品展、澳大利亚国际建筑展、澳大利亚国际机械制造周等。欲参展企业需事先弄清时间、地点,有针对性地做好准备工作。

📖 案例

澳大利亚 TCF 国际博览会

始建于1996年的TCF国际纺织品、服装、鞋类和服饰博览会是大洋洲最大的纺织服装专业展览会。该展览会强调专业性和贸易性,在致力于展示国际纺织服装界的新产品、新品牌,发现崭露头角的优秀设计师的同时十分注重促进和推动大洋洲及周边国家的服装贸易。展览会每年吸收超过6000多名专业人士,展览内容包括服装面料、辅料;男装、女装、童装、休闲装、运动装、皮装、针织服装等;时尚鞋类。参展商有世界各地的生产厂家及相关贸易人士,还有棉织品、毛纺织品、家用纺织品、皮革制品等生产厂家及经销商、代理商。位于南半球的澳大利亚以其强大的经济实力、稳定的政治形势、低廉的税率使该国市场具有强大的吸引力,使许多国际商家的亚太地区销售总部都设立于此。纺织品、服装、鞋类和服饰博览会为纺织专业人士开拓澳大利亚市场及建立与其他国家相关企业的广泛联系提供了不可多得的机会。

2. 以巴西为代表的中南美地区

中南美地区市场庞大，孕育着无限商机。近年展览业在中南美地区逐步发展起来，据统计整个地区展览业总量为20亿美元。著名的展会主要有在巴西圣保罗举办的国际纺织及时装展、国际圣诞饰品及玩具展、国际医药展、国际通信技术及设备展，在阿根廷布宜诺斯艾利斯举办的国际家居及礼品展，在秘鲁利马举办的太平洋国际博览会，在智利圣地亚哥举办的航空航天展，等等。

历史上巴西曾是单一农业经济国家，20世纪初开始工业化进程，20世纪50年代起推行"进口替代"经济模式，建立了完善的产业体系，创造了巴西奇迹。巴西地大物博，铁矿石储量和大豆等农作物出口量均居世界前列，巴西有1.9亿人口、1000多万中产阶级，是颇具潜力的消费品市场。

巴西每年约举办500个展会，其中国际性专业展有上百个，覆盖了大多数当地支柱产业，涉及冶金、木材、汽车工业、五金、家电、电信、电子产品、工艺礼品、安防劳保等领域。圣保罗是巴西主要会展城市，现有五处现代化展馆，包括全球第二大展览中心，一些世界知名展会大多聚集在圣保罗举办。随着越来越多的境外展商参加和跨国展览公司涉足当地会展业，其国际化程度也越来越高。比如圣保罗国际家庭用品展，现已成为中南美最大的消费品博览会，吸引来自39个国家的1000多家客商和47000位观众前来参展，其中不乏大型商家和专业采购商。

本章小结

会展包括会议和展览两个基本组成部分。本章首先从会展具体的时间、地点、组织者、参展商、观众和信息六个因素，会展的供给主体多元性、消费主体的二元性、生产和消费同步性、消费的同时同地性、信息集聚性和产业关联性的六个特点以及会展所具备的产品展示功能、企业营销功能、信息传播功能和商贸洽谈四种功能对会展的内涵进行了介绍。其次，针对外贸企业参展的作用、影响外贸企业参展的因素以及外贸企业参展应该注意的问题展开了叙述。再次，针对欧洲会展业的起源与发展、中国近代会展业的发展和现在会展业三个部分对会展的发展历程进行了描述。最后，主要介绍了四大区域的会展发展情况，其分别是德国及其他欧洲国家、以美国为代表的北美地区、日本和亚洲其他地区以及南半球新兴会展国。

第二章
展会的筹备

展会前的筹备工作是非常重要的。这一环节要求展会的筹备者要充分了解本企业的基本情况、参展目标，熟悉参展的流程和细节，且能够纵向协调企业各部门为展会筹备共同出力，还应具备与企业外部协作单位的横向沟通能力。因此展会筹备工作能体现筹备者较高的素质和能力。

展会筹备涉及诸多方面：调查与选择展会、整体参展计划的制订、展会预算、展品准备、参展人员的确认与培训、参展资料筹备、住宿交通安排、物流准备等。本章将从这些方面详细讲解如何进行展会筹备。

第一节 展会调查和选择

当今社会，展会业在不断做大做强的同时，也在不断地细化和专业化。不论是新成立的出口企业，还是计划参加新展会的成熟外贸企业，在选择展会的问题上都面临着挑战。每当展会旺季到来时，企业都会或被动或主动地收到许多展会主办方或会展服务公司的广告宣传。

有些知名大展会可能会有很好的展示效果，但是参展费用较高，甚至存在一位难求的情况。有些新兴展会费用低廉，但是效果不理想，逛展客户的数量不足且质量不高。更有不法分子借展会之名，行诈骗之实。

如何从众多展会中选择适合企业自身的展会呢？这就需要企业在参展前进行广泛的调查，多方比较，仔细甄别，谨慎选择。

一、展会调查步骤

展会的调查按照以下步骤进行：

1. 企业要明确自身定位

企业要了解自己所在行业的性质，所生产销售的产品情况，市场定位以及企业参展的目的。

（1）了解企业性质。了解企业性质包括：①了解企业属于什么行业，是重工业还是轻工业；是劳动密集型产业、资本密集型产业还是技术密集型产业。②与本企业相关联的上下游行业都有哪些。有的行业所生产的产品比较偏门，各展会对于该产品的分类也比较模糊。这时，企业可以根据相关的上下游行业在展会上的分类，来归类自己的产品。比如，电机产品中的关键配件定转子，在广交会上找不到相对应的产品分类。这个时候，企业就可以寻找该配件的下游产品——电机，作为企业寻找相关展会的关键词。③该企业是贸易企业还是工贸结合企业。

（2）确定产品类型。确定产品类型为下一步搜寻适合的展会奠定基础。产品是高科技产品还是劳动密集型产品。有较高的附加值，还是利润已经非常透明的大路货。是否有独特的卖点，或者产品已获得较高公信力的国际认证。

（3）市场定位。市场定位是市场营销学中一个非常重要的概念，是指企业根据竞争者现有产品在市场上所处的位置，针对顾客对该类产品某些特征或属性的重视程度，为本企业产品塑造与众不同的，给人印象深刻的形象，并将这种形象生动地传递给顾客，从而使该产品在市场上确定适当的位置。出口企业在参展前要先明确市场定位。

市场定位包含的要素如下：①分析自己的产品在国际市场或某一区域市场所处的位置，竞争者的产品在该市场的销售情况。②该市场客户类型、采购习惯、采购水平、对此类产品的关注程度。③该市场的准入门槛，如认证要求、技术壁垒或绿色壁垒。通过对这些要素分析来确定自己产品的卖点，也为接下来设计或选择展品确定方向。

（4）企业参展的目的。企业参展的目的：①开拓新市场。②宣传企业品牌。③收获订单。④市场调查。⑤寻找供应链。

案例

某机电配件企业的展前定位

某机电配件企业创建于2003年，是我国第一家，而且是规模最大的全流程生产高效电机配件——定转子的民营企业。经过20年的硅钢生产贸易，不仅建立了与国内上游大型钢铁企业的长期战略合作关系，同时也积累了大量的国内终端电机合作客户，目前已成为全国最大的硅钢经销商。该企业以其对冷轧硅钢行业的精准定位和对终端市场的准确理解，积极向下游冲压行业延伸，专业化、自动化、规模化生产冷轧硅钢定转子产品。

该集团计划从2013年开始拓展国际市场。

问题：对该集团的相关分析如表2-1所示。请对该集团进行企业自身定位、产品定位以及市场定位，并确立参展目标。

表 2-1　该企业自身定位、产品定位、市场定位及参展目标

企业定位	工贸结合企业		
产品定位	取向硅钢卷	科技高附加值产品	
	无取向硅钢卷	中档产品、利润薄、竞争激烈	
	定转子	中档产品、加工技术有一定难度，但是竞争激烈导致利润薄	
市场定位	客户类型	取向硅钢卷	进口商、代理商、工厂
		无取向硅钢卷	
		定转子	
	客户分布的地区及特征	取向硅钢卷	发达国家，如欧洲、美洲、日本、韩国
		无取向硅钢卷	发展中国家，如印度、巴基斯坦、东南亚、非洲国家
		定转子	
	确定目标市场，区分销售模式	取向硅钢卷	以发达国家为目标市场，寻求代理或者向工厂直接销售
		无取向硅钢卷	以发展中国家为目标市场，寻求钢材进口商、代理或者向工厂直接销售
		定转子	
	客户特别要求	OEM 可接受，认证看该国具体要求，具体情况展会上可谈	
参展目标	（1）开拓新市场；（2）宣传企业品牌；（3）收获订单；（4）市场调查		

2. 根据企业定位寻找合适的展会

在了解了企业自身定位、市场定位、参展目标后，企业可以此为依据搜寻合适的展会。寻找展会的路径有以下几种：

（1）网络搜索。在网络发达的今天，互联网可以为我们提供丰富的搜索资源，帮助我们广泛搜集资料。搜寻人员应该先确定关键词。如家具出口企业，能确定的关键词有"家具""展会""furniture""exhibition"等。然后通过百度、谷歌、必应等搜索引擎，或在一些聚集了各种展会信息的专业网站上进行搜索。需要注意的是，在初步搜索阶段，关键词可以尽量多设置几个不同的词语，扩大搜索的范围。网络搜索的作用，一方面是提供相关的展会信息，另一方面通过搜索也可以看见一些出现频率较高的展会信息，这些信息初步说明了该展会的知名度和活跃程度，其可以成为企业优先考察的对象。网络搜索将会得到以下几种信息：

第一，实力雄厚的专业展会都会设有自己专门的网站，不仅会及时告知新一届展会举办的时间以及注意事项，还有往届展会的回顾、展会背景介绍，让访问者全面了解展会内容。比如德国知名的汉诺威工业博览会以及科隆家具展。

汉诺威工业博览会：http://www.hannovermesse.com.cn/CN/。

科隆家具展：http://www.imm-cologne.com。

第二，商展协会网站。商展协会有专门的展会行业协会或者各行业的展会协会。它们的职责在于举办展会、宣传展会、监督展会的相关事宜。商展协会也有相对应的网站。如：

德国商务会展协会 (AUMA)：www.auma.de。

加拿大展会 (CAEM)：www.Caem.ca。

国际博览会管理协会 (IAEM)：www.iaem.cn。

国际商务会展协会 (UFI)：www.Ufinet.org。

世界贸易中心协会（WTCA）：www.wtca.org。

第三，会展综合咨询网站。会展综合咨询类型的网站提供会展业内的最新信息。如中国会展网（http://www.expo-china.com），该网站把未来一年在国内外举办的各种行业的展会都列了出来，方便访问者全面了解。除此之外，还有中国会展经济研究会网站、中国商务会展网、中国会展在线、中国会展信息网等综合咨询网站。

（2）展会服务公司推荐。展会服务公司是介于展会主办方和参展商之间的展会代理，代理展会主办方组织企业参加展会，代收展位费、协助企业布展。

（3）中国的会展行业协会。会展行业协会是经民政部门批准的会展社团组织，为社团法人单位。会展行业协会的职能是在政府和企业间发挥桥梁、纽带作用。

（4）政府推介。政府部门根据国家的"走出去"战略，为了鼓励企业开拓国际业务或国内市场，常常会向企业推介各种相关展会并提供一些政策或资金上的优惠。

（5）了解同行参展情况。通过了解行业内其他企业参展的情况和经验，寻找相关的展会。

二、展会的选择

在广泛收集了展会相关信息后，需要进行全方位的比较和筛选。一般可以从以下几个方面进行：

1. 展会的时间

展会召开的时间是否符合企业的参展时间，是否符合目标市场的客户采购周期，是否与其他参展计划相冲突。

2. 展会的地点

展会举行的地点是否能辐射到企业的目标市场，是否方便企业运输展品。

3. 展会的历史背景

历史背景越悠久的展会，往往名声越大，优质的采购商会慕名而来。若是新兴展会，效果可能没有预期的好。

4. 展会包含的行业

展会包含的行业是否与企业所处行业、所销售的产品交叉。

5. 展会费用

展会费用包括展位租赁费用、人员费用、展会服务公司服务费。如果费用过高，企业负担不起；如果费用过低，要谨慎考虑这个展会是否存在骗局或者效果不够。

6. 展会的效果

了解前几届展会的举办情况。采购商人数有多少、采购商性质、参展商人数、业界知名的采购商及参展商是否参加。

📖 案例

某电机配件企业进行展会调查和选择

某电机配件企业根据自身定位，搜索出三种展会进行比较。它们分别是中国进出口商品交易会、德国汉诺威工业博览会、广州五金建材交易会暨电机博览会。请对这三种展会进行比较。

三种展会的比较结果如表2-2所示。

表2-2 展会比较

展会名称	举办时间	举办地点	涵盖行业	展会背景	展会费用
中国进出口商品交易会	2013年4月15~19日（第一期，机械类展馆）	广州琶洲馆	动力机械：电动机，电机组，柴油机，电焊机，半自动气割机，切割机等 电力设备：发电机，发电机组，输电设备，调相机等	（1）综合性展会，国际知名度高 （2）条件：每年企业的外贸交易额要达到300万美元	展位租赁费：27000元/9平方米（标摊）
德国汉诺威工业博览会	2013年4月8~12日	德国汉诺威	电机、工业用电器开关、插座、断电器、继电器、接线端子	（1）当今世界规模最大的国际工业展览会 （2）提前一年开始报名	展位租赁费：40950元/9平方米
广州五金建材交易会暨电机博览会	2013年4月14~17日	广州保利展馆	电机：电动机、汽油发电机、柴油发电机、水泵等	（1）创办于2009年 （2）专业性强，有一定知名度 （3）政府组团，给予更多优惠	展位租赁费：12000元/9平方米（特装）

第二节　参展计划制订

参加展会是一项综合性的活动，需要多部门配合，也要多环节相扣，而且筹展之时也需要投入相当大的时间和精力。这就要求筹展者必须有一系列详细的参展计划，才能把握筹展进度和节奏，控制成本。

展会计划可以分为宏观计划、微观计划、长期计划和短期计划。

一、宏观计划

宏观计划指与展会相关的各个方面都要纳入计划中，包括参展目标、参展重点、展会的调查计划、展会财务预算计划、展品准备计划、人员培训计划、物流准备计划等，也包括参展前准备、展中活动、展后跟踪。宏观计划的作用就是使决策层能从宏观上把握参展目标和方向。

二、微观计划

微观计划则是把上述各个环节计划详细展开。微观计划的作用是使执行部门了解其筹展时的职责范围，根据微观计划推进准备工作，掌握筹展节奏、准备质量、完成情况，并对筹展工作中出现的问题及时反馈、解决。

三、长期计划和短期计划

长期计划是从展会举办前半年到一年开始计算时间，因为一家企业可能计划在一年参加多个展会。而短期计划则是展前的 3~6 个月开始执行的时间。这个时段是各种筹备活动进行的密集期。

长期计划、短期计划是结合宏观和微观计划一起设置的，使整体计划立体呈现。

制订参展计划时，要制作成工作计划倒推表。计划倒推，可以使企业在制订计划时更合理地安排各个环节的时间，真正做到以最终实现计划为目标。在计划倒推表里，明确的内容要具体体现。比如工作计划各项目、项目内容说明、项目负责人、项目启动时间、计划完成时间、项目进度说明、工作中存在的问题、备注，等等。

四、参展计划制订方法

1. 宏观计划制订方法

宏观计划具体内容如表 2-3 所示。

表 2-3 宏观计划

时间段	计划内容
展会筹备工作收尾阶段 （参展前一个月）	（1）展品完成 （2）参展人员行程安排完成 （3）展位搭建材料制作完毕 （4）物流公司运输展品
各项展会筹备工作进行中 （参展前三个月至一个月）	（1）展品准备阶段 （2）展位搭建准备阶段 （3）要求客户访问展位 （4）参展人员培训，出国参展人员签证办理 （5）展位赠品、纪念品购买
各项展会筹备工作展开 （参展前六个月至三个月）	（1）确定展品、制作或购买 （2）参展人员配置 （3）展位装修、设计，评估展位设计供应商 （4）制作展览宣传册 （5）挑选、评估物流公司
展会确定 （参展前一年至六个月）	（1）联系展会主办方、选择展位、签订合同、寄送参展资料 （2）预算制定
初步选择展会 （参展前一年）	（1）确定参展目标 （2）进行市场调查和展会调查 （3）挑选合适的展会

2. 微观计划

某机电企业要参加广州五金建材展，开展时间为 4 月 14 日。参展经理以该时间为终点制作了参展筹备微观计划表，如表 2-4 所示。

表 2-4 微观计划

日期	样品准备计划	完成情况	负责人	展位搭建准备计划	完成情况	负责人	参展人员计划	完成情况	负责人	培训规划	完成情况	负责人	费用预算计划	完成情况	负责人
4月13日	从仓库运到展会现场	已到达展会现场	物流公司×××	现场布展,放置样品	现场布置完毕	外贸部×××;装修公司×××	参展人员到位	全体人员到位	外贸部×××						
4月4日	样品配置:(1)样品制成后,记录重量体积 (2)通知物流公司	已包装并运输	外贸部产品部×××;物流公司×××	装修材料运检验、运输	检验完毕,已运输	外贸部×××;装修公司×××									
4月3日															
3月16日															
3月15日							(1)开始预订酒店 (2)买车票或者机票	酒店预订完毕,车票购买完毕	外贸部×××;行政部×××	专业产品知识培训	培训完毕	外贸部×××;行政部×××			
3月14日															
3月13日															
3月9日															
3月8日															
3月7日															
3月6日	(1)样品制作情况汇报 (2)制作样品清单 (3)选择物流公司	样品材料不全,制作完成时间延迟到3月15日	外贸部产品部×××				制定人员行程表,提供相关信息,酒店、交通备选项	已搜集相关信息,提供大家参考	外贸部×××;行政部×××	公司优势和卖点	培训完毕	外贸部×××;装修公司×××	预算对比,调整	预算低估,已调整完毕	外贸部×××;财务部×××
3月5日															
3月4日															
3月3日															
3月2日															
3月1日															

续表

日期	样品准备计划	完成情况	负责人	展位搭建准备计划	完成情况	负责人	参展人员计划	完成情况	负责人	培训规划	完成情况	负责人	费用预算计划	完成情况	负责人
2月28日															
2月27日															
2月26日															
2月25日															
2月24日															
2月23日															
2月22日															
2月21日															
2月20日															
2月19日															
2月18日															
2月17日													酒店费用确认/总体费用确认	各筹备环节费用确认	外贸部×××;财务部×××
2月16日													装修费用确认		
2月15日				装修公司确认	装修公司确认	外贸部×××;装修公司×××							展位租金费用确认		
2月14日				装修费用报价	报价延迟,催促25日要全部完成	外贸部×××;装修公司×××									
2月13日				展会搭建设计	两家装修公司的设计稿都已完成	外贸部×××;装修公司×××	(1)参展人员确认 (2)报展会给展会公司,做参展证	人员信息确认完毕,已上交给展会公司	外贸部×××;展会公司×××						
2月12日	确认样品内容 (1)样品图片和型号 (2)各子公司优势产品	确认完毕	外贸部×××;产品部×××												

第三节　展会预算

在做展会计划的同时，展会预算工作也要展开。参展计划控制的是筹展活动以及展中活动的进度和节奏；展会预算则能够控制成本，合理科学地规划费用。另外，展会环节成本是相互关联、相互制约的。比如，展位租赁费是由展位面积决定的，而展位面积大小又关系到装修费用。展位大，要去参展的业务员就会相应增多，人员费用会上涨。根据展位面积的不同，展品数量也会相应地增减，运输展品的物流成本也就跟着变动。所以这些因素需要在筹备初期全面考虑。

一、展会预算要考虑的费用

1. 租赁费

租赁费含有以下几项内容：

（1）摊位租赁费用。展会主办者提供的摊位费是固定的，但是有的展会服务公司会把一些额外费用，如操作费、手续费或自己的利润摊进去。另外，不同展会的租赁费用是不同的，同一个展会的不同标准的展位租赁费用也是不同的。如2013年广交会的标准摊位租赁费为27000元/9平方米，同时举办的德国汉诺威工业博览会的标准摊位租赁费为450欧元/平方米（约合40950元/9平方米）。

（2）展具租赁费用。展位的基本配置是一桌两椅、废纸篓、照射灯、电源。服务优良的展会如广交会甚至还会配饮用水、免费电话等。如果参展商决定租赁额外的展具，如展架、柜子、桌子、照射灯、花卉、多媒体播放器等，可以参考展会主办方指定的租赁公司费用报价，也可以提前了解当地市场的租赁行情。一般主办方指定的租赁公司所报的租赁费较高，而展馆周边的非指定租赁公司的报价较低廉，但是要注意质量是否有保障。

（3）是否有政府补贴。政府为了鼓励扶持企业参加某些展会，会给予一定数量的展位租赁补贴。

2. 交通、住宿、伙食费用

了解交通、住宿、伙食费用可以制定合理的预算。

（1）交通费用。交通费包含参展人员的长途旅行交通费，如乘飞机、坐火车或坐长途巴士的票务费用。展会当地的出行费用，如坐出租车、公共汽车、地铁等费用。通过了解企业参展人数和行程安排计算出交通费用。

（2）住宿费用。预先了解参展人员的大致安排以及企业的差旅标准，在此基础上通过网络搜索、电话沟通等方式，多询问几家条件合适的酒店，获得市场行情，得出住宿费预算。

（3）伙食费。了解企业的差旅费中关于伙食补贴的规定，并向有参展经验的同事或者展会服务公司了解展会当地的伙食费用，给出预算。

3．展位装修设计费用

在参展前3~6个月，企业就要开始联系展位装修公司，了解他们的设计和报价，同时也要了解市场行情，以便在做预算的时候就能先行选择合适的装修公司，给出大致的费用。展位装修设计最基本的费用包括材料费、设计费两大块。

4．物流费用

样品准备好后，需要物流运输。参展企业应该提前预估样品运输的毛重、体积、运输路线，并根据各个快递或物流公司的报价计算出物流费用。

5．宣传公关费

先制订计划，掌握企业要开展的宣传活动，再估算出举办这些活动所需准备的材料成本以及活动经费。如印刷宣传册或公司简介的费用、媒体发布会费用、小礼物成本，等等。

二、展会预算制作需注意的事项

1．展会预算

展会预算要先做市场调查，这样预算才不会与实际开销出入过大。以上各个环节都可以通过上网查询、电话咨询或询问有经验者等方式获得信息，切勿闭门造车。

2．展会开支

所有费用开支需由专人负责，并设置费用批准和使用的权限范围，同时要向相关工作人员公开预算。

3．投入产出比

展会预算不仅要站在财务角度精打细算，还要站在投资角度考虑展会的投入产出比。

4．留有余地

展会预算要留有余地。在外参展难免会遇到紧急情况，这个时候就需要预留一定的费用处理突发情况。所以需要在总体预算的基础上再增加10%。各项预算如表2-5所示。

表2—5　某机电企业参加广州五金建材展成本预算

单位：元

项目	说明	费用	各项目预算比重（%）	实际费用
展位租赁费	（1）租赁费用：12000元/9平方米 （2）计划租赁4个摊位	48000.00	44	48000.00
展具租赁费	1~2个展柜，展柜租赁单价300元/个	600.00	1	600.00
展位装修预算	（1）初步询价为17000元 （2）费用包含展台设计、制作及材料成本费用	17000.00	16	16200.00
物流费用	（1）初步询价为1700元/吨 （2）初步估计展台及样品重量为2吨以内	3400.00	3	2700.00
酒店	（1）计划预订三星级酒店，房间费用为250元/间 （2）初步决定参展人数为8人 （3）入住时间为7天	7000.00	6	8000.00
餐饮费	（1）午餐标准伙食费为25元/人，晚餐标准伙食费为30元/人 （2）初步决定参展人数为8人 （3）参展时间为8天	3520.00	3	3700.00
交通费	（1）交通工具：火车、地铁以及出租车 （2）火车往返票价为500元/人，共8人 （3）当地的地铁费用估计为10/人/天，共8人，7天	5016.00	5	5500.00
宣传广告费	（1）广告费用：3000元（整个展会期间的展馆广告费） （2）产品手册：2000元（共1000本） （3）小礼品：1000元	6000.00	5	5000.00
杂项费用	在以上预算的基础上加10%的杂项费用	9958.96	10	2000.00
总预算		109548.56	100	91700.00

第四节　展品准备

曾经有一项调查，其问题是在开展时，哪项要素更吸引客户的注意：散发资料、参展工作人员表现、展台设计、展品吸引力还是展出者知名度？从图2—1的数据可以看出，展品对于逛展客户的吸引力最大，占到了54%。

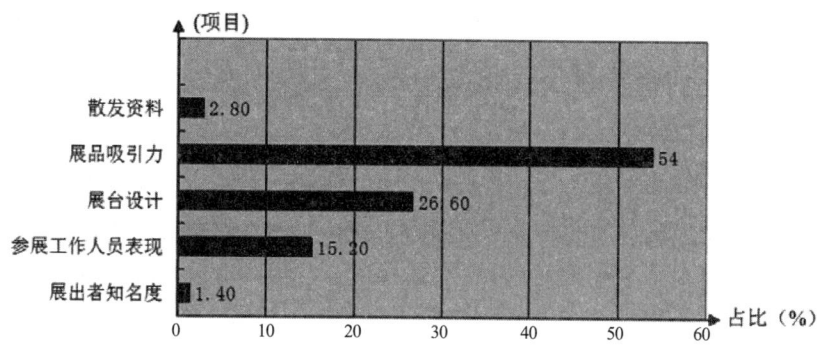

图 2-1 吸引客户的展会要素调查

展品准备是展会筹备活动中重要的环节。展品是大部分企业参展的核心,展位装修、海报设计、宣传册制作的目的都是为展品服务的。展品准备的好坏直接关系到企业的形象和展会后成交的质量,需要认真对待。

一、展品应具备的特点

1. 创新性

产品要不断推陈出新,哪怕一些细节的改动,都可能带来不一样的效果。若买家在展位上看到今年企业的展品与上年比并没有差异,与别家参展商的展品亦趋同质,就会失去进一步了解的兴趣。

2. 独特性

展品不论是在功能上、外观上、技术上都可以有独一无二的特性。既可以是外观上的独特性,也可以是展示自家企业的独有技术,以此来吸引买家的注意。

3. 展品选择多样化、成体系

展品要多样化和成体系。比如家具设计不仅有电视柜,还有和电视柜同一风格的茶几、书柜、餐桌等;卖衣服的不单卖上衣,还有同款的裙装、无袖、中袖、长袖服装。这种成体系的产品在于展示企业当季的设计理念,有助于买家了解产品,增加产品中单的机会。

二、展品准备的步骤

1. 前期了解

展品的准备要提前三个月至半年就开始进行。企业要了解现今市场上的流行元素,还要预测未来一年的产品发展走势。要结合市场需求以及企业目标,选择合适的展品。选择展品的路径：前期的市场调查，与目标市场客户在日常沟通中，如报价、打样、邮件往来等活动中积累的目标市场的情况。

2．展品选择、设计

筹展部门可以调动领导层、业务员、技术开发部、工业设计部、生产经理、打样技师等相关人员一起讨论展品如何开发。这样既能从企业战略层面给出宏观的产品开发方向，又能从细节上根据企业现有的研发能力、设计理念、生产线情况控制及约束产品朝可行性方向发展。

3．控制样品制作的节奏及时间

确认好样品设计图后，接下来就是打样。首先要预估材料到位的时间、样品完成时间以及审核修改的时间。在此基础上，把样品制作的时间比平常提前半个月到一个月。以防中间任何一个环节出现问题，可以有机动时间补充。负责样品的业务员或参展经理在展品制作过程中需要及时跟踪，并协助样品部门解决棘手问题。比如，在材料准备阶段，要及时了解所需材料是否能及时到位，如果缺货就要考虑换供应商或是替代材料；在制作阶段，若是样品出现技术或功能方面的问题，相关负责人就需要调动研发部门和设计部门的工作人员考虑修改外观或者功能。

4．样品完成时进行检测、修改

检查样品的外观、功能是否达到要求。如果没有要及时修改。

5．包装

展品的包装不同于产品大货包装，需要用保护性能更好的包装材料。保证样品到达展会现场时完好无损。

三、样品报价

样品完成后，就需要根据实样制作报价单。报价单的作用是帮助业务员在展会上为客户迅速报出准确的价格，提高产品的中单率。因此对于报价单制作有一些要求，其要求如下：

1．报价方式

报价单最好以平时发给客户的报价表单为基础进行填写，方便业务员在展会上报价后，能迅速将报价单发给客户。

2．促销产品

设计1~2款产品作为促销款，在成本上直击客户。展会报价不同于平时报价，它需要在最短的时间内吸引客户的眼球。因此，需要企业仔细审核"促销款"产品的成本，既能保证价格足够优惠，又不会使企业亏本。

3. 注意报价的不同分类

展会上的客户各种各样，有的专业、有的业余；有的急需寻求产品、有的只是来探寻市场；有的是批发商、有的是零售商；有的客户对品质要求高，价钱其次，而有的客户对价格极其敏感，品质中等以上即可。因此针对不同的客人，报价不能一成不变。业务员可以在基础成本上，根据不同区域、不同质量要求、不同询问目的的客户设置不同的价格。比如，对于非常有购买意向，且有具体购买计划的顾客，可以给实盘价。如果购买量大的话，还可以给更多的折扣优惠。对于只是询盘，购买意向比较模糊的顾客，可以给虚盘价，仅供客户参考。

4. 注意影响报价的各种因素

汇率、下单数量、品质要求、国际认证要求等都会影响产品报价。一般在展会上，我们采用"离岸价"（FOB）进行报价。因为在不明确客户背景信息的情况下，不适宜报包含海运费、保险费的 CFR 和 CIF 价格。因此在展会上形成了"离岸价"的基础报价形式。这样也有利于客户比较价格。

5. 产品附图

报价单上每款产品需要附上图片。在展位上展品摆放可能是琳琅满目的。如果报价单上只有款号没有图片，若展品上也未贴相关产品信息，业务员就可能将价格与实样不能一一对应。这样既降低了报价效率和准确性，也给客户留下了不专业的印象。

📖 案例

某外贸玩具公司展会报价

某玩具外贸公司参加展会，他们根据展品制作了一份报价单。报价单如表2—6、表2—7所示。

表2—6　Fuzhou Universal Trading Co., Ltd.

CONTACT	Ms.Chen	Amychen@futrading.com	
Buyer	Mr.White	walliamw@hotmail.com	
Quotation Date	2008-05-16	Validity date (shipment before)	2008-06-06
INCOTERM	FOB FUZHOU	TERMS OF PAYMENT	T/T at sight
Shipment	Within 30 days from receipt of the contract		

表 2—7　玩具报价单

NO.		1	2	3	4
PIC					
item nr.		FU002	FU003	FU004	FU007
Price (US$)/set	20'FCL Basis	9.79	14.79	11.69	15.67
	LCL Basis	11.49	16.37	13.39	17.25
Product Name		Twin Bear	Brown Bear WITH Red Bow	Twin Bear in Ballet Costume	Bear in Pink T-Shirt
Material		（1）fine craftsmanship （2）washable traits	（1）fine craftsmanship （2）washable traits	（1）fine craftsmanship （2）washable traits	（1）fine craftsmanship （2）washable traits
Meas (CM)	L	55	48	55	48
	D	45	64	45	64
	H	40	60	40	60
Packing		White box+80% color label	White box+80% color label	White box+80% color label	White box+80% color label
CBM(m^3)		0.099	0.184	0.099	0.184
QTY(SET)/CTN		4	8	4	8
N.W.(KG)		5.5	6	5.5	6
G.W.(KG)		8	8.5	8	8.5
QTY/20GP		1008	1083	1008	1083
M.O.Q(set)		400	400	400	400

Note:
1. Fumigation charge is not included.
2. Any certificate charge is not included.
3. Price will be updated if you have any different packing request.

第五节　参展人员配置及培训

一、参展人员的配置

参展人员的配置也是展会筹备工作中重要的一环。企业筹展和参展时需要面对许多环节，因此要有不同部门人员的分工合作。参展人员配置的合理性关系到参展工作能否顺利进行。

参展工作中的职位分配宏观上可以分为两部分：展会筹备组和展会接待组。展会筹备组的职责就是在开展前准备展位预订、展品准备、物流跟踪、人员行程安排等活动。展会接待组负责的是展位上对客户的接待。

展会筹备组职位分配：①展会经理：负责规划、监督、掌控展会筹备的各个环节。一般可以由外贸业务部经理或者行政部经理担任。②行政助理：负责展位租赁、参展人员的酒店、交通预订。可以由行政人员或者外贸业务员担任。③设计人员：负责展位设计及搭建监督、产品设计及宣传册设计。由公司设计部的成员担任。④展品管理员：负责展品制作、报价和运输。这个需要外贸业务部或者产品部的人牵头，组织上至领导层，下至产品部、业务部、生产部、样品部的同事共同决定。⑤公关宣传：负责对外发布参展消息，展位现场产品发布会。由行政部或企划部的同事负责。这些职位要求有团队协作能力、良好的沟通能力、符合职位要求的专业技能或经验。

展会接待组职位分配：①展位接待员：邀请客户拜访展位，负责展位上产品推介、客户接待及客户信息收集。这个职位要求负责人形象好、气质佳、外语能力和沟通能力强、熟悉产品性能。一般都是由有经验的外贸业务员担当。②技术顾问：负责产品、生产、技术等相关问题的解答。这个职位一般要求企业研发部门或生产部门的高级技术员担任，必须能迅速解答客户的问题。

以上职位可以根据企业的财力状况、人员状况、展品情况、展位装修要求等进行相应的人员增加或缩减。如果是大型企业，对于技术要求较高的产品，需要派遣较多的专业人士在展会上进行支援；如果是进行高档次装修，或者对于展品的设计、打样、报价等工作量较大的，就要更多的业务员和样品制作人员参与进来。若是一家小型的出口企业，可能业务员一人就要身兼数职。既要监督打样，又要安排报价，准备产品宣传册，且在展位上既能接待客户，又能回答专业的技术问题。所以每个企业的参展人员配置要根据自身情况进行安排。

企业在配置参展人员时，可以制作一个职位配置表（如表2-8所示）。

表2-8 职位配置

	姓　名	原部门	职　务	展会上职责
展会接待组人员名单	李　新	外贸业务部	展会副经理	（1）贵宾接待、高职位买家接待 （2）记者招待会 （3）关注新产品 （4）收集市场和竞争对手信息
	陈季明	外贸业务部	北美洲外贸业务员	（1）邀请客户 （2）接待北美买家、贸易洽谈，登记来访客户信息 （3）记录北美客户建议、反馈
	袁雨静	外贸业务部	欧洲外贸业务员	（1）邀请客户 （2）接待欧洲买家、贸易洽谈，登记来访客户信息 （3）记录欧洲客户建议、反馈

续表

	姓 名	原部门	职 务	展会上职责
展会筹备组人员名单	郑 颖	外贸业务部	业务助理	（1）发放调查问卷 （2）收集竞争对手参展信息
	张 延	行政部	展会经理	（1）展会调查和选择 （2）参展计划制订 （3）财务预算制定 （4）协调、监督展会筹备
	郑 源	行政部	行政助理	（1）展会租赁合同订立 （2）人员行程安排
	杰 克／伊 明	设计部	设计	（1）挑选、监督展位设计搭建公司 （2）宣传册设计，挑选、监督印刷公司
	李 新	业务部	展品管理	（1）展品挑选 （2）监督、协助展品制作 （3）物流跟踪
	林艳红	样品部		
	赵 军	企划部	公关宣传	（1）对外发布参展消息 （2）展会现场产品发布会

二、展位人员配置

一般一个标准展位可以配置 3 个业务员，再多就会显得展位拥挤不堪。

有的企业外贸业务部人员较多，有经验丰富的老业务员，也有新助理。如果企业既希望老业务收获新客户，又希望培养新人，可以采用轮半程的方式。一般五天的展会，第一天客户量较多，第二、第三天客流量达到最大，前三天的客户质量也比较高，常有业内知名企业莅展；第四、第五天访客人数渐少。根据这样的规律，企业可以在前三天安排老业务员接待客户，挖掘潜力客户。而后两天则可以置换成新业务员，接待任务较轻，也可以锻炼其展会接待能力。

有的企业规模小，外贸业务员较少，就可能出现展位接待人员应接不暇的情况。这时，可以安排一位前台接待人员，专门招待尚未进行商谈的客户。提供座位休息、茶饮供应、调查表填写等服务，留住客户，同时减轻业务接待人员的压力。

三、展会培训内容

展会培训的目的，是让接待人员能以专业的姿态和客户进行有技巧的谈判，能最有效地吸引客户与企业建立商业关系。因此，业务员要熟知企业背景、熟悉产品功能、了解市场流行趋势、深谙外贸行业惯例、游刃有余地使用谈判技巧且对客户以礼相待。所以培训的内容包含了以下几个模块：

1. 公司背景

业务员应该熟知自己企业的背景信息，并能给客户进行简短、有效的介绍。一般客户了解一个供应商是从最基本的企业背景介绍开始的。有的客户非常专业，从业务员的描述中就可以初步获得这个企业的规模、制造能力、研发能力、运输成本等信息。公司背景包括了以下几个信息（要使这些信息能展示企业的优势）：

（1）公司成立时间（从业历史的证明）、地理位置（交通便利性）、资产规模（企业实力的证明）。

（2）所属行业。

（3）员工数量、部门分类、生产线数量、厂房面积（企业规模和实力的证明）。

（4）质量检控能力、认证体系（质量保证）。

（5）研发能力、产品专利（能证明企业的活力，独有的持续创新能力）。

（6）现有国际客户品牌（证明参展企业的产品及服务得到了高端企业的认可。最知名的国际客户放在最前面介绍）。

值得注意的是，以上信息要尽量以数据的形式呈现，因为欧美客户重数据和事实；介绍要简短，控制在一分钟左右。可以事先做一份文字介绍发放给业务员。

2. 产品知识

产品知识考验的是，一个业务员的专业水平。在没有专业技术顾问跟随参展的情况下，业务员就必须充当技术顾问的角色。如果业务员连自己企业的产品知识都不能掌握，会给客户留下非专业人士的印象，也无法帮助客户解决产品、技术问题，更无法得到客户的进一步信任。产品知识包含以下几个信息：

（1）规格、材质、功能、风格、特点、作用、使用方法。

（2）熟悉产品特点，做到能在实践中运用这些信息解决顾客的问题。

（3）对展台上的展品，要详细介绍每一个展品的性能、相关数据、用途、用法、特点、优势等。

（4）掌握操作示范技巧，熟悉展品与其他竞争品牌的区别。

（5）了解公司的报价原则，熟知展品的价格包含的要素。

3. 市场行情

能熟知企业经营的产品是初级业务员的基本功，而能了解市场行情，并结合新展品给客户进行介绍分析则是中级业务员的基本能力。

对市场行情的了解，说明业务员对自己所负责的市场情况及未来流行趋势非常熟悉。这些信息非常重要，在和客户商谈的过程中，市场行情结合产品信息的对话，不仅能使客户与业务员产生共鸣，甚至业务员还能为客户提供合适的产品采购建议，从而博得客户的好感和信任。因此，对市场行情的了解应该包括以下几个方面：①市场中与企业相同类型产品的消费能力（或者不同消费水平下顾客的偏好）。②现在及未来一年的市场流行趋势（产品外观、产品功能、产品材质的变化）。③该市场的门槛准入度（是否要求国际认证、法律标准，是否有贸易壁垒，等等）。④市场上的需求。⑤此类产品在市场的定价。

这些信息并不是能随时上网查到的，有的需要依靠业务员长期工作而获得。所以，在做培训的时候，业务经理为了迅速且广泛地为外贸业务部扩充市场信息，应该尽可能地收集各业务员所掌握的市场情况并加以整理。

4. 外贸行业知识

有许多外贸知识、外贸惯例在你来我往、唇枪舌剑的展会谈判上会时不时地浮现。买家和供应商都会通过外贸行业共有的知识点尽量为自己获得最大利益。所以业务员平时就需要熟练掌握外贸知识点，并在参展培训时再次巩固加强，这样在展会上才可以应对自如。外贸行业的知识点包含：

（1）国际贸易术语通则。如 FOB、CFR、CIF 等。

（2）外贸流程。报价、打样、验厂、生产周期、交货时间、报关、寻找货代、运输方式、付款方式。

（3）报价。报价有效期、材质、外贸术语、装柜数量、包装方式。

（4）付款方式。L/C、T/T、D/P、付款期限等。

5. 谈判技巧

这部分知识将在展会沟通部分详细讲解。

6. 会展礼仪

会展礼仪是指在参加和组织会展活动时用于维护企业与个人形象，对交往对象表示尊重友好的行为规范和准则，它包括会展组织经营者、参展商、公众之间的礼仪礼貌礼节以及在一定场合中的礼仪程序。

会展礼仪的基本功能有交流功能、协调功能、约束功能、塑造形象功能。

对于员工的会展礼仪，并不需要像专业的礼仪小姐一样标准。只要做到以下几点，就可以给客户留下非常好的印象：

（1）仪表仪容礼仪。仪表仪容包括以下两个方面：

第一，妆容。妆容包括：①淡妆是职业女性在商谈中尊重客户的表现。②配饰和指甲都应该干净素雅，太花哨的打扮会分散客户注意力。③佩戴眼镜不要选用茶色、褐色或墨镜。没有眼神的交流，会让客户觉得业务员没有诚意。④参展的每一天都要保持头发干净、整洁。⑤男士需要剃须。⑥可以适当地喷一些香水，气味不应过于浓郁。⑦保持口气清新。

第二，服装。服装包括：①可以穿公司制服，或者以统一的白衬衫、深色西服为主。这样可以增强参展团队的整体形象。②应穿皮鞋。女士的鞋跟不宜过高，控制在三厘米左右。因为在展会上常常需要站一整天，过高的鞋跟会使女士的脚疼痛难耐，无法久站，影响形象和工作效率。③最好佩戴统一的胸卡标识，上面有公司品牌、业务员职务和姓名。方便客户迅速识别。④若不能穿正装，也不可穿着过于随意或者暴露的服装。

（2）行为举止礼仪。行为举止礼仪包含以下内容：

第一，站姿。站姿需要：①基本姿势：抬头、挺胸、收腹、全身笔直。两肩齐平，两手自然交叉于腹部或两臂下垂，两脚并拢成60度。面朝展位外的过道，随时准备迎客。②站立展示：展台业务员要熟悉展品的位置和展示方法，在进行讲解和操作的时候，不能阻碍顾客的视线。同时能利用展位灯光、展品位置引导顾客了解展品。③与客户保持适当距离：站着和客户交谈的时候，应该有适当的距离。太近会造成压迫感，太远又显生疏且听不清交谈内容。双方保持60～100厘米的距离为宜。④禁忌：背部不要靠着展品、展架或墙；不要脚交叉站立；不要背对过道，错过与潜在客户交谈的机会。

第二，坐姿。坐姿需要：①基本姿势：向客户介绍情况时，抬头挺胸坐直背，自然放松。倾听顾客讲述时，身体略向顾客倾斜。②入座方式：不要坐在客户的对面，容易产生对立感。可以坐在客户的斜角或并排坐。这样既方便向客户展示资料，又能增加亲切感。③禁忌：不要趴在桌面上；不要跷二郎腿或抖腿；不要一直坐着低头看资料或手机；不要认为客户看不见就把鞋脱了；业务员坐着时，碰到站立的客户和自己说话，要马上起立对话以示尊重。

第三，行姿。行姿要抬头挺胸，目视前方。走路要稳重，不可猛跑也不可懒散走路。为顾客引路时，不能自顾自地一味向前走，可以时而侧身回头，和客户保持眼神交流。

第四，表情。表情需要：①看到客户时，面部要带着发自内心的微笑，脸上要表露自信与诚恳。②当客户提问或讲述时，要带着倾听的表情，凝视着对方的双眼。并时不时地点头表示认同。③禁忌：切忌东张西望、左顾右盼、不敢直视客户，面露胆怯或眼神轻佻。

（3）见面交谈礼仪。见面交谈礼仪有以下几方面：

第一，打招呼。当业务员看到有客户正在看自己展位上的展品时，业务员可以和客户说"Hello"或者"Welcome"，也可以不去打搅客户，给他一个真诚的微笑。这就是最开始的招呼方式。展会上业务员碰到熟悉的客户，自然可以很亲切地称呼名字并向对方问好。但是业务员碰到陌生客户的情况更多，这时也不用紧张，可以很大方地向对方要名片，并稍微浏览下名片上顾客的名字，然后主动地叫出他的名字。若是西方客户，可以直呼其名，若是日韩客户，最好叫姓再加先生。如果不熟悉对方姓名的发音，可以礼貌地问对方："Excuse me, may I call you...?"客户都会先念一遍给业务员听。在双方商谈中多叫对方的名字，可以迅速增加亲切感和信任度。

第二，介绍。当客户在看展品时，立刻滔滔不绝地对客户进行介绍既不礼貌，也不明智。业务员应该礼貌地跟在客户身侧，不要贴太紧，但也要让客户能感觉到有人随时准备为他服务。这时可以稍加几个词组或短语介绍某些产品，语言要简洁精练，包含有价值的信息。当感觉客户已经浏览完毕，这时可以上前询问客户的感受，并看准时机递上宣传册。

第三，名片。当客户确实有兴趣进行进一步交谈时，一般先会和业务员互换名片。这个时候业务员要双手递上自己的名片，并双手取回对方的名片，以示郑重。拿到名片时，直接将其塞进口袋是不尊重对方的表现，应该仔细浏览客户名片再单独钉到笔记本的空白页，方便业务员在稍后的商谈中专门以这一页记录谈话内容。尽量不要直接在客户名片上记录谈话内容。

关于名片的忌讳：避免在客户名片背面记录信息；不可以直接把客户名片放入收集盒内。

第四，交谈。交谈过程中，要秉承与客户平等交流的想法，既不要唯唯诺诺，只会说"Yes"，唯客人马首是瞻，也不要与客人出现争执。应该多倾听，尽量提问，短介绍，少插话。说话语气要平缓、不卑不亢，给自己思考的时间。若听不清对方的表达，可以采用重复顾客话语的问句进行确认。对于商谈的每一个要点，都简短地记录在笔记本上，并告知客户会尽快对客人的要求和意见进行反馈。

第五，告别。商谈即将结束时，业务员可以先把商谈内容复述一遍给客户听，得到确认后，主动握手表示感谢。还可以将一些小礼品送给客户，或者邀请客户合影留念。让客户感觉受到重视。

四、展会培训时间和方法

1. 培训时间安排

展会培训的内容可以系统地分为几块，安排在筹展期间的某几个时间段里完成。时间安排不能过于分散，因为业务员日常工作都较为繁忙，安排得过于分散人员难免凑不齐，过于集中又不利于知识模块的消化吸收。所以可以安排在筹展的早期、中期和临行前（如表2—9所示）。

表2—9　培训时间安排

日期	培训规划	完成情况	负责人
4月5日 4月4日	礼仪和商务谈判技巧	培训完毕	外贸部×××； 行政部×××
3月16日 3月15日 3月14日	专业产品知识培训	培训完毕	外贸部×××； 行政部×××
3月2日 3月1日	公司优势和卖点	培训完毕	外贸部×××； 行政部×××

2. 培训方法

在培训课堂，我们可以将内容分成两部分——讲述和实践。

讲述由老业务和专门的培训师负责。为业务组讲授企业背景知识、产品知识、外贸知识、礼仪知识等。除了系统的知识讲解，还可以分享自己的经验。

实践则是安排受训的业务员进行模拟操作。可以模拟客户初次见面接待场景、为客户报价场景、与客户磋商场景，等等。提高受训人员的专业水平和心理素质。

第六节　参展资料筹备

一、展会宣传资料

展会上，展示样品、展位搭建属于固定资料。除此之外，我们还需要准备可携带的展台资料，以供客户收集、留底、带回去研究。展台资料包括公司简介、产品目录、展台人员名片、价格单、小礼物等。

1. 公司简介

公司简介可以分为两种，精简版和翔实版。精简版要以最精简的语言，以大纲的形式列出公司的成立年份、规模、产品主要出口市场、国家、主要客户类型、公司人数、生产线、设备等信息和优势，其内容注重用实际数据和事实说话；翔实版则以详细描述的语言、图片、数字组成，除了精简版说到的内容，还可以加上公司的经营理念、管理结构、发展历史等。

精简版可以提供给背景不太明晰的客户，既节省成本又方便携带的同时，也让客户迅速了解供应商背景；翔实版则是为那些专业的、非常有合作意向的客户准备的。

值得注意的是，不论是精简版还是翔实版，都要给客户做出亮点和高效阅读点。可以从版面设计、图片排版、客户关注点方面下功夫，显示出企业简介的与众不同。

2. 产品目录

产品目录要包括最基本的图片、款号、尺寸，还要包括一些质量认证、技术指标等信息，若还能加上一些简要的词组描述产品风格或细节就更好了。

产品目录的设计有一些需要注意的细节：①产品目录和公司简介一样，要注意版面的独特性和吸引力。②按系列分类的产品目录更要显示出专业性。③专业术语的外文翻译要精准。④给出一些产品获得的专利或者国际认证，使产品更具吸引力和说服力。⑤产品目录要尽量轻和薄，方便客户携带。客户在展会上拜访的供应商很多，资料收集也越来越厚重。

在拿不动的情况下，就会整理各种供应商资料。那些一本册子就很厚重的资料会最先被丢弃。

其实，为了节省成本、方便携带，一般公司简介和产品目录可以合二为一。

3．展台人员名片

名片是参展人员的门面和代表，参展时一定要携带，否则商谈效果就打了折扣。名片以平时使用的为准，要记得标明名片主人的职位、联系方式、公司网址等。要有中英文对照，方便客户阅读。可以在名片上手写标注展位号，便于客户再次拜访其展位。事先要预估好拜访客户的数量，带足名片。

4．价格单

价格单是要准备给客户看的，所以上面该有的信息如图片、款号、尺寸、材质、价格、装柜数量、包装材料等都要齐全。还可以印上公司品牌、联系方式、价格条件、备样方式、支付方法等。再订上一张业务员的名片。

需要注意的是，有的信息绝对不能给客户看到，如成本明细、人民币价格。

5．小礼物

对来展位拜访的客户赠予小礼物会增加客户对供应商的亲切感，也能加深客户的印象。实用的小礼物甚至能帮助客户，并且让他在使用过程中反复记住这个企业的品牌名。

二、其他参展工具

展会中有些工具是必备的，虽然琐碎但是不可或缺。

1．个人生活用品

个人生活用品包括以下几项：

（1）身份证或护照。住宿交通等都需要用到。

（2）事先出好的机票或火车票。

（3）参展证。没有带证件就只能花钱补办。

（4）衣服。了解展会当地的天气情况。若是夏天，展馆内冷气足，穿两件衣服也应该没有问题，所以西服衬衫要有两套。

（5）鞋子。正式参展的皮鞋一双，女生带三厘米左右的坡跟鞋。若要布展，最好再带双运动鞋。

（6）笔记本电脑。这个并不是必备品。除非业务员有一些需要电脑展示的资料。客户更多的兴趣在于现场产品的展示和讲解。

（7）公司徽章或胸牌。

2. 个人工作用具

个人工作用具包括以下几项：

（1）笔。最好有挂带，能挂在胸前，展会上经常找不到笔。

（2）笔记本。用来订客户名片，记录商谈信息。可以用 A4 版尺寸的活页笔记本，方便翻页。

（3）订书机。用来订客户名片。

（4）计算器。计算价格、装柜数量等。有时不想让隔壁展位的竞争对手听到报价，也可以用计算器输入价格展示给客户看。

（5）名片。直接分发给客户或者钉在宣传册上给客户。

（6）报价单。给自己看的。记录现场的样品报价、尺寸、材质等信息。

（7）卷尺。现场可以量展品尺寸给客户看。

（8）客户调查表。客户调查表的作用，可以了解客户的背景、方便给客户分类、掌握区域市场的情况。另外，在展位上客户较多时，让等待商谈的客户填客户调查表可以有效地利用时间，减少客户等待时的焦虑心理。

（9）销售合同表。有些行业在展会上可以马上谈成订单，所以应该准备好平时公司使用的销售合同，里面包含了买卖双方信息填写处、产品信息填写处，同时需要有各种格式条款（包装条款、交货条款、运输条款、付款条款、检验条款、争议条款）。

3. 公共销售工具

公共销售工具包括以下几项：①招待客户的点心、饮料及容器。②布展用的工具箱，包括螺丝刀、锤子、扳手、钳子、美工刀、透明胶、双面胶等。③排插。④去国外参展要带电源转换器。⑤布展清洁用品。⑥急救药品。⑦展品的展示牌。

第七节　交通住宿安排

如果参展企业由展会服务公司安排交通住宿，可以省去很多时间精力，比较方便。但是有的企业是自行参展，或者参展企业对展会服务公司的安排不满意，觉得费用过高或地点不方便。这时候，企业就需要自行安排交通住宿的事宜。

交通住宿安排以人员确认为前提条件。在人员确认后，需要及早了解交通以及参展地酒店情况。结合企业预算进行预订。我们通过案例分析来了解安排步骤。

📖 案例

某家具公司参展行程安排

某家具公司准备参加 2015 年 1 月 19~25 日在德国举办的科隆国际家具展。组委会规定的布展时间为 1 月 17~18 日。筹备组根据公司业务员的行程安排预订机票和酒店。

首先来看业务员行程安排情况（见表 2-10）。由表 2-10 可知，总经理的行程和其他组员不一样，他只参展。而其他成员需要布展、参展、撤展并在当地做市场调查。所以机票和酒店的预订也是要分开的。可以通过网络搜索各种交通途径和酒店信息。

其次要根据参展人员不同的行程订购机票。先要了解科隆展所在地是否有机场。经过网络搜索及携程网等专业网站的印证得知，离展会所在地最近的为科隆机场，那么就可以选择中国上海到德国科隆的航班。参展人员可以在网络上搜索机票自行订购，这样比机票代理更便宜。但是注意要在正规网站上购买，不要因为贪图便宜而掉入陷阱。国内的许多订票网站像携程网、去哪儿网、淘宝旅行等都可以用来搜索、比较机票价格（如图 2-2、图 2-3、图 2-4 所示）。

表 2-10 参加德国"科隆国际家具展"人员行程

职务	姓名	2015.01.16	2013.01.17	2013.01.18	2013.01.19~24	2013.01.25	2013.01.26	2013.01.27	2013.01.28
总经理	吕云浩	—	—	到达科隆	参展	回国	—	—	—
展会副经理	李新	到达科隆	布展	布展	参展	撤展	市场调查	市场调查	回国
北美洲外贸业务员	陈季明	到达科隆	布展	布展	参展	撤展	市场调查	市场调查	回国
欧洲外贸业务员	袁雨静	到达科隆	布展	布展	参展	撤展	市场调查	市场调查	回国
业务助理	郑颖	到达科隆	布展	布展	参展	撤展	市场调查	市场调查	回国

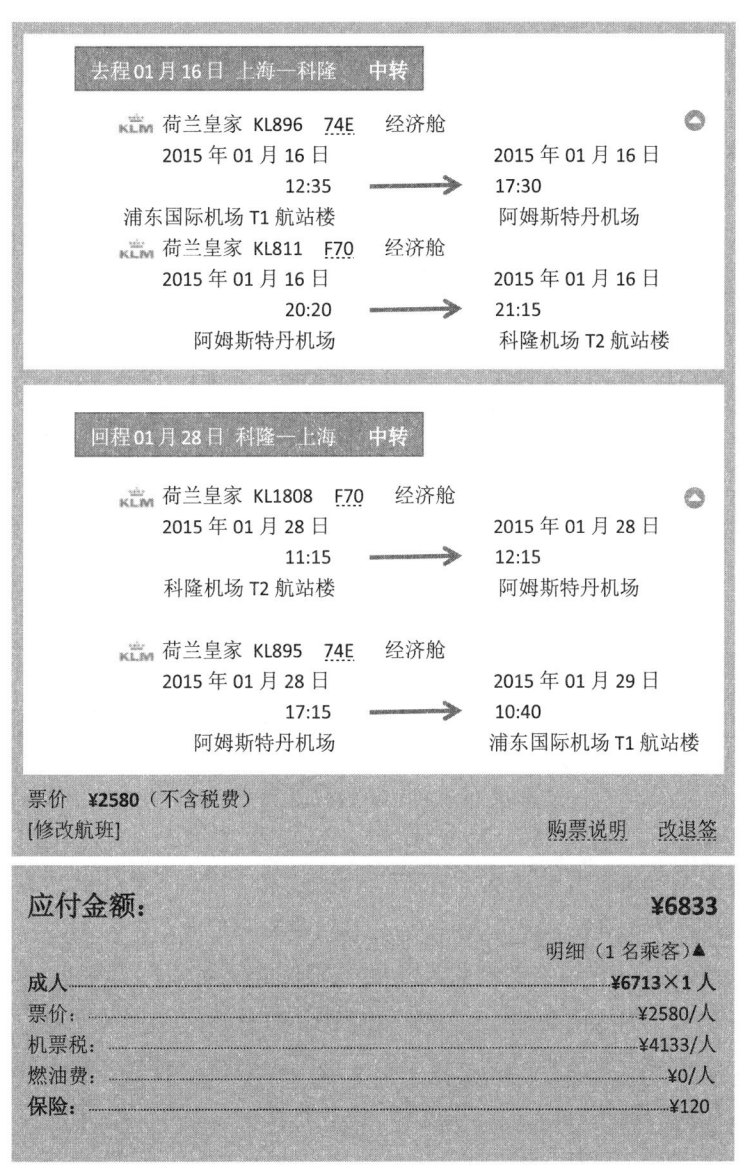

图 2—2　携程网机票信息

去程航班	1 次转机	More info		
荷兰皇家航空	出发地：上海浦东（PVG）	KL0896	2015 年 1 月 15 日 12:35	
	途　径：阿姆斯特丹斯希普霍尔			
	目的地：科隆（CGN）	KL1811	2015 年 1 月 15 日 21:15	总价
回程航班	1 次转机			¥7106.02
荷兰皇家航空	出发地：科隆（CGN）	KL1808	2015 年 1 月 15 日 12:35	已含税费
	途　径：阿姆斯特丹斯希普霍尔			预 定
	目的地：上海浦东（PVG）	KL0895	2015 年 1 月 15 日 21:15	

图 2—3　去哪儿网机票信息

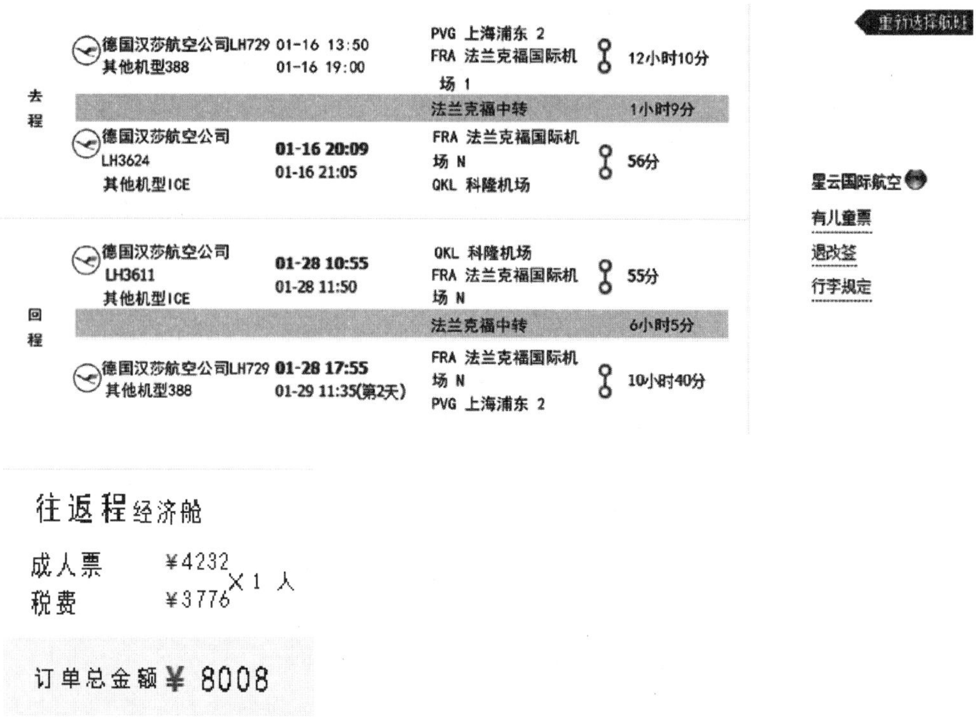
重新选择航班
去程
德国汉莎航空公司LH729 01-16 13:50
其他机型388 01-16 19:00
PVG 上海浦东 2
FRA 法兰克福国际机场 1
12小时10分
法兰克福中转 1小时9分
德国汉莎航空公司 LH3624
其他机型ICE
01-16 20:09
01-16 21:05
FRA 法兰克福国际机场 N
QKL 科隆机场
56分
回程
德国汉莎航空公司 LH3611
其他机型ICE
01-28 10:55
01-28 11:50
QKL 科隆机场
FRA 法兰克福国际机场 N
55分
法兰克福中转 6小时5分
德国汉莎航空公司LH729 01-28 17:55
其他机型388 01-29 11:35(第2天)
FRA 法兰克福国际机场 N
PVG 上海浦东 2
10小时40分
星云国际航空
有儿童票
退改签
行李规定
往返程经济舱
成人票 ¥4232
税费 ¥3776
×1 人
订单总金额¥ 8008

图 2–4　淘宝旅行网机票信息

除了总经理，其他业务员若要在 1 月 17 日布展，就要在 17 日之前到达科隆。最好让大家提前一天到达，有休息的时间。适应时差，为布展保存体力。

从机票查询情况可以看到，上海到科隆之间的航班行程需要 14 个小时以上（有些中转时间更长）。起飞和到达时间都是以当地时间计，回程中的“+1”则表示到达时间是起飞日期后的第二天。所以订票者一定要算好出发时间和到达时间是否都能满足要求。然后再比较票价。国际航班有个规律，机票越早订就会越便宜，且不同售票点因为与航空公司的谈判不同，获得的优惠也不一样。订票者可以多多查询。但是每个网站的票源可能有限，所以若能确定行程，就要及早下手，以免错过优惠机票。

机票确认后写入“行程表”。

订完机票后，还要预订酒店。订酒店的时候，要先了解如下条件：①酒店位置：离展馆的距离、离交通枢纽的距离。②价格：是否在公司的预算之内。③环境 / 基础设施配置：业务员参展是非常辛苦的工作，就是再省钱，也要考虑酒店的基本设施是否便利，能否让参展人员住得舒适，这其中包含早餐、网络、商务中心、客房卫生、是否有往返展馆的巴士，等等。

所以，预订酒店首先要了解科隆展馆的位置，然后以此为中心搜索周边的酒店。

根据地图搜索展馆与展馆周边酒店的位置可以看到酒店信息，通过对比酒店的价格、位置、基础设施等，我们可以挑出最合适的酒店。

第八节　物流准备

企业要运输展品，一般需要物流的支持。运输展品可以通过陆路运输、海路运输和航空运输。运输方式受运输距离、展品的体积重量、成本预算等条件的约束，具体适用条件如表2-11所示。

表2-11 运输选择条件

运输距离	展品情况	物流成本预算	物流方式
远	展品数量多、体积大	希望尽可能地降低物流成本	海路运输
近	展品数量少、路途近	节省成本	陆路运输
远	展品数量少、时间赶	预算宽裕	航空运输

企业的物流准备工作步骤如下：

一、预估展品的数量、总体积和总重量等数据信息

询问物流费用的前提条件是初步估计出展品的总数据信息。这些数据信息包括展品的总体积、总重量、出发地和目的地、运送时间以及需要到达的时间。有了这些数据，物流公司会根据运费吨（总重量和总体积的数值对比后，哪个大就作为计算运费的数值）和运输距离、运输工具初步计算费用。

二、物流公司评估和选择

国际上知名的快递公司有很多，如FEDEX、UPS、DHL、TNT等，中国的有EMS、顺丰快递、德邦物流等。另外还有很多国内运输网络发达的快递公司以及船运公司。这么多的选择，我们该从何入手？

评估一个物流公司有以下几个要素：

1. 报价

在预估成本时，物流公司除了计算运输费用以外，还要告知客户运输时间、是否还有额外的费用（如航空运输的燃油附加费、通关费用、仓储费、送货上门费用，等等）。由于在同一个市场，每个物流公司的优劣势不同，所以报出的运输成本会有差别，甚至差异较大。

2. 运输时间

有的物流公司为了节省成本，可能会拼散货、转运等，这样会导致运输时间延长。

3. 仓储能力和送货服务

由于展品往往比参展商先到，所以在展出地可能没有接收人。如果快递公司不允许提前送货，参展商就需要快递公司帮助临时存储货物。这时就要看快递公司是否有存储空间、是否会产生仓储费用。另外，若展馆离快递公司仓储点较远的话，还要了解快递公司能否送货到展馆，且是否会产生额外的费用。

4. 通关能力

展品境外通关不同于普通货物通关。一般普通货物通关后即在当地进行销售，不再返回原地。而展品通关后存在着四种情况：①复运出境。②转为正式进出口。③展览品放弃或者赠送。④展览品毁坏、丢失、被窃。物流公司和企业配合，帮助展品顺利通关的能力很重要。

5. 物流企业口碑

可以通过上网搜索、咨询业内人士等方法去了解物流公司的信誉、服务等。

6. 物流企业资质

物流企业的合法性。要评判物流企业是否具有法人资格、营业执照是一个很好的证明。

对于新参加展会的企业，选择展会主办方指定的物流公司会比较方便有效。第一，推荐的物流公司资质和信誉有保障。展会主办方也需要从众多物流公司中选择合适的物流公司，如果它们能成为合作伙伴，说明主办方已经事先考察过这些物流公司的资质、服务和信誉。这些方面是得到主办方认可的。第二，有储存展品和送达展位的服务。一般受推荐的物流公司与主办方都会达成协议，保证在未开展前帮助参展商储存展品，并且在布展时送到指定的展位上。这样初次参展的供应商就不用担心出现展品无处储藏，或者提前运至展馆无人接收的情况。

笔者在参加2010年澳大利亚家具展（AIFF）时，在比较各种物流公司后发现，虽然展会指定的物流公司（Agility Logistics）在成本上稍稍高于其他物流公司，但是他们的服务更加到位。

如果参展商要另行寻找物流公司，一定要注意对方的资质、口碑和服务。成本固然重要，但如果服务不到位、资质有问题，就会导致货物丢失或损坏后对方推卸责任。如果因为展品的问题使得参展不能顺利进行更得不偿失。

笔者也曾碰到过一个失败的例子。某企业因为错过了最佳的物流时间，不得不另外寻找物流公司。但是由于经验不足，找了一个无资质的中间代理人，且没有展品报关经验。后来展品在境外因为报关问题被海关扣下，中间人只会推卸责任，完全不帮助解决问题。最后该企业的业务员自行联系境外海关并补交了关税才拿到了展品。这导致了开展第一天上午无样品展示的不良后果。

三、展品及辅助参展用品完成后,联系物流公司准备运输

1. 计算运输成本

展品完成后,要算出准确的总体积数和总毛重。这样物流公司才能算出准确的运输成本。

2. 标注箱唛

物品的外箱上要有具体的箱唛资料,方便参展企业和物流公司运输、接收展品并进行核对。箱唛资料上可以包含的信息:产品货号、图片、外箱尺寸、毛重、运送人和接收人名称及电话、总箱数以及各箱流水号。还要有各种警示标志(防潮、易碎、轻拿轻放等,如图2-5所示)。

图2-5 样品外箱箱唛

3. 展品包装

展品的包装要用厚实的保护包装。另外,展品要尽可能整装,节省布展时间和精力。

4. 运输时间

运输的时间要把握好。过早运输会产生额外的仓储费,过迟运输又可能会错过布展。应该提前和物流公司确认何时出运比较好。例如,参加德国展会时,从中国上海港口出发需要一个月的运输时间,所以参展商要提前一个半月把展品全部准备完毕,打包并运到物流公司指定的收货地点。错过这个时间就可能需要花更多成本进行空运。

5. 展品运输跟踪

展品出运后,筹展组要有人负责及时跟踪展品的运输情况,直到展品到达目的地。

第九节　现场布展

布展是一件既烦琐又耗费体力、精力的事情，再加上布展现场的混乱和繁忙，展位负责人若不能安排好布展的各项细节，就很容易导致其前期效率低下、浪费时间、责任互相推诿，也使得后期布展劳动强度突然加强、时间紧张、人员疲劳、效果不佳。所以布展人员要对整个布展流程及注意事项预先熟悉和了解（如图 2-6 所示）。

展会现场报道

参展人员到达展馆现场后，参展企业的主要负责人要尽快找到主办方办证点，取得相关的布展证、参展证和撤展证。负责人要事先准备好主办方要求的相关证明材料，如个人身份证、公司名片、参展缴费证明、公司证明等。获得证件后，要核对信息是否正确并及时分配给参展人员

监督、检查展位搭建效果

不论是标准展位还是特装展位，参展商都要认真检查搭建效果，尤其是特装展位，参展负责人要尽可能派人进行现场监督。因为布展的时间只有 2~3 天，所以展位搭建时间紧，容易出错

负责人要认真监督观察以下几点：①整体搭建效果与图纸是否一致。②细节部分，如颜色、表面材料的美观性、破损划伤情况、文字部分的准确性和效果。③材料的安全性，如承重效果、防火性能、稳固性等。④电路布置情况

现场展柜等工具的租赁

有时租赁主办方的展示工具可以帮助参展企业节省展具制作费和运费。展柜租赁有两种：预先租赁和现场租赁。预先和主办方预订展具的费用更低，现场租赁的费用贵 2~3 倍

展柜租赁时，要先计划好租几个展具，什么形状的，承重最大值，然后仔细浏览参展商手册，选择适合的款式。向主办方发出申请，并现场付清租赁费

检查接收样品

展位搭建及展柜租赁进行时，布展人员要同时联络物流人员，了解样品何时能运到展会现场。这个过程可能会遇到各种问题，如时间拖得长，效率低下。常出现的情况有漏运、错运、样品损坏、样品被分批到达展会现场、样品进不了展馆、且馆内到展场外围距离长、样品重等问题

布展人员首先要核对所有的样品是否已经到位，是否有损坏。凡是有少样、坏样的情况，要及时补样。其次，及时租借叉车运送样品，不能耽误样品摆放的时间

展品布置

展品摆放的位置、角度等一般是事先设置好的，所以现场摆放时以计划为准。但现场总是会碰到一些突发情况，这时候就需要布展人员镇定应对、迅速反应。可以根据现场灯光效果、摆放空间等条件进行调整

在摆放样品时，注意样品标签要对应好样品。所有样品摆放完毕后，还需要清洁样品和展位。把所有杂物如样品包装箱、布展工具、电源线等放进储物间。另外，宣传手册、小礼物、小点心等物品确认好放置位子后可以先收藏好，等正式开展了再拿出来。给客户留下最美好的印象

图 2-6　布展流程

本章小结

展会筹备的环节包含了展会调查和选择、参展计划制订、展会预算、展品准备、参展人员配置及培训、参展资料筹备、住宿交通安排、物流准备、现场布置。

展会筹备工作的质量好坏关系到参展商能否成功地参加展会。因此，筹展经理要做到熟悉筹展工作的各个环节，并能有效组织调动企业内各个部门和其他相关企业共同合作。

第三章
展位设计方法及实践

展位设计就是要打造一个新颖、完美、富有吸引力的四维空间，以最佳的方式将展览的信息展示给观众，让观众在美的时空中接受信息、传播信息和交流信息。从而对人们的心理、思想和行为产生影响，达到推动文化、科技、经济发展的目的。

展览会或者商业博览会，就是参展商借助展位进行的展示设计，也是为实现营销目标而进行的有效、直接的宣传活动。

第一节 展位设计定位及前期准备

一、展位设计定位

不同主题的展览，其展位设计定位是有很大区别的。以科技教育、文化宣传为主题的展览，展位设计注重的是如何增加形式美感和视觉美感，使其更加吸引观众；以交易为目的的商业贸易类展览，展位设计除了要考虑吸引观众外，更重要的是要创造一个良好的环境氛围，要留出专用的、更加温馨的、人性化的接待区与洽谈区，以便留给对方进一步的商讨空间。所以，不同展览的目的和功能需求不同，其展位设计侧重点也就有所不同。

展位设计定位一般包括分类目标受众群的定位、展览的目的和性质定位、展览主办方的投资额数、展位材料档次的选择定位等。

二、熟悉和了解参展商与展品

1. 参展商

设计者需要对展览主办方的办展目的、性质与要求进行了解，对参展商的企业文化、品牌战略目标做适合的了解,围绕企业的徽标、标准色、标准字等视觉形象识别系统做文章。

2. 展品

设计者要对参展展品的外观尺寸、重量、颜色、性能、安全系数等做到心中有数,以便在设计造型和安排展品陈列的位置上有所侧重。

3. 熟悉展览场地与周边环境

展位场地的大小、形状、阶高、所处场馆的地段等,都会影响展位设计。

(1) 展位场地面积。国际通用的标准展位为3米×3米,也可采用3米×4米、3米×6米、6米×6米等规格的展位。标准展位一般由主办方提供的三面展板、一块门楣板及若干椅、凳、桌等组成。特装一般只提供光地的形式,面积一般不少于3米×3米。对于超大超重的展品,一般多放在室外,如重型机械展、航空展等。

(2) 展位场地的形状和层高。场地的形状主要有沿墙一字展开的、四边无依无靠的和介于二者之间的三种类型。场地展高主要有空间高大的和层高不足的两种类型。

(3) 展位所处地段。展位地处人流量大的通道口与地处展馆里的死角,其展位设计往往有天壤之别。同时,相邻展位面积的大小、展品品牌的名气、设计效果等都会对展位设计带来一定的影响。

三、展位的平面布局与功能分配

正常情况下,一个展位主要分为展示空间与公共共享空间两部分。商业贸易类展览还有接待和洽谈空间。

1. 展示空间

展示空间是展会空间设计造型的主体部分,其设计能否取得最佳视觉效果、能否有效吸引观众是展位设计成败的关键。

2. 公共共享空间

公共共享空间包括展示环境中的通道、过廊、休憩及储备的场所,在设计时应保证留有足够的公共共享空间,尤其是通道,其畅通与否、参观流线是否合理,直接关系到参观者的数量、视觉和心理感受,进而影响到展览的效果。

3. 接待和洽谈空间

商业贸易类展览以促销和贸易为目的。良好的接待咨询服务以及温馨和谐的洽谈环境,使顾客对展商产生信任感和良好印象,同时唤起顾客了解展品的兴趣和欲望,为进一步贸易往来奠定基础。

第二节　标准展位的使用

目前，国内的展会通常将场地分为"标准展位"和"光地"两部分。"标准展位"采用国际通行的 9 平方米（3 米 ×3 米）/个的标准。

一、标准展位概况

标准展位是展示活动现场最小的展示空间单位，根据国际通行标准，标准展位长、宽各为 3 米，计 9 平方米。标准展位通常由标准铝合金展具组成，再配备各式板材、玻璃、灯具、灯箱、宝丽布喷绘、写真展板、促销桌椅等展具。标准展位可应用于展会搭建、会议布置、商场布置和广告媒体、文体会场活动等。在活动现场，可以租用单个标准展位，亦可同时使用两个、四个、六个或八个的标准展位，但一般以矩形为单位租用，甚至有些展览，还规定以 36 平方米大小开始承租。

二、标准展位的特点

1. 易拆装

标准展位的各组成部分均为标准化生产，展件由三卡锁相互连接，通过插入型材槽口的卡爪的张开运动实现相互连接，安装时只需要用专用扳子拧紧锁扣即可。通常只需要少量工人即可在短时间内完成展位的搭建与拆卸。

2. 使用灵活

在实际使用过程中，可根据使用需要随意组合成不同面积的展位。比如部分参展商租用多个标准展位，为了使其相连接，只需要将中间隔板拆除，去掉部分立柱，即可实现更大面积的展位。同时，随着近几年越来越多的变异型材料出现，使标准展位出现了更多的变化。

3. 使用成本低

使用成本低有两方面的因素：

（1）参展方租用成本低。对于参展商，租用标准展位参展成本相对较低，只需付清展位租赁费，便可获得一张洽谈台、中英文楣板、地毯等设备和设施在展览期间的使用权。

（2）标准展具可重复使用。标准展位的展具具有一次投入、多次使用的优点。这是因为大部分展具有不易磨损和坚固耐用的特性，如果使用得当，这些展具可以使用十多年。

（3）方便搬运。标准展位的展具搬运一般使用统一的铁皮箱，铁皮箱下部装有万向轮，可以轻松搬运，若借助叉车和平板货车，还可以轻松完成远程运输。

三、标准展位的布展流程

1. 确定展位大小

展位大小主要依据参展目标确定，同时需要综合考虑展品类型及数量、观众活动空间、咨询台、储藏空间、招待区等要素，当然还需要考虑预算经费。

2. 考察基础设施便利性

如果需要在展位现场进行设备开机演示，在选择展台位置时应仔细考察开机所需的各种设施是否便利，同时不要忽略支柱等固定建筑物的位置，否则将影响演示效果。对于大型展品，其位置的选择不仅要考虑是否便于观众参观，而且要考虑是否便于处理演示过程中产生的垃圾。

3. 撰写设计方案

设计方案应详细描述参展目标、展品、服务要求、图样要求及展位设施，并明确阐述设计原则、规章、进度表及预算等重要事项。

4. 选定承包商

为确保获得高品质的服务及成果，应该选择有信誉的展位搭建承包商。为此，可以先联系当地展会服务工程承包商协会，索取承包商名单，并仔细考察候选承包商的资质及能力。

5. 准备预算及工作进度表

在选定展位设计搭建承包商后，应以书面形式准确规定其承包服务责任，并要求承包商提供费用明细清单，同时双方商定工作进度，并制定清晰的汇报沟通流程。如果展位面积比较大或工程比较复杂，则需要在工程进行期间（不仅只在工程验收时），定期走访承包商并到施工现场监察工程进度及质量，以确保承包商能按时、保质在预算内完成项目。

6. 遵守相关规定

一般而言，所有展位设计及搭建都必须遵守相关规定。一般包括对展台的高度、负载、设施、建材等方面的规定。而"光地"展位的设计方案还必须事先征得展会主办机构的同意。

7. 安排基础设施服务

展位的供水、供电、供气、废物处理、起重及电话、网络连接等基础设施服务是确保参展成功的基础，必须提前（填写参展商手册中的相关订单表格）向展会指定服务承包商申请预定。如有任何问题，应及时通知相关承包商解决以确保到时供应充足。

8. 组织运输、搬运及储存

为确保运输准确到位，应给所有箱包贴上标签，并清晰标明所需送达展厅号及展位号，组织相关工作人员做好展位组件的运输、搬运，以防送错展位。同时要安排相关人员在展位接收货品。此外，大多数展场并不提供储存空箱包的空间，因此需要与货运代理商协商安排这些东西。

9. 预留充足的展台搭建时间

展会不会因为个别展位尚未搭建完毕而推迟开幕，因此，必须预留足够的展位搭建时间，尤其是大型或设计复杂的展位，需要预留的时间就更应该充足。

10. 按原样交还展位

在撤展时，要按接收展位时的原样交还给主办方，并付清相关清理费用、修补好所有破损。

第三节　特展展位

特展展位适于要求完全按自己想法设计并搭建展位、展示独特展台风格的参展商。这种展位通常无法重复使用，所以搭建成本较高。为此，越来越多参展商将这种一次性的特别定制与可重复使用的内部展台结合使用。

一、特展展位的特点

特展展位与标准展位最大的区别是，标准展位是由主办方搭建好的，而特展展位则需要参展方自行委托设计公司根据场地状况、场馆要求和自身需求单独设计而成。每个特展展位都能够反映参展企业或单位独特的理念、形象，具有唯一性和不可重复性。其独特性具体表现在以下三方面：

1. 场地独特

不同展会的场地划分都有所不同，即使同一个企业参加每年一届的相同主题的展会，其所租用的场地位置也是不同的。同样地，不同的展馆对使用方提出的要求也不尽相同，即使同一展馆，不同展厅对展位设计提出诸如展位搭建高度的限制条件都有所不同。因此，特展展位的场地具有独特性。

2. 设计独特

由于不同的参展商对如何通过空间设计表现自身企业形象的要求千差万别，即使相同的参展商在不同主题或类型的展会中，对如何表现自身企业形象的要求也是不一样的，这就决定了展位设计方案应该是"量身定制"的，每一个展位设计方案都具有差异性。

3. 使用的材料独特

由于参展商的场地、设计方案和投入资金不同，因此，设计方案实施过程中选择的材料也不尽相同，但是，一般而言，金属、木材、玻璃亚克力等是比较广泛使用的材料。

二、特展展位的使用范围

近年来，随着世界经济的发展，展会的整体水平不断提高，展会中的"特展展位率"也随之提升。当前特展展位主要在以下几类展会中使用：

1. 销售类展会

销售类展会中的特展展位以商业销售为目的，参展商参展就是希望通过特展展位塑造并提升本企业形象，增加产品的附加值，获得最大经济利益。这类展会的参展商为了吸引更多观众的注意，往往不惜投入大量人力、物力和财力，并且应用大量高科技、综合媒体艺术等手段，配合冲击力很强的平面设计，从而达到极强的震撼效果。当今，这类展会使用特展展位范围最广、数量最多。

2. 教育类展会

教育类展会中的特装展位可分为两种类型：一种类型是普及知识、教育观众；另一种类型是教育资源展示。

普及知识、教育观众类展位是通过特展展位的方式对观众进行知识普及和教育。精心设计的空间可以让观众产生愉悦的心情，并愿意深入了解参展商所要传达的信息。这种展位的设计能很好地把握参观者急切获取知识的心理，并雇用专业解说人员，使用大量观众可参与互动的设施，准备充足的资料，进而调动参观者的积极性。

教育资源展位是随着经济的发展、人民收入水平的提高，人们对子女教育的投入越来越大的情况下发展起来的。教育资源类特展展位旨在让学校和学生取得共识，初步获得双方资料，为进一步深入洽谈奠定基础。由于这类展示需要更多面对面的交流，所以展位设计时要设置一定的会谈空间，并营造相对安静的环境和使用舒适的光线。

3. 告知类展会

告知类展会中的特展展位旨在通过展位的展示来说明社会、政治、经济的发展状况与计划，让观众了解展示者现在的近况及发展趋势，同时，也可以向参观者解释新观点、新技术。政府举办的城市发展历程展、城市规划展等属于这一类型的展会。

4. 交流类展会

交流类展会主要涉及文化推介类、旅游类、商务交流类的特展展位设计。这类展位设计需要很好地突出不同展览方特有的内涵和特点，展出过程往往是不同地区、不同国家文化的碰撞过程。因此，在设计上需要针对不同客户的具体情况，深刻挖掘其精神内涵，并选取适当元素进行表现。

三、特展展位的构成要素

1. 信息发布者

信息发布者是展示设计活动的发起者和宏观控制者，通常由企业、集团、政府等来充当，展示活动是其在某一时期为了某种目的而发起的活动。信息发布者为展位设计提出规则、要求、内容、时间及传达目的并提供资金支持，所以决策者将对展位活动产生巨大的影响。

主题的选择关系到整个展位设计的最终效果。展位信息发布者在发布信息时如果对设计主题的思想越明确，就越有利于具体操作。

展位设计既要充分尊重信息发布者所提出的一切合理要求，又要及时指出不合理之处，避免产生更大的负面影响。在展位设计前，要综合分析信息发布者提供的资料，准确地判断该项目的诉求点，并据此提出需要解决的问题，进而提出设计方案。在设计过程中，要以负责任的态度，从信息发布者的利益出发，牢牢把握主题思想和诉求点，时时注意设计方案的可操作性，在合作中共同完成设计与施工流程，高水平地达到预期效果。

2. 空间

空间是特展展位设计存在的基础，是参展方创造的展示产品的条件，也为参观者营造了与参展方面对面交流的环境。

特展展位设计是一项追求空间语言的艺术，它涵盖了雕塑艺术塑造空间的特性、建筑艺术划分功能空间的特性、心理学上人们对空间心理的需求和空间尺度的特性等，同时还包含声、光、电等综合多媒体艺术的介入。这些元素共同构成了特展展位设计的空间序列。展位设计通过编排，把空间分为正负、虚实两组关系。一方面，展示空间中出现的物体占据了空间，使人在空间移动中不得不改变行进路线，这些物体构成了正空间，它是人们最直观感受的空间，也是设计师在设计时主要关注的点；另一方面，这些物体之间会形成不同的空间感受，从而形成场，又称为负空间，它是无形的空间，但却是人们知觉行为发生的空间，对观众的心理有着非常大的影响。有的负空间很少在设计时被关注，但当参观者进入展示区域，负空间的心理暗示作用就逐渐显现出来了。

实空间是指被明确界定下来的空间，如几堵墙围合的封闭空间或被展示物明确界定的空间；虚空间更多地可以理解为是一种心理上的空间，是观众观看时对现实空间的一种心理延续。特展展位中通过使用透明或半透明材料有意识地破坏现实空间的完整性来引起观众的联想，就属于虚空间设计的一种范例。

在特展展位设计中，常见的空间类型主要有三种，即闭合空间、开敞空间和半开敞空间。

（1）闭合空间。闭合空间指四面都有实体（墙面、玻璃等）围合的空间，其特点是空间归属感强，有利于观众集中精力参观展览，空间限定明确。

（2）开敞空间。开敞空间指空间围合物很少或没有围合物的空间，其特点是空间没有明确的界限，观众视线开阔，在进行空间处理时灵活多变，但空间归属感不强，观众参观时不容易明确感知空间。

（3）半开敞空间。半开敞空间介于开敞空间与闭合空间之间，兼具两种空间的特点，使用时既可做到灵活多变，又有一定的围合效果。

在特展展位设计中，首先要对空间进行塑造，因为参观者首先感知到的是空间的布局，因此，展位设计要运用空间语言，有意识地引导参观者按既定路线参观，并配合展示内容对其进行心理暗示。同时，对空间的塑造也是表现不同的参展方精神内涵的最好方式。

总之，对空间的处理是特展展位设计中最重要的部分，也是最复杂的部分。由于对空间的处理既涉及空间中物与物的关系、物与空间的关系，又涉及空间与流动的参观者之间非物质性心理的感受，因此对空间的处理是特展展位设计的核心之一，也是最复杂的工程。

3. 参观者

参观者既是特展展位设计传达信息的目的对象，又是参展商决策的参照物，而且参观者对特展展位设计的评价直接影响着他们其后的消费行为。因此，对参观者进行深入细致的研究是展位设计必须要关注的。

特展展位的设计对于参观者的作用是，使他们对展示的理念和展品，从注意到认知，再到产生兴趣、信任，甚至价值认同的过程。因此，展位设计在这个过程中发挥更多的是引导作用，而不是说教或强迫作用，这样更能被参观者所接纳。

不同地区的参观者，因为生活环境不同，对特展展位设计效果的评判自然也有很大的不同，如经济文化比较发达地区的参观者对概念性的设计比较偏好，而相对封闭地区的参观者则对中规中矩的造型比较喜爱；不同职业和受教育水平不同的参观者，其审美特点的不同也影响着展位设计最终的传达效果。如对受教育程度较低的参观者应采用直接的、通俗易懂的设计，而对有良好设计背景和职业经历的参观者，可采用逻辑性强、抽象的设计。

参观者的性别和年龄对审美认知也有很大影响。年轻人活泼好动、激情十足，针对他们的特展展位设计就要求整体风格前卫、视觉效果绚丽。中年观众心理感情趋向内敛、含蓄，但文化品位较高，因此，他们对设计细节的要求很高。同样地，性别不同，其关注的角度也不同，女性感情丰富，对展位中情感的传递更加敏感，也更容易接受；男性思维大多偏于理性，在展示现场，会对技术、材料、灯光效果等方面感兴趣。所以，针对不同的目标人群，展位设计应区别对待，以获得参观者的最大认可。当然，在实际展会中各种类别的参观者往往混杂在一起，这就需要设计师在众多原则中寻找能为众多参观者所共同接受的平衡点。

针对以上这些因素，特展展位设计应该根据具体情况对展位设计进行定位，并选择某种风格表现主题，同时可以辅助策划一些为参观者所喜闻乐见的活动来渲染气氛，以加强展示效果。对于参观者来说，目的性强的设计可以方便他们接受信息，提高对所传达信息的理解深度，同时，展示效果与他们的心理预期越接近，他们对展示设计的认同感就越强，进而更深刻地影响他们的行为。

4. 展示内容

展示内容是参展商意图的直接体现，它包括展示参展商相关信息和需要展出的产品。信息可以通过展板、投影仪或视频等方式来传达，产品主要通过陈列进行展示。在特展展位中，还可以策划有参观者参加的活动和文娱表演来丰富展出内容。

展出的内容也可以决定特展展位设计的形式和风格，例如，工业展示设计和房地产展示设计就应有所区别，前者要配合展出内容采用理性的方式设计，并配备参观者体验区；后者则强调卖点，更突出设计的观念和情感表现。因此，展示内容是展示设计中诸多元素的中心，一切方法手段的采用都应以有利于展示参展商要表达的内容为根本。

📖 案例

广交会特装展位结构安全指引

广交会特装展位结构强度应当满足荷载所需要的强度，确保展位结构的整体强度、刚度、稳定性和各连接点的牢固性，具体要求有如下几点：

1. 一般性要求（适用于单层特装展位和两层特装展位）

第一，展位结构主体墙落地宽度不小于120毫米，以确保墙体与地面的接触面积；超过6米的大跨度墙体及钢框架结构之间应在顶部加设横梁连接，下部须加设立柱支撑。

第二，所有顶部加设横梁连接的特装展位，须提供横梁与主体连接的细部结构图，结构强度应当满足荷载所需要的强度。横梁必须采用钢结构并连接牢固，柱梁连接必须要用螺栓或者其他安全固定材料，不得采用搭接、绑扎等连接形式。

第三，使用玻璃材料装饰展位的，必须采用钢化玻璃，要保证玻璃的强度、厚度（幕墙玻璃厚度不小于8毫米）；玻璃的安装方式应合理、可靠，必须制作金属框架或采用专业五金件进行玻璃安装，框架及五金件与玻璃材料之间要使用弹性材料做垫层，确保玻璃使用安全；大面积玻璃材料应粘贴明显标识，以防破碎伤人，若使用玻璃地台，则结构支撑立柱、墙体必须固定于地台下方，不得直接在光滑玻璃面上方搭设展位结构。

第四，钢结构立柱应使用直径100毫米以上的无焊接材料，底部焊接底盘，上部焊接法兰盘以增加立柱的受力面积。

2. 两层特装展位的特殊要求

第一，搭建两层特装展位须提供展位细部结构图并加盖具有结构设计资质的建筑设计院（室）、国家一级注册结构工程师印章及审核报告。另须提供以下材料：

其一，分布图（标明灯具、插座、总控制开关电箱的规格种类，安装位置，具体安装方式）。

其二，配电系统图（标明用电总功率，总开关额定电流/电压，采用电线规格型号和敷设方式）。

其三，两层特装展位柱梁结构图（标明静载技术数据，活载技术数据）。

第二，搭建两层特装展位必须使用钢结构材料并作相应的加固处理，尤其其承重结构必须采用钢材搭建，并做好接地保护。

第三，两层特装展位柱梁的基础应采用地梁连接方式，并采用高强度螺丝连接加固，与地面接触面加硬胶防滑垫，以防平移。

第四，两层特装展位手扶梯护栏杆不得低于1.5米，栏杆扶手面应做成弧形面，以防误放物体从栏杆上滑落。

第五，两层特装展位上层区域承载力不得小于400千克/平方米，且上层区域仅限作洽谈交易或休息之用，不得以摆放展品为主要用途，严格控制在上层区域逗留的人员数量。

第四节　展位的空间安排及展具、材料的使用

展位设计要熟悉和了解平面或立体的构成概念、内容和规律。将点、线、面、体等要素灵活运用在展示活动的空间布局、展具安排、展位造型设计中。特别是熟悉和了解材料的性能、特点，设计时才能有的放矢、游刃有余。

一、展位布局安排

1. 常规空间造型方法

常规空间造型即在常规的圆、方、三角等几何图形的基础上，做横向或纵向的发散思维、空间构想。

（1）横向式空间造型。横向式空间造型是最常用的一种空间造型方法。一般是将展位在水平线上延伸并展开，形状多为正方形或矩形，高度以适于参观者站立行走时最佳视

域为度，实现"一步一景，步移景殊"的目的。这种造型多用在空间高度有限、产品种类多并需要序列展出，以隔断、展板、展橱、展柜等为分隔道具，划分出不同规格、大小、形状的空间，以使陈列展示在展品与参观者平移观赏的时候具有一定的节奏、韵律变化，从而产生美感。

（2）纵向式空间造型。纵向式空间造型无疑会令人产生高大、庄严的心理感受。同时，参观者在很远的距离上就可以看到，起到提醒、强调和突出的作用，这是横向式造型所难达到的效果。但是，纵向式造型首先要求有一定的空间高度，同时由于进深太小，容易产生压抑感、有举头观看吃力之不便。这种造型往往施工难度较大、经费较高，且对安全系数的要求远高于横向造型。一般多用在距入口处有一定距离的空间，且处在展厅偏中心或通道交叉点处，往往给人以独占鳌头、顶天立地的感觉，塑造向上发展的良好形象。

（3）圆弧式造型。圆弧或弧形都给人以丰满、柔和、圆润的感觉。圆形可以是正圆、椭圆、半圆；弧形更是千变万化，自由随意，展位设计可创造出任意曲线构成的空间。圆弧式造型尽管给人以变化多端、精巧的亲切美感，但制作加工费及工料费较高，所以，若不是特殊需要，尽量不用球体状造型，否则，现场展示空间利用率较低。

（4）三角形及其他多边形空间造型。正等腰三角形造型，令人有端庄、敦实、超稳定的感觉；非等腰三角形给人以生动、倾斜之感；而倒三角形则给人压抑、突兀、超不稳定之感。在运用三角造型做展位设计时，还常常将三角形尖状顶部切除，设计成梯形，同样可达到三角形的端庄、稳定效果，同时又富有生动、变化的特性。

2. 运用点、线、面、体等设计元素的变化构建的空间造型

在立体空间里，所有视觉形态和视觉造型，都离不开点、线、面、体等设计要素来支撑和体现。这些点、线、面、体就是构成外观造型的基本语言和元素。从平面的角度出发，有些点、线、面具备了合理的结构和画面，但在立体空间则不然，其实展位设计是立体多维的，如果能运用美的规律将点、线、面及体进行合理的组构，加上恰当的色彩、灯光、质地，一定能够设计出独具特色的展示空间造型。

（1）点的构成与作用。点仅仅表示一个空间位置，自身没有长度和宽度，也没有方向，点的大小是相对的。地球在人的眼里是庞大的，但在浩瀚的宇宙太空中仅仅是个点；绿茵场上的一个足球只是小小的一个白点，但在蚂蚁的眼里却是硕大无比的庞然大物。所以，对点的认识，我们应当把它与所处空间的大小对应来看。在展位设计中，某些展品尽管很小，但却具有凝聚视力、形成视觉焦点的作用，绝不能因为其小而被忽略。点的理想形状是圆形，也可以由大小、疏密、远近、空心或实心等构成组合。点有单点、双点和多点之分。

单点。当单点处于画面中心时，其显得比较突出，是稳定和静止的，并牢牢地控制着画面其他部位的物体，极易形成强烈的视觉中心；当单点不在画面中心，则给画面、空间带来律动和活跃感。

双点。如果两个点大小相同，则会产生拉力、连线的感觉，并分散视觉中心；当两

个点一大一小，人们的视线会形成由大到小点、由起点到终点的动感视觉效应。

多点。有规则的多点排列会得到有序的空间，反之则无序且杂乱无章；密集的同样大小的多点的排列可以形成面的感觉，而大小不等的多点组合，往往形成近大远小、近实远虚的空间透视效果。

在展位设计中，要注意把握好展品的疏密关系，单点、双点和多点综合运用，尽量做到聚散有度、主次分明，从而丰富展品的陈列布置视觉效果。

（2）线的构成与作用。一系列的点按同一个方向排列就形成了线。线是点的延续，是点在运动中的轨迹。线有位置、方向、长短、粗细和虚实关系，但无厚度。线型会给人们的视觉带来方向感、运动感和生长感，线可以勾勒出面的轮廓，可以表现出面和体表面的坚挺、光洁，也可以反映面和体表面的粗糙和凹凸不平。通过线的曲直、长短、粗细等，使人产生不同的视觉效果。线的总体形式有两种，即直线和曲线。

直线。直线又分为水平线、垂直线和斜线。其中水平线给人稳定、安详、平静、明朗宽阔的感觉，令人联想到风平浪静的水平面、地平线等；垂直线给人以挺拔、刚直、坚毅、崇高、向上、肃穆的感觉，如高耸的纪念碑、迎风挺立的旗杆、电线杆等；斜线则给人速度、运动、前进及兴奋的印象。

曲线。曲线具有柔美的性质，其柔美、轻盈富有弹性，给人以强烈的运动变化之感。曲线自由、多变，又可以分为以下四种类型：S形线，回旋往复，有节奏和韵律感；螺旋线，具有升腾向上的飘逸感；抛物线，给人流畅和轻松自在感；圆弧线，给人以向心感，令人产生具有无尽的张力和稳定的控制收缩感。有秩序的几何曲线则显示着科学性与理智。

（3）面的构成与作用。点在同一个方向上系列地排列起来形成了线；线在同一个方向上系列地排列起来就形成了面。

面是线的移动轨迹。面不仅具有点、线等特质，而且具有长度、宽度，同时还具有面积所构成的"量感"特征。但面又是二维的，没有深度即厚度。在总体上，面可表现为正方形、圆形、长方形、梯形、三角形、菱形、半圆形、椭圆形等几何图形和不规则的自由图形。不同的图形使人产生不同的情感和心理反应。正方形给人以规格、方正、静止的感觉；圆形给人以饱满、圆润、完整的感觉；三角形给人以踏实、稳定、向上的感觉；自由不规则的直线图形给人以直接、敏锐、明快、生动的感觉；自由不规则的曲线图形则给人以优雅、柔和、丰富的感觉。面的主要特征是具有幅度和形状，在立体的构成中还有平面和曲面造型之分，分别给人以不同的美感。因而，在设计面的构成时，要更多地把着眼点放在面的比例、方向、前后、大小及距离上。

（4）体的构成与作用。体是面移动的轨迹，具有长度、宽度、高度、体积等特性，而点、线、面则可理解为组成体的局部元素。体是具有三维空间的立体形态，展位设计可以借助这个实体形态，为参观者营造一个可观、可触、可感的实实在在的多维情感空间。

二、展位设计变化法则

为把展位设计得独具特色又富有美感，展位设计应遵循以下变化法则：

1. 对称与均衡

对称是指中心轴的两边或四周的形象完全一样或相临，具有高度的统一感。适合于表现静止的效果，令人产生端庄、大方和稳定的美感；均衡是指以视觉中心轴线为基准，其上下、左右的形象完全不同，但在视觉上却达到一种平衡和稳定的状态。较之对称更生动、活泼。

2. 重复与渐变

重复是指相同或相似的元素按照一定的需要重复出现。重复的元素按照一定的规律、秩序不断地出现，具有连续、整齐、统一的节奏美感，从而增强视觉印象，增强艺术感染力；渐变是指重复出现的元素逐渐地、有规律地递增或递减，使之产生大小、高低、强弱、虚实的变化。重复与渐变的相同之处在于其都是按照一定的规律和秩序在不断地反复，不同之处则是各元素在重复的同时，悄悄发生着渐次的递增或递减变化。

3. 对比与调和

对比是完全相反形式的要素间组合，如大与小、方与圆、刚与柔、粗与细、黑与白、轻与重等。把握好对比关系，可以使相互关联的对象更加鲜明突出，达到意想不到的理想效果；调和就是要在强烈的对比元素中找到共同的因素，从而达到融合协调的舒适感觉。

4. 变化与统一

变化与统一是形式美法则中的中心法则，它包含有对称、均衡、重复、渐变、对比、调和等具体法则的所有内容，并对这些内容有着统筹的作用。例如，过分的对比变化会使整体看起来杂乱无章，而过分的调和统一，又往往显得单调、乏味，需要在局部细节上适当的增加对比的变化。在不破坏整体效果的前提下，适当兼而有之，达到一种完美和谐的美感境界。

随着参观者的脚步和视线的移动变化，人们在运动中观看、感受展示空间和展品内容，"步步移，面面观"，时刻会有不同的视觉与心理变化。当然，不同的展位、展品内容，需要不同的手法来表现，以求达到最佳的效果。展示设计应当在以上集中常规空间造型基础上，结合形式美法则，设计出更加独特、新颖的展位造型。

三、展位道具要素控制

展位空间的道具，一般指展位用具，包括展台、展板、展架和其他器物。道具的造型、比例、尺度、色彩、构图、材料等方面的因素将影响展位空间的形象。

1. 空间道具的类型

空间道具有以下几种类型：

（1）展架。展架是作为吊挂、承托展板或拼联组成的展台、展柜及其他形式的支撑骨架器械，也可以作为直接构成隔断、顶棚及其他复杂的立体造型的器械，是展览场馆活动中用途最广泛的道具之一。

从20世纪60年代起，一些发达国家开始研制和生产各种拆展式和伸缩式的展架系列。利用拆展式的展架体系，不仅可以方便地搭成屏风、展墙、格架、摊位、展间以及展饰性的吊顶等，而且还可以构成展台、展柜及各种立体的空间造型。在国际上，厂商多采用铝锰合金、锌铝合金、不锈钢型材、工程塑料、玻璃钢等材料制造展架管件、接插件、夹件等，而采用不锈钢、弹簧钢、铝合金、塑料和橡胶鞣材料来制造其他小型零配件。

系列式展架的设计或选用应该做到质轻、刚度强、拆展方便，构件的配合要求精度高，管件规格的变化要按一定的模数进行。可拆展的组合式展架，通常是由断面形状和一定长度的管件及各种链接件所组成，可以根据需要组合展台、展柜、展墙、隔断等，在展架上可以加展板、裙板或玻璃，也可以加导轨射灯或夹展射灯以及其他护栏等设施。

（2）展柜。展柜是保护或突出重要展品的道具。展柜通常有立柜（靠墙陈设）、中心立柜（如四面玻璃的中心柜）、桌柜（书桌式平柜，上部附有水平或有坡度的玻璃罩）、布景箱，等等。

中心立柜如果放置在展厅中央，四周都需要展玻璃；如果放置在墙边，靠墙的一边可只展背板，不需安展玻璃。有的立柜的顶部还可以展置照明灯。桌柜通常有平面柜和斜面柜两种，斜面又有单斜和双斜面之分；单斜面通常靠墙放置，双斜面则放置在展位中央。

（3）展台。展台类道具是承托展品实物、模型、沙盘及其他展饰物的用具，是突出展品的重要设施之一。大型的实物展台除了用组合式的展架构成之外，还可以用标准化的小展台组成。小型的展台多为简洁的几何形态，如方柱体、长方体、圆柱体等。一般来说，较大的展品应该用低一些的展台，小型的展品则应用高一些的展台。此外，还有一些特大型的展台，是根据具体情况特殊设计的。

现代展位设计一个重要特征是，在静态的展览过程中追求一种动态的表现，动与静的结合使展览场馆变得生动活泼，别开生面。使静态展品动起来的方法之一是利用机动性的道具，旋转展台的运用便是一例。在陈列汽车类大型展品的展览场馆中，常常能够使用旋转展台，参观者可以在一个固定的位置，以不同的角度观看展品，多方位地品评展品，如果有兴趣还可以登台一试。如今，参观者的直接参与已变成一个新的倾向，许多著名的展会、博览会往往开设互动展台，请参观者直接介入项目，机动旋转展台也逐渐成为参观者与展品互动的一个媒介。旋转展台可大可小，除部分较小型旋转展台外，大多需要根据具体的展品设计制作。

（4）展板。展位所用的展板，有些是与标准化的系列道具相配合的，更多的是按展览场馆空间的具体尺寸而专门设计制作的。展板的设计和制作也应该遵循标准化、规格化的原则，大小的变化要按照一定的模数关系，兼顾材料和纸张的尺寸，以便降低成本，方便布局，同时也方便运输和贮存。另外，还必须考虑展板本身的强度和平整度。同时又不宜太厚，以免影响外观。

2. 道具的设计原则

常规道具设计和选用的原则是，首先，以定型的标准化、系列化为主，以特殊设计为辅；其次，以组合式、拆展式为主，以便于任意组合、变化，方便包展、运输和贮存；再次，结构要坚固、加工方便、安全可靠；最后，造型要简洁，色彩要单一。

特殊道具的造型、色调、规格和尺寸的设计或选择取决于展览场馆环境的风格、尺度、陈列性质、展品特点以及展览场馆空间的色调等因素。随着现代展览场馆活动的普及，越来越多的厂商研制、设计和生产出适合各种展览场馆形式的新颖道具，专业生产的标准化产品有逐渐取代传统的展位道具的趋势。

在展位设计时，首先应该考虑采用那些具有多种功能和用途的系列化道具，尽量不用或少用专门设计的特殊规格的道具，以方便布展，节约开支。常规道具对展位内空间设计主题表达具有十分重要的作用，其造型常常反映出某种风格特征。

📖 案例

2011年上海车展奔驰展台设计

2011年4月19日盛大开幕的上海国际汽车展是本年度全球最值得期待的汽车盛宴，梅赛德斯—奔驰携旗下四大品牌的41款车型，盛装亮相近3000平方米的宏大双层展台，向全世界展现这一伟大品牌125年的辉煌历史和引领未来的雄心壮志。

梅赛德斯—奔驰展台无疑是本次上海车展万众瞩目的超人气展台。车展上，除备受关注的各汽车品牌的首发车型、前沿技术外，展台本身也成为展示品牌理念与综合实力的舞台。梅赛德斯—奔驰在展台的设计与呈现形式上不断推陈出新，以完美的表现赢得观众与同行的认可。2008年，梅赛德斯—奔驰获得当年北京车展"最具人气展台"的奖项；2009年的上海国际车展和2010年的北京国际车展中，梅赛德斯—奔驰连续两年将"最佳汽车展台设计大奖"收入囊中。

在上海车展期间，梅赛德斯—奔驰将全新的展台设计理念带到中国，既保持梅赛德斯—奔驰作为汽车发明者对经典的传承，更展示了代表汽车工业最高水准的科技魅力。造型别致的奔驰双层展台以银色为主基调、运用了独有的未来感银色金属立面、棋盘式天顶照明——这些创新元素是首次在国内亮相。当灯光开启，仿佛一片星辉照耀的天空，更添优雅氛围。整个奔驰展台的设计既宏大又专注于细节的完美、优雅庄重又颇具时尚科技感，

"唯有最好"的品牌理念跃然呈现在公众面前。

2011年奔驰展台采用了创新性的主题区域划分，观众在展台上游览，既能回顾奔驰作为汽车发明者的125年传奇历程，更能感受到其引领未来的领袖气质。"125！汽车发明者"区域作为整个展台的焦点之一，"传世惊奇300 SL"勾勒出这款传奇座驾独具的经典之美；与之遥遥相望的"回到未来SLS AMG"区域，一辆红色的SLS AMG张开"鸥翼"欢迎各位贵宾的到来；AMG展区彰显了"一个工程师、一台发动机"的独特品牌理念；"战略合作与社会责任"区域则向观众展示了梅赛德斯—奔驰致力于为中国消费者提供顶级产品与服务的同时，也倾力回馈社会，积极履行优秀企业公民责任；星睿二手车区域则呈现奔驰对卓越品质和尊崇服务的郑重承诺。

以象征未来与科技的银色为主色调的奔驰展台，展示了其独到的设计理念：独有的银色金属立面是奔驰展台的亮点之一，大面积的银色金属立面组成了整个展台的"骨架"，在简单线条的勾勒下轮廓分明，形成错落有致的光影变化，整个展台既简洁大气，又充满了未来感。

2011年奔驰的展车也大多数是银色。银色是奔驰历史上伟大的"银箭"赛车的颜色，象征着胜利与激情，今天的奔驰F1车队仍被人们称作"银箭"车队。在多款银色的奔驰展车之间，观众不仅可以感受到这个伟大品牌值得自豪与骄傲的运动历史，更能欣赏到奔驰引领时代的造车工艺。

奔驰展台二层则是以稳重大气的黑色为主色调，白色的Mercedes-AMG车型在其间展示，整个空间显得典雅且张力十足。在银色和黑色的主色调中，奔驰展台上的红色区域十分引人注目：两款相隔半个多世纪的奔驰经典超级跑车——300 SL与SLS AMG的展台相望而立，让人不仅感受到奔驰跑车令人血脉偾张的速度激情，更惊叹于梅赛德斯—奔驰不断创新、勇于突破的品牌激情。整个奔驰展台以银、黑、红三个主色调相互映衬，层次清晰分明，构建出光彩夺目的展台视觉效果，处处体现了奔驰核心品牌价值所在——"魅力、完美、责任"。

作为一个国际品牌，梅赛德斯—奔驰一直对中国市场重视有加，并对中国消费者的文化喜好与情感诉求进行了充分的调研。每年的国际车展，梅赛德斯—奔驰都会将中国元素完美应用于展台。而要做好这一点，则需要对中国市场有着深刻的理解，以国人能够理解和乐于接受的方式，传播品牌理念和价值。2011年，梅赛德斯—奔驰特地选择了金鱼作为展台的特别元素，金鱼优雅、高贵，在中国文化中象征着吉祥和繁荣，奔驰以此向中国的消费者表达崇高的敬意和美好的祝愿。

早在2008年的北京车展上，奔驰的展台背景就采用了富有中国特色的常青藤作为主题元素，彰显梅赛德斯—奔驰对中国消费者的尊崇礼献；2009年的上海车展上，象征着吉祥幸福、繁荣昌盛的中国传统名花牡丹成为主题元素，渲染出浓郁的中国风情；2010年北京车展中国著名书法家徐冰的新英文书法更是大放异彩。多年来，一系列中国元素的运用是梅赛德斯—奔驰为中国市场精心准备的礼物，表现出梅赛德斯—奔驰深深植根中国市场的决心和对中国消费者的一贯承诺。

第五节　展位设计的视觉辅助控制

展位设计视觉辅助控制要素主要包括形态要素、材料要素、色彩要素以及灯光要素。有效控制展览场馆空间的设计要素，可以调动形、光、色、质等物质手段，营造理想的空间视觉效果，创造具有一定情境、地域特征和时代气息的展位空间环境。

一、色彩要素控制

1. 空间的色彩选配

色是光的产物，有光才有色。经过三棱镜的投射，阳光依红、橙、黄、绿、青、蓝、紫的顺序排列，这七种颜色组成圆环称为色环，色环中的色互相配合就产生了色谱。色谱具有明度、纯度、色相的变化。明度是色彩的明暗变化，由亮到暗的关系；纯度是色彩的饱和度，由浓到淡到灰的关系，也称彩度；色相的变化是质的变化，由红到绿的变化。色彩搭配就是根据需要，依照色谱来调整明度、纯度的比例关系以及色相的变化。

2. 典型展位的空间配色

典型展位的空间配色以色彩系列为例。色彩系列主要有暖色系列、冷色系列、亮色系列、暗色系列、艳色系列、朦胧色系列等。暖色系列主要包括红、黄、橙、紫红、赭石、咖啡等色彩，暖色具有热诚、奔放、刺激等特点，使人感觉温暖。冷色系列主要包括蓝、绿、蓝紫等色彩，具有安静、稳重、清怡、凉爽等特征，使人感觉沉静。亮色系列是相对暗色系列而言的，指一些明度比较高的颜色，特点是明快、亮堂，有一尘不染的清洁效果。暗色系列是一些明度较低的颜色，显得端庄、厚重，烘托气氛更浓，如果配上灯光将更具魅力。艳色系列指纯度较高或形成强烈对比的颜色，具有活跃、热闹的气氛，还具备豪华、高贵感。朦胧色系列即色相、纯度、明度都比较接近的颜色，使人感觉到一种柔和、静雅、和谐的气氛。因此，在典型展位的空间配色中，应该根据空间环境和展品的特性，选择适当的色彩系列，实现营造氛围，凸显主题的目的。

3. 空间的色彩基调

展位空间的色彩基调要根据展览场馆的主题和展出季节来确定。例如，历史性题材的会展空间，空间色彩基调应以厚重、沉稳的低调为主，以反映出一种沧桑的历史变迁和传统文化的凝重氛围；展销性质的展位空间，应处理成贴近生活的活跃性色调，以刺激参观者的消费欲望，促进场内交易；一般商业性展台活动，大多采用中性、柔和、灰色色调。易于取得色彩上的和谐，以突出展品。另外，空间的色彩基调还要考虑展览活动的季节因素。例如，冬季与夏季的温差比较大，其色彩基调也要有所偏重。冬季室外寒冷，整个展览场馆内的色彩应以暖色调为主，给人以温暖感，与人的心理需求相吻合；而夏季户外温度很高，空间应以冷色调为主，给人以恬静、凉爽之感。

4. 展位空间的专用色

要根据参展性质和标志来确定展位的专用色。一般而言，展览标志的标准色即为展位专用色。每个展位都有自己的标志标准色，展位空间的色彩应充分运用展览专用色，包括墙面海报、悬挂旗帜、指示标牌等，让参观者进入展馆时就对展览的标志色有充分的视觉接触，从而对展览标志形成深度记忆，有利于展览品牌效应的形成以及展位内色彩的和谐统一。

5. 展位空间色彩

展览场馆内的展位空间的色彩设计要做到四个方面。

首先，要体现空间个性。也就是说，要凸显展览的产品、品牌、特色，与周围展位形成对比而不被"淹没"，从而突出本展位，吸引参观者来展位参观。当参观者走进一个展位，呈现在眼前的每一个部分、每一件物体的色调是基本一致的，他就会对色彩产生强烈的反应，在记忆里留下深刻的视觉印象。一般而言，以企业标志色以及其延伸色彩作为展位色彩的基调，可以营造出与其他展位相区别的单元性效果，形成一种统一、和谐而又有别于其他展位的视觉环境，使展位很容易从周围展位中"跳出来"，从而较好地被参观者特别是目标观众"发现"。

其次，要突出展品与版面、展览道具之间产生的色彩差异。版面是介于展品和环境之间的中间介质，在一般的展览场馆中，版面常设计为图片、位子、背景色彩等平面内容。版面的色彩主要有底色、图片色彩、文字色彩等，其不仅能协调内色调，而且还有传递展览场馆信息的作用。版面的色彩不宜过多，要形成一个较为明显的体系。可以运用色彩的三大属性（色相、明度、纯度）来达到这一目的：用色相差异较小的同类色、近似色形成色彩体系的完整性；用不同的色相（必须降低彼此的明度和纯度），使视觉有一个平和过渡的舒适效果；运用版面上的文字和图片做调和剂，减弱色彩的对比关系。一般而言，白色和淡色系列常被作为版面色，这些色彩简约、明快的效果使展品更加突出和醒目。展览道具（展台、展柜、展架等）对突出展品也有一定的作用，淡雅、无色系列的背景，能自然地突出展品。展览道具的色彩一般要求淡雅、单纯，油漆色以中度色性为宜，金属则最好进行亚光处理。

再次，设计要善于运用色彩营造特定的空间氛围。展位内空间环境给人的美感是一种形式、色彩和材料等物质要素的综合美。当人们置身于展览中的瞬间，感受最强的往往是色彩，其能够影响和感染人的情趣，进而使人产生联想。展位空间环境，可利用地面（地面、地板、地毯）、天花板等色调，加上灯光作用，营造一种宜人的氛围，并按照各个划分区位的不同功能来分别处理。在大多数情况下，展位总是明亮、热烈而开阔，休息区、洽谈区等则以中性色或者暖色为主。

最后，要兼顾地区和民族的差异性。一个地区和民族的服装色彩同民族的气质、生活方式、声场条件、地方色彩等因素有关。不同地区和不同民族的习惯用色是表达特定展位空间气氛的设色依据。色彩的选择和使用要因地而异，因人而异。有的色彩因在当地长期使用而成为某种象征，同一色彩在不同地区和不同民族的象征意义差别很大，在设计展位空间色彩时，要在满足不同环境的一般色彩要求的基础上，尽量从当地服装的色彩中提炼出丰富的有象征意义的色彩，以此色彩来选定主色和配色，用色彩唤起相似情感，突出地方特色和民族风格。

二、材料要素控制

1. 材料的特性

在展位设计中，应当根据场馆特有的主题来选择材料，以便用最简约的方式实现场馆的艺术化。展位所用的材料，有粗糙与光滑、软与硬、冷与暖之别。

（1）粗糙与光滑。石材、未加工的原木、粗砖、磨砂玻璃、长毛织物等，表面比较粗糙，而玻璃、抛光金属、陶瓷、丝绸、有机玻璃等，表面则比较光滑。同样是粗糙面，不同材料有不同质感，如粗糙的石材隔断和长毛地毯，质感完全不一样，一硬一软，一轻一重，后者比前者有更好的触感。光滑的金属镜面和光滑的丝绸，在质感上也有很大的区别，前者略硬，后者柔软。

（2）软与硬。许多纤维组织物都有柔软的触感，如纯羊毛织物，虽然可以织成光滑或粗糙质地，但触感都很舒适。纤维织物从纯净的细亚麻布到重型织物有很多品种，易于保养、价格低，但触感不太舒服。砖石、金属、玻璃等的硬材料，耐用耐磨、不易变形、线条挺拔，有很多的光泽度，可以使空间很有生机，但一般来说，人们喜欢光滑柔软的而不喜欢坚硬冰冷的感受。

（3）冷与暖。材料的质感也同样有冷暖之分。金属、玻璃都是很高级的材料，如果用多了可能会产生冷漠的效果。在视觉上由于色彩的不同，冷暖感也会不一样，如红色金属触感冷而视感暖，白色羊毛触感暖而视感冷，选用时应从触感和视觉两方面来考虑。木材在表现冷暖、软硬上有独特的优点，比织物要冷硬，比金属、玻璃、石材要暖软。

许多经过加工的材料具有很好的光泽，如抛光金属、玻璃、瓷砖，通过光滑表面的反射，使空间感扩大，同时映出光怪陆离的色彩，是丰富活跃空间气氛的好材料。

透明度也是材料的一大特性，利用透明材料可以增加空间的广度和深度。常见的透明、半透明材料，有玻璃、有机玻璃、丝绸。在空间感上，透明材料是开敞的，不透明材料是封闭的；在物理性质上，透明材料具有轻盈感，不透明材料具有厚重感和私密感。通过半透明材料隐约可见背后的模糊景象，在一定的情况下，比透明材料的完全暴露和不透明材料的完全隔绝可能具有更大的魅力。镜面作为特殊材料会起到增加面积感的作用。

弹性材料主要用于地面和桌面，给人以特别的触感。有些材料如软木、泡沫、塑料、泡沫塑胶、竹、藤、木材等，均有一定的弹性感。

材料有均匀无线条的、水平的、垂直的、斜纹的、交错的、曲折的等自然纹理。暴露天然的色泽肌理比刷油漆更好。但在空间中肌理纹样过多或过分突出，也会造成视觉上的混乱，应予以适当调整，以取得质感的和谐统一。

有些材料可以进行不同的组展拼合，形成新的构造质感，使材料的轻、硬、粗、细等得到转化。

2．空间设计中常用的材料

空间设计常用的材料有以下几种：

（1）展饰布。展饰布在展览场馆空间中被大量采用，五彩缤纷，图案各异，能营造出活跃的空间气氛。展饰布除了有艳丽的外表之外，还具有运输体积小，展饰效果易于见效、价廉物美的优点。

（2）墙面材料。墙面材料主要有透光又透明、透光不透明、不透光又不透明等。透光又透明的材料主要有各种彩色玻璃、有机玻璃；透光不透明的材料主要有磨砂玻璃以及雾面有机玻璃等；不透光又不透明的材料主要有各种软质PVC板、有机合成板等。

（3）地面材料。地面材料对展览场馆空间色调的影响比较大。常用的地面材料有复合板、地毯、展饰布等，其中地毯被选用的概率最大，展饰布被选用的概率最小。地毯因踏上去"脚感"比较舒适，铺设与拆卸方便、色彩纹理比较丰富而广受参展商的青睐。如果展厅面积不大，展出的又是高档饰品或艺术品，应选择高档豪华的地毯，以显示参展商的实力与形象。

（4）贴面材料。贴面材料以较好的审美效果和低廉的成本而受到重视，常被用来营造展览场馆空间的特定气氛。临时性场馆为了拆卸方便，不必使用昂贵的建材，而采用以假乱真的贴面材料同样能达到理想的效果。贴面材料有纸质的，如带图案的墙纸，各种色彩绚丽、内容丰富的展饰布等。

（5）悬挂展饰材料。在场馆展位的上空往往悬挂参展单位的标志、广告语或相关的艺术造型，这些悬挂展饰物都是灯光的聚集点，因而形象突出、引人注目，能达到良好的传播信息的效果。高空悬挂展饰有利于展位和展厅内容的升华，也是展览场馆空间的"画龙点睛"之笔。高空悬挂物要轻质而硬挺、平整光洁，不能呈现褶皱，制作要精良。如采用吊旗，旗帜的四角要用绳子扎紧固定，不能随风飘逸。

（6）灯箱饰面材料。灯箱的饰面材料一般采用灯箱布或有机玻璃。灯箱布柔软、可塑形强，上面可喷绘各种彩色图形和文字，也便于拆展，适合制作大型灯箱。随着科技的发展和各种新型建筑材料、展饰材料的陆续涌现，展览场馆空间设计需要不断发现和挖掘出新的展饰材料。即使选用富有科技含量的新产品，用新展饰材料来美化展览场馆空间也是必要的。

三、灯光与照明

光线因其极富表现性和感染力而成为展示设计中塑造形体、营造空间气氛的重要造型因素。在展示活动中，人们对展品及空间的感受要取决于展品及组成空间造型的材质对光线的反射、透射和折射。木头、玻璃、金属等材质不同，其反射、折射也不同；霓虹灯、荧光灯、白炽灯等灯具不同其表现力也有很大差异。

1. 照明设计的原则要求

在展位空间艺术的设计中，照明设计有其相对的独立性，可以将展品精彩地展示给消费者。要表现出展品展示的特点，达到预期的效果，必须遵守照明设计的几个原则。

（1）功能性原则。在视觉环境中，人的眼睛对环境的明暗、色彩的感觉是通过视网膜感受到的光线，然后传导到大脑而产生的反应。在不同的环境、不同的视觉感受下，会产生不同的心理感觉，或轻松，或烦闷，或高雅，或低迷。光线、照明、环境三方面综合起来则会对人的心理、情绪产生直接的影响。其中光线则成为视神经感受的重要条件。视觉环境设计主要是解决光的问题，包括光的角度、距离、方向和光质等可调参数，从而最大程度地利用光的功效。例如，在充分照明产品和宣传产品时，还要使人在光照的环境中更舒适、更安逸，不易让人产生视觉疲劳。

（2）统一性原则。在展位照明设计中，光与灯具的造型都应符合展位环境氛围的要求，要从整体空间效果去考虑光的照度、色彩、方式、高度、位置，以达到空间的统一与协调。

（3）艺术性原则。在展位设计中，照明设计是为了使展示环境更具艺术效果，从而吸引参观者对展品的兴趣与注意，因此，在应用光的技巧上，更要讲究光的强弱对比、光的色彩感觉，将光的性能艺术性地展现在展品上，让观众得到艺术的享受，也使展品的档次得以提高。

（4）安全性原则。确保用电安全是展位设计的根本。照明的电源、线路、开关的位置务必要可靠、安全。还要注意电源走线的合理、明晰，多用接线盒、绝缘PVC管套，所有的电线接合处要刷漆。

（5）极少原则。极少原则就是用最少的灯具达到最好的效果，这不仅是节约经费，还会维护方便，也更安全可靠。

（6）照度原则。陈列品不同，要求的照度值也不同。比如，食品、杂品、书籍和鲜花等需要100lx~500lx；暗色纺线品、珠宝首饰和皮革等需要200lx~1000lx；美术品需要300lx~500lx；机器家电等需要100lx~200lx。

（7）亮度分布原则。在展会上，展出的主题应是视野中最亮的部分，其他光源、灯具不要引人注目，以利于参观者将注意力放在观赏展品上。需要重点突出的展品常采用局部照明以加强它同周围环境的亮度对比。展品背景亮度和色彩不要喧宾夺主。一般情况下，背景应当是无光泽、无色彩饰面。环境亮度的分布决定着参观者的视觉适应状况。在高度水平不同的展室中，尤其在明暗悬殊的展室走廊部分，应设有逐渐过渡的照明区域，使参观者由亮的环境到暗的空间时不至于有昏暗的感觉。

2. 灯光照明的运用方法

灯光照明的运用有以下几种方法：

（1）灯具位置的设计。在较小的空间中，应尽量把灯具藏进顶棚，而在较宽敞的空间，应把灯具露出来，并使它能360°照射。

（2）光线的使用方法。用光线来强调墙面和顶棚会使小空间变大，而要想使大空间变小获得私密感可用吊灯，或者四周墙面较暗，并用射灯强调展品。

用向上的灯照在浅色的表面上会使较低的空间显高；相反，用吊灯向下投射，则使较高的空间显低。

用灯光强调浅色的反射墙面，会在视觉上延展一个墙面，从而使较狭窄的空间显得较宽敞，而采用深色的墙面，并用射灯集中地照射展品，会减少空间的宽敞感。

（3）照明空间的设置。从照明的面积来分，可分为整体照明和局部照明两大类。整体照明通常采用匀称的镶嵌于天棚上的固定照明，能够在物体上形成均匀一致的光线；局部照明是为了强调顾客对商品的结构、肌理及色彩的印象。越昂贵的商店，对这种局部照明的对比性和要求越高。射灯因其灵活性，常被当作完成此类照明的主要灯具。射灯的光柱以不同的角度照射商品，会产生不同的效果。一般来说，从一侧射来的光，比从正前方或后方射来的光能更好地反映物体的结构、肌理和色彩。

本章小结

展位设计就是要打造一个新颖、完美、富有吸引力的四维空间，以最佳的方式将展览的信息展示给观众，让观众在美的时空中接收信息、传播信息和交流信息。本章首先从展位定位、熟悉和了解参展商与展品以及展位的平面布局与功能分配三个方面，叙述了展位设计定位及前期准备的内容。其次，从标准展位的概念、特点、布展流程以及特装展位的特点、使用范围和构成要素对两类展位进行详细介绍。最后，分析了展位的布局安排，展位设计应遵循的对称与平衡、重复与渐变、对比与调和、变化与统一的四大法则以及展位道具的要素控制和展位设计的视觉辅助控制。

第四章
展会营销

第一节 企业参展营销概述

企业参展营销是随着会展与服务营销的发展而逐步产生并发展起来的。会展业的发源地在欧洲,早在中世纪,欧洲的一些城市就出现了作为会展业前身的贸易集市,1851年5月出现了世界博览会,它是会展活动正式形成的标志。我国会展业的起步比较晚,自改革开放以来,会展业经历一个从无到有、从小到大、快速增长的过程。伴随着经济的快速发展和国际交往的日益增多,我国的展会数量逐年增加,规模迅速扩大,办展水平不断提高,产生了一定规模的行业经济效益,成为新的经济增长点。随着我国会展业的迅速崛起,越来越多的外贸企业把参加贸易商展看作是企业开拓国际市场的重要活动。借助商展平台宣传与推介新产品、找到吻合的买家和市场、提升企业知名度,成为了外贸企业的重要营销手段之一。

一、企业参展营销的含义

一个完整展会的主体主要包括展会组织者、参展商和观展者三部分。本书的企业参展营销主要是针对参展企业在会展中所做的营销活动进行描述。因此,企业参展营销的含义是指企业利用展会主办方提供的场地和设施,为了达到企业参展目标而对参展产品和服务的创意、定价、促销进行计划和实施的过程。在企业的所有营销方式中,企业参展营销是一项费时费力的活动,它环节多、周期长,而且各个环节紧密相连。

二、会展活动中的营销关系

会展业作为一个新兴产业,在信息交换、商品交易、技术交流和资金引进方面发挥着重要作用,越来越得到企业的关注。会展活动中的营销关系也越来越受到重视,这其中不仅包含了参展商和客户的关系，同时还牵涉许多利益的相关主体，如参展商、会议中心、相关媒体，等等，这之间的关系是十分繁杂的。作为参展商必须清楚参与会展的各个主体的营销对象和营销内容，充分地利用会展活动中的各种机会，更有效整合各种资源。我们对会展活动中的营销关系归纳如表 4-1 所示。

表 4-1 会展活动中的营销关系

营销主体	营销对象	营销的主要内容	营销目的
会展城市	会议或展览会的组织者	优越的办公/会展环境	吸引更多、更高档次的会议或展览会在本城市举办
会议策划/服务公司	会议主办单位（者）	大力宣传自己非凡的会议策划和组织能力	争取更多的会议业务
展览公司	政府、参展商、专业观众	强调展览会对当地经济的促进作用；突出展览会能给参展商或专业观众带来的独特利益	争取政府的积极支持；吸引更多的参展商和专业观众，塑造展会品牌
会议中心	会议公司、专业会议组织者（PCO）	完善的会议设施和优良的配套服务	吸引更多、更高档次的会议在本中心举办
展览场馆	展览会的主办者	功能完善的场馆、先进的管理和优质的服务	吸引更多的展览会特别是国际性的品牌展会
与会者	会议主办者、其他与会者	组织或个人的思想、技术等	让公众理解自己或所在组织的思想；增加相互学习、交流的机会
参展商	专业观众	新产品、新技术、新服务等	吸引更多的专业观众，加强交流、促进销售
相关媒体	会展企业、参展商	媒体在会展活动中的桥梁作用	提高媒体知名度，广告宣传

资料来源：王春雷. 会展市场营销 [M]. 上海：上海人民出版社，2004.

三、企业参展营销的内容

精心策划的参展活动可以成为企业营销计划中收效最高的部分。通过周密的展前准备、积极的展中促销以及严谨的展后跟进服务，企业可以有效地利用展会提升品牌影响力。从时间顺序上分析，企业的参展营销通常包括展前营销、展中营销和展后营销三个部分。

1. 展前——明确参展营销目标

德国展览协会根据市场营销理论将参展目标归纳为基本目标、产品目标、价格目标、宣传目标和销售目标五类。具体而言，企业的参展目标通常有新产品宣传推广；融洽客户关系，维持与老客户的接触；接触更多的潜在客户和行业人士，认识实力强大的买家；企业形象宣传，产品品牌提升；收集市场信息，进行实地调研；找到新的市场推销思路等方面。目标不同,相应的策略也不同,比如寻求潜在顾客与进一步加强长期客户关系目标的策略就截然不同。企业的参展目标是否明确将直接影响企业参展的效果,因此在人力、物力和财力都有限的情况下,企业必须把握每次参展最关键的目标,并明确与此目标紧密相关人员的培训工作、物资准备以及财务预算。

2. 展中——实施参展营销计划

在所有展前工作准备就绪之后,参展活动正式启动。与其他方面相比,展示过程是决定企业参展成败的决定因素,主要包括展中的一系列营销活动,如展台的搭建、展品的展示、环境的营造、展台的人员配备以及参展期间的注意事项。根据展前确定的参展目标,企业在展会现场应该有明确的主题,营销活动的所有内容要围绕主题展开。

3. 展后——营销效果的总结和跟踪重点客户

会展结束后,企业应该及时对此次参展的营销活动进行总结。首先,应该对参展营销的效果进行评估,并与展前设定的营销目标进行比对,探讨营销目标设定的合理性以及具体实施过程与目标的差距,根据此次参展经验进行相关的总结,为日后更好地参加会展做铺垫。其次,企业应将在会展中收集到的信息纳入企业的营销信息系统中,对获得的市场信息进行分析和评估,为后期产品和市场开发做准备。最后,企业建立运转良好的后续客户跟进系统,对在展会上所收集到的信息进行快速而有效的分类处理,加强对展中获得的客户信息进行回访与跟踪。尽可能快速地与潜在目标客户建立进一步的详细联系,对于会展期间关注公司产品并有较强购买意愿的客户,或有较强购买实力的客户,即时派出业务负责人与其进行接触,安排后期的商务接洽使商业合作落到实处。

四、企业参展营销的作用

近年来,随着各类会展的兴起,世界各国和地区之间的经济、文化交流日益频繁,会展经济俨然成为许多国家及地区国民经济突破发展的增长点,受到了世界各国和地区的广泛重视。作为一个有着广阔前景的朝阳产业和绿色产业,会展业的发展为企业提供了一个有效的商务平台,具有与其他营销媒介不可比拟的优越性。企业通过参加会展,创造及利用其相关信息与营销手段,实现产品和服务的销售。企业参展营销帮助企业进行了适销对路的宣传,预见市场潜在资源客户,改革某些营销经营理念或方式,让顾客了解了企业的产品信息,为企业赢得了广泛的营销空间,达到增加市场竞争力、提高企业知名度的目的。而企业参展营销活动的相关性和企业参展营销主体的多样化,又决定了当代企业参展营销势必具有多元化的作用。

1. 企业参展营销具有信息传递的功能

企业参展营销的主体复杂和内容广泛决定了展览会必须综合利用各种有效手段来开展

相关的宣传，以达到预期的营销目的，其宣传方式主要从传统的报纸、广播、电视等媒体，到各类行业杂志、专业会展杂志，再到面向大众的广告路牌，公交车、地铁、出租车广告以及渗透到各行各业的互联网广告。参展企业通过会展提供的这些信息渠道和网络宣传自己的商品和品牌，可以在很短的时间内与目标顾客直接进行沟通，从而将产品的信息及时发送给特定的客户，并可产生来自顾客的即时反应。会展的信息传递具有以下几个特点：

（1）及时性。及时性指的是信息反馈的及时。通过会展活动，人类社会经济活动的各种信息都能得到及时反馈，纠正信息控制过程中的偏差，提高管理效能，促进人类进步。信息反馈的及时性，有利于提高人类社会经济活动的节奏和效率，加速向信息化社会迈进的步伐。企业通过及时的信息反馈，可以调整企业的经营方针，以顺应时代潮流的发展。

（2）广泛性。会展活动是面向全社会开放的，通过参展企业信息传递的受众成员组合和地域分布上具有广泛性。从广义上讲，所有参展成员都是企业信息传递的现实或潜在的受众群，无论种族、性别、年龄、职业，这时都只有一个共同的身份——企业会展信息的受众。同时，报纸、新闻、广播、网络等各类媒体传播的广泛也使受众超越了地域的间隔，在相同或相近的时间里，聚合而为传媒信息的接受者。

（3）市场性。信息作为一种重要的经济资源，具有使用价值和价值。信息价值的实现，需要一定的市场条件。会展活动正好满足了这一需要，因为它能为信息市场交易互换活动提供时间、空间的便利条件。信息市场交易的完成，标志着信息价值的实现。同时，会展活动也是检验信息的重要过滤器，通过过滤，一些有价值的信息得到识别和应用，有利于企业经营的发展。

（4）真实性。真实性是指信息的中转环节少，信息真实程度高。信息的传递需要一定的渠道和环节，会展活动能减少信息的中转环节，增多信息传递渠道，使信息传递速度加快、费用减低。同时，中转环节的减少，有利于降低信息传递误差，减少信息失真情况，提高信息质量，降低信息失误造成的风险，给企业决策提供真实而可靠的信息资源。

（5）双向性。双向性是指在会展期间，企业不仅可以作为信息的发布与传播者。同时，可以通过对其他参展企业的观察和调查，收集到一些有关竞争者、分销商和新老顾客的信息，从而使企业能够迅速、准确地了解国内外最新产品和发明的现状与行业发展趋势等，以便为企业制定下一步的发展战略提供依据。

2. 企业参展营销具有调节供需的功能

会展现场相当于一个重要的信息市场，而信息市场是经济运行循环过程的轴心。通过会展信息市场反映了生产商、企业、消费者等信息交换中供求之间的各种经济关系，它连接市场信息供应方、市场信息用户、市场信息资源应用等重要生产力要素，促进各类市场资源得以优化配置，有效地刺激需求，调节供给。

（1）调节供给。企业参展营销能为产品供给者提供展示产品性能的机会，使一些潜在的或处于闲置状态的供给能力得到实现，创造供给空间。在较为发达的经济环境中，仍然存在着许多未能实现的供给，而一些需求也未能得到满足，通过会展活动，为两者结合提供了机会和信息，实现了供与求之间的调节。同时，比较不同产品的性能、价格等方面的差异，测算市场供给方面的竞争态势，为企业的市场供给决策提供依据，从而促进有效供给增长。不仅如此，通过会展活动，还能增加不同文化背景、不同传统习俗的市场参与方之间的相互交流与了解，扩大彼此间的共识，消除沟通障碍，为产品的跨区域、跨民族、跨环节流通创造更加宽松的环境，有利于供给实现和供给创造。

（2）刺激需求。企业参展营销可以刺激消费者对会展产品的需求。简单地说，就是面对当今丰富的产品市场，存在着庞大的潜在需求，但往往顾客意识不到自己的需求是什么，而是在对各种商品信息的浏览过程中，潜在需求被以某种形式激发，再进一步形成消费。而企业参展营销手段的实施刺激了消费者购买会展产品和服务欲望的能力，通过参展的产品或科技成果的展示，广大消费者可以发现以前未曾有过的消费品和相关信息，可以促进消费结构的优化和重组，提高自己的消费水平。因此会展可以培养新的消费需求，更好地满足消费者的需要。

3. 企业参展营销具有整合营销的功能

整合营销是一种在满足顾客需求的同时，最大程度地实现企业目标的双赢营销模式。会展作为企业之间的一个有效的营销平台，对企业展示产品、收集信息、洽谈贸易、交流技术、拓展市场起到了桥梁和纽带作用。一方面，企业从"4C"理论出发，按照消费者的需求和欲望开发和提供合适的产品，在顾客愿意付出的成本内确定产品价格，以为顾客提供购物便利为依据进行分销，并持续一致地与顾客保持双向沟通；另一方面，企业还是一个营利组织，有生存、发展及利润等目标。

同时，会展经济也是一种竞争的经济，众多的供给者和需求者聚集在一起，供给信息和需求信息直接交流，信息被充分披露，是一个近似于完全竞争的市场，市场价值规律可以发挥最大的作用，产品的销售价格趋近生产成本，消费者可以购买到价廉物美的产品。

虽然在营销可控因素中，价格、渠道等营销变数可以被竞争者仿效或超越，但是产品和品牌的价值难以替代，因为它们与消费者的认可程度有关。整合营销的关键在于进行双向沟通，建立一对一的长久的关系营销，提高顾客对品牌的忠诚度。会展具有整合营销功能，可以利用多维营销的组合手段，如会展的报刊、电视、广播、因特网、户外广告、实地展示、洽谈沟通等各种营销方式，这种整合营销功能有利于企业与顾客的交流，增强消费者对企业产品与品牌的认同度，促进企业销售工作。

第二节　企业参展营销目标的制定

目标的制定是企业参展营销的第一步，也是整个参展营销计划顺利开展的关键。像其他精心筹备的市场活动一样，一场成功的会展营销需要有一个细致周密的运作计划。这个计划可为整个项目设定方向、确立目标并为结果的评定建立一定的标准。制定准确的营销目标是企业参展取得成功的必要条件，后续的工作都是围绕着参展营销目标展开的。制定目标的重要性如下：能让参展企业营销人员了解参展企业的营销方向；具体的营销目标有助于营销任务的分工，便于衡量营销计划的执行结果及各营销人员的工作成绩；有利于参展企业向所有管理人员提供信息，进而提高其工作热情和积极性。企业应该根据自身的需求并结合展会的情况，在人力、物力、财力有限的情况下制定合理的营销目标。

一、会展营销目标的制定及内容

1. 影响企业参展营销目标的主要因素

参展商要清楚地知道为什么要去参展；是需要寻找适销市场和新客户，还是想要介绍新产品或提供新的服务项目？是想选择代理商或批发商，还是想选择合作伙伴？要预先确定参展产品和重点突出的产品，要知道买家关心的是最新的或优质的产品，避免展出过时的产品。要在会展中取胜，以适当的信息在适当的时机，用适当的方式接触到适当的买家已势在必行，为了使参展投入获得最大的回报，参展商必须比竞争对手更有效地展开行动，制定明确的参展营销目标是至关重要的。

下面将从两方面对企业会展营销目标的确定进行说明。

（1）会展举办方相关因素。每个参展企业所制定的营销目标需要考虑的因素颇多。其中，会展举办方也是企业在制定营销目标前必须考虑的因素之一。

1）了解本次展会的大致情况。展会的大致情况包括以下几方面内容：

- 会展性质。每个展览会都有不同的性质，从展览目的可分为形象展和商业展；从行业设置可分为行业展与综合展；按观众构成可分为公众展与专业展；按贸易方式可分为零售展与订货展；以展出者划分，又有综合展、贸易展、消费展；从面向的市场可分为地区展、全国展、国际展。不同性质会展对企业参展营销目标的制定产生不同的影响。比如，区域性会展迎合了当地市场的需求，一般只在该地区内进行宣传，此时设定的营销目标可以是多方面的。全国性会展的宣传工作则是为了吸引全国各地厂商与买家的参与，可以将营销目标设定为寻找经销商、代理人与代理机构。国际性会展的主要目的则是吸引大批量的国外参展商和代表团，可以将营销目标设定为收集国外市场信息、拓展海外市场。

- 会展知名度。现代展览业发展到今天，每个行业的展览都形成了自己的"龙头老大"，成为买家不可不去的地方。例如，芝加哥工具展、米兰时装展、汉诺威工业博览会、广州全国出口商品交易会等。通常来讲，展览会的知名度越高，吸引的参展商和买家就越多，成交的可能性也越大。

- 会展地点。参加展览会的最终目的是为了向该地区推销产品，所以一定要研究展览会的主办地及周边辐射地区是否为自己的目标市场，是否有潜在购买力。必要时可先进行一番市场调查。例如，曾经有一个拖鞋厂商，想当然地认为非洲天气热就到非洲推销产品。到了那边才发现，天气热不假，但那里的百姓平时根本就不穿鞋。

● 会展宣传。如果企业设定的是提升企业知名度、推广新产品或服务、宣传公司的新举措等营销目标，不仅要考虑自己的宣传计划，同时也是需要借助会展方提供的服务支持，其中应包括直接致函、杂志和报纸广告、广播和电视报道以及行业协会的支持。把自己的宣传计划与这些计划相结合，尤其是在会展前，利用相关的行业杂志为其造势，更有助于自己营销目标的达成。

2）了解会展所提供的服务。会展所提供的服务包括以下几方面的内容：

● 会展相关活动。会展常伴有一些特别的相关活动，如招待会、颁奖会、简要的专业讲座、娱乐活动、媒体发布会以及学术活动。如果企业设定的营销目标是给参观者一个与专家接触的机会，或是寻找专利使用权转让的机会的话，则必须要事先了解这方面的情况，然后根据情况修改自己的营销目标。

● 特别服务。比如压缩空气之类的需求，会展举办方能否及时提供？场地的承重是多少？如果要展出的是重型机械，这一点十分重要。在供电方面有何需求？会展设施是否能适应大量的参观人流？餐厅与洗手间等设施是否够用？是否鼓励观众花尽可能多的时间参观会展，还是让他们感到失望与厌烦而早早离开？

● 会展规章。如果企业已有搭建好的展台，它是否合规格？其他规定包括展台形状、侧墙高度、展台间隔等。在设计一个新的展台之前，或参加一场不熟悉的会展时，有必要十分仔细地阅读会展章程。会展章程有时就像一堵墙，阻碍你实现营销目标。

● 会展规划与运输方式。会展规划对运输方式会有很大的影响。作为首次参加会展的企业，也许无法挑选到地理位置较好的展位，要及早预订展位，尽可能强调企业的偏好。许多会展会把同类产品集中在一个有特定标识的区域内，虽然这样可能会与竞争对手距离很近，但同样会吸引所有此类商品的买家来到同一块区域，提升自己产品的曝光率。

（2）参展企业相关因素。参展企业相关因素包括以下几点：

1）根据企业不同发展时期制定目标。企业的发展时期不同，其制定的参展目标也不同。主要有以下几个时期：

● 初创期的企业。初创期的企业面对的主要问题是市场和产品的创新。设定的营销目标应该是市场调研，了解公司所处行业的状况和发展趋势；开拓新市场，收集市场信息；提升企业知名度，树立形象；寻找经销商、代理人与代理机构等。

● 发展期的企业。发展期的企业业务快速发展，其瓶颈难以突破，要想更好地发展下去，抓住机遇、寻找突破口很重要。设定的营销目标有了解市场竞争状况、检验自身的竞争力、寻找合作机会、交流经验；推出新产品、介绍新发明、扩大产品系列、了解新产品推销的成果，了解市场对产品系列的接受程度、探测市场反应；维护、提高参展企业形象;提升品牌知名度等。

- 成熟期的企业。成熟期的企业,在知名度和市场上都占有优势,不必再过分花费心思去推广和展示公司固有产品,因为产品已在消费者心中占据一席之地,人们耳熟能详。因此,对于这样的企业来说,带固有产品参展的目的无外乎是想向世人证明企业不倒,品牌还在。因此,联络老客户、挖掘现有的潜力客户、建立新客户、扩大销售网络、寻找新代理、开发新市场等是企业更为关注的方面。

- 衰退期的企业。对于衰退期的企业,其各个方面都可能出现了问题。企业要想走出衰退期,则须改变形式或者转变产品。比如,推出创新型产品或服务;了解客户需要;引进新服务、新技术;寻找新的智囊团等。

2)根据企业经营领域不同制定目标。不同企业的经营商品类型不同,有的是销售实体商品,有的是销售服务。通常我们根据企业生产经营领域分类,分为生产型企业、流通型企业、服务型企业和金融型企业,等等。

3)根据企业自身规模制定目标。按照企业规模划分,可将企业分为大型企业、中型企业、小型企业。各参展商可以根据自身的实际情况加以选择。

4)根据其他情况制定目标。例如,如果是一个遭受媒体和公众质疑的企业,那么本次参展的营销目标应该关注在如何打消公众的顾虑,如何重整在公众心中的地位,如何树立企业形象等问题上。

2. 企业参展营销的目的

(1)宣传公司形象。宣传公司形象包括以下几方面内容:

- 在市场上重新确定公司的位置。
- 确立卓越的竞争优势。
- 加强口头宣传能力。
- 引人关注或者使人加深印象。
- 支持公司主题计划。
- 设计创造公司形象。

(2)促进产品的销售。产品的促销有以下几种方法:

- 提供三维销售的机会。
- 创造直接的销售。
- 建立、培养销售网络及渠道。
- 支持渠道商、经销商。
- 在短时间内与每个销售代表建立联系。
- 指导渠道商或经销商的发展方向。
- 不通过销售电话达到70%的销售目标。

- 与下游用户单位进行面对面的会谈。
- 会见大客户或潜在客户。
- 创造投资高回报的机会。

（3）展示新产品。展示新产品有以下几种方法：
- 用听觉和视觉等手段向媒体推荐新产品和服务。
- 获取新产品、新服务的及时反馈。
- 确立新产品、新服务的利益特征。
- 创建产品实验室。
- 演示非便利携带的设备。

（4）密切联系用户。联系用户的方法有以下几种：
- 向下游用户介绍新的产品、新的服务和新的促销计划。
- 了解和解决用户遇到的问题。
- 继续与下游用户单位进行接触。
- 和需要个人接触的重点用户单位联系。
- 扩大用户单位的队伍。
- 激发用户单位的购买欲望。

（5）培养新员工。培养新员工的内容有以下两方面：
- 培养新生销售力量。
- 为销售代表的发展提供现场实际的指导。

（6）市场调研。市场调研包括以下几个方面内容：
- 与其他供应商或竞争对手相比，获取最新的市场动态信息。
- 与通过观察而预选出来的下游潜在买家做相互交流。
- 提高本企业的市场发展趋势洞察力。
- 通过调查观众的类型而确定目标市场。
- 揭示不为个人所知的购买影响因素。

二、确定企业参展营销目标的流程

1. 营销目标的收集与整理

以下列出了75个营销目标。每一个目标按其特性分为销售（S）与沟通（C），或者二者兼有。通读这个列表，找出对企业以后的会展有帮助的项目。

（1）在会展现场销售产品与服务（S）。

（2）收集经资质鉴定合格的目标客户，为展后的跟进做准备（S）。

（3）把新的产品或服务推向市场（S）。

（4）示范新的产品或服务（S）。

（5）示范已有产品、服务的新用途（C）。

（6）发布产品或服务信息（S）。

（7）推介新产品与服务（S）。

（8）了解最新的行业动态（C）。

（9）打开新的市场（S）。

（10）直接接触那些在销售过程中较难接触到的客户（S）。

（11）了解目标客户的决策过程（S）。

（12）给参观者一个与专家接触的机会（C）。

（13）开展市场调查（C）。

（14）在竞争中做比较（S）。

（15）研究你的竞争对手（C）。

（16）收集对新产品的回馈意见（C）。

（17）收集对已有产品的回馈意见（C）。

（18）发展潜力客户，以便经销商、代理人与代理机构的跟进（S）。

（19）寻找经销商、代理人与代理机构（S）。

（20）培养经销商、代理人与分销机构（C）。

（21）扶持经销商、代理人、代理机构（S）。

（22）通过媒体大力推荐新的产品和服务（C）。

（23）通过媒体大力宣传公司的新举措（C）。

（24）培养客户（C）。

（25）建立客户名单（S）。

（26）解决顾客投诉（C）。

（27）根据市场走向，创立一个新的公司形象（C）。

（28）公司在市场上重新定位（C）。

（29）为公司树立形象（C）。

（30）提升公司的市场形象（C）。

（31）克服不利的舆论影响（S，C）。

（32）提升市场口碑（S）。

（33）增加企业收益（C）。

（34）展示不可移动的设备（S）。

（35）展示公司改革的成效（C）。

（36）引进新的促销计划（C）。

（37）引进新服务（S）。

（38）引进新技术（C）。

(39)引进新的生产方式（S）。

(40)与带有明确目标的参加者互动（S）。

(41)实现企业对消费者的承诺（C）。

(42)寻找新的商机（C）。

(43)寻找共同投资的机会（C）。

(44)寻找专利使用权转让的机会（C）。

(45)寻找新的营业场所的可能性（S）。

(46)寻找其他参展机会（S，C）。

(47)创造高投资率的商机（S）。

(48)了解/体察客户的态度（C）。

(49)让公司里的专家在研讨会、生产现场进行演示（C）。

(50)给予目标客户体验产品或服务的机会（S）。

(51)通过广播、电视节目介绍产品用法（S）。

(52)建立立体的销售演示（S）。

(53)降低销售成本（S）。

(54)减少销售环节（S）。

(55)影响行业走向（C）。

(56)影响消费者的态度（S）。

(57)为未来的产品发展做一番市场调查（S）。

(58)准备以后的销售（S）。

(59)在市场上派送产品试用装（S）。

(60)分发促销礼品（S）。

(61)招待特别的客户（S）。

(62)制定高效的推广、促销手段（C）。

(63)与合作伙伴建立联系（C）。

(64)与行业内的专家建立联系（C）。

(65)与国际上的厂商建立业务往来（S）。

(66)改善营销计划（S）。

(67)展示新计划（C）。

(68)推进公司的营销计划（C）。

(69)发展新的营销技巧（C）。

(70)发展战略联盟（C）。

(71)扩展商业联盟（C）。

(72)引起公众的积极关注（C）。

(73)迅速打开国际市场（S）。

(74)参与竞争(S)。

(75)为新产品或服务制造卖点(S)[1]。

2. 统筹营销目标并分级

在统筹营销目标并分级的过程中,可以运用目标排序法。

目标排序法是在把决策的全部目标按其重要性大小排序的基础上,根据最重要的目标选出一部分方案,然后按第二位的目标从所选出的这部分方案中再作选择,如此按目标的重要性位次一步一步地选择,直到选择一个最合适的目标方案。

表4-2用于分析判断初步拟定的会展营销目标的重要性,并将其按顺序排列,目的是为之后的一系列活动的开展奠定指导方向。

在填制表4-2时,将初步决策出来的本次参展的营销目标填入左边的表格中,并为这些营销目标打分,按其重要性给予1~10分,并记录下来。分值越大,代表其重要性越高。这个过程需要对每个目标的意义做出公正的判断和中肯的评定。然后,按照重要性分值的高低,依次填入右边的"目标内容"栏中。

表4-2 会展营销目标清单

会展营销目标清单					
既定的营销目标			营销目标排序	
序号	目标内容	重要性评分(1~10分)	序号	目标内容
1			1	
2			2	
3			3	
4			4	
5			5	
6			6	
7			7	
8			8	
9			9	
10			10	
⋮			⋮	
首要目标				

---

[1] 巴利·西斯坎德. 会展营销全攻略 [M]. 郑睿译. 上海:上海交通大学出版社,2005.

在会展营销目标清单上，已经列明了本次参展的所有营销目标及其重要性等级排序。在所有可选的目标中突出首要目标，在必要的时候需要牺牲一些分支以确保完成首要目标。例如，如果参展的营销目标是促进销售，那就该考虑一下本次会展是否能让销售有一个很好的提升，且绝大部分努力都应指向这一营销目标的达成。如果无论出于何种原因，会展都无法提供完成首要目标的机会，那么参与这次会展就没有什么实际意义了。

3．评估营销目标

在明确会展营销目标之后需要对这些目标的精确性进行评估，对可实施性进行考察。无法评估的目标根本就不能算是目标，只是模糊的设想而已。无法实现的目标只会让员工垂头丧气，没有斗志，错失良机。所以，找到具有可行性和可评估性的目标是关键所在，这就必须对市场以及即将参加会展的参观人数进行全面调查和客观分析。评估目标是为了对今后参加会展进行指导，因此，即使产品有一个长期的销售流程，目标也应该是短期型的。例如，一些重型机械厂家需要大约18个月的销售周期，但他们不可能等上一年半的时间来决定这场会展是否有价值。在这种情况下，目标或许要用展出中收集到的符合条件的潜在客户数来衡量了。如果发布新品或展示专业产品，那短期营销目标就不应是产品销售。在这种情况下，只能以演示场次或为大买家、官方研究室所接受的程度来对目标作出评估。

如果是首次参展，那主要营销目标应该是以下选项之一：①为产品和公司打开知名度。②了解本地市场行情。③找到一家可靠的本地代理机构或经销商。

所有营销目标最终都是以销售额来衡量的，毕竟销售才是商业活动的主旨。如果能在行业中树立起一个正面形象，人们会更乐意与其做生意，不过，要注意把握好时机。有许多参展商无法在展后立即做成生意，其可能会在一年、一年半甚至两年之后才能实现销售。拖这么长时间才做成的生意，会把他们置于不利境地，因为销售结果是一种绝对的评估方式。除此之外，在展会中收集到的大量符合条件的潜在客户信息，在市场上树立或维护一定的形象，洞察竞争对手的动态，网罗行业里的智囊团，或找到更好的产品代理商，等等，也是在未来可能提升销售的重要目标。

4．设定现实可行的营销目标

要想获得成功，设定切实可行的营销目标与选取正确的营销目标同样重要。如果把目标定得太低或太容易，就无法从中接受挑战，有可能错失不少机遇；相反，如果把目标定得太高或颇费力气，销售人员会心存不满，会展也不会达到预期的效果。

那么，如何设立现实可行的目标呢？以下举例说明。

一家机械制造商要参加一个行业内的会展，其销售经理做了以下工作：根据会展经理提供的参展人流量统计，去年同期展会差不多有12000名观众参加了会展。其中，大约有8%的人是厂方技术人员，也就是机械制造商想要接触的行业群体。经过与会展经理和其他参展商讨论之后，他得出的结论是预期有 30%～35% 的厂方技术人员会经过他的展位，相当于大约有 300 名潜在客户。在进一步讨论之后，他认定这其中有一半以上的人不了解他公司的生产线。于是机械制造商的销售经理就定下了他的营销目标：向 150 名符合条件的新目标客户介绍他的产品。通过设立这一目标，他就向参加一场极其成功的商业会展迈进了一大步。虽然销售经理对这些数据很满意，但还有一个重要问题是他没考虑到的：展位上的工作人员是否能在会展期间完成 150 次产品演示呢？假设每个销售人员在当班时，每小时能做两次演示，那么一场 25 小时的会展，就需要 3 名销售人员整日工作才能达成目标。

无论目标是潜力客户数量、接触观众数量或产生的销售量，都应该认真研究最终结果。他们与能确切预计的参观展位的人数直接相关，为了完成目标，应安排好会展工作人员。如果之前没有参加专业会展的经验，无法做出可靠预计的话，那就去跟会展经理、其他参展商、竞争对手、供货商和客户谈谈，他们或许能帮上一些忙，提供若干建议或意见。

5．个体目标的制定

一旦确立出一套符合可测评性和可行性标准的营销目标，下一步就是把它们转化为会展每个工作人员的个人目标。公司整体参展营销目标给会展工作指出了大方向，而个人目标则是会展人员工作的驱动力。

设立个体目标的优势在于：

（1）个人发展的里程碑。让每个会展工作人员清楚了解其使命所在是十分重要的。通常，会展人员并不清楚他们的工作是为了什么。因此，使其明确自身目标，能调动起他们在长时间展出中的工作积极性，帮助他们集中精力，减少时间的浪费。

（2）衡量整体表现的标尺。为了对会展做出评估，需要有一个可衡量的目标。在设定可衡量目标上投入精力越多，对以后的成果做评估就越容易。

（3）奖励机制。参展商经常会设立一些机制以奖励那些工作出色的员工。奖金、旅游、会餐、娱乐招待券，都可以作为与可衡量的会展目标紧密相连的奖励。

（4）连续追踪。连续追踪能让每次会展都有收获，假设预期目标是每天收集到 25 个符合条件的潜在客户，而第一天只找到了 10 个，它是否意味着这是一场失败的会展呢？又该怎样判断呢？

事先设定一些用以核查工作进程的指标，就能便于监控会展人员的工作情况，确保活动按计划进行。仔细检查后会发现，在展示上有问题，或是宣传资料的定位不准，或是当初制定的目标不正确都会影响预期结果的实现。如果是在展位、人员或宣传上的问题，在会展的第二天仍可以改正；如果是目标错误，就要转换目标或转向其后的目标；当无法获得预期效果时，可以寻找一个替代方案，不要把会展的剩余时间都花在抱怨上。

根据所追求的特定整体目标，个人目标可被多种方式层层分解。

在刚才的例子中，那位机械制造商的目标是在会展的 25 小时里做 150 次演示。因此，个人目标可定为如下几项：

每个会展工作日：
演示次数：　　　　　　　　50
工作班次：　　　　　　　　2
演示次数/每班次：　　　　　25
职员人数/每班次：　　　　　3
演示次数/每人/每班次：　　 8.3

根据这些计算，分派到每个销售人员的指标应是每次当班时完成 8.3 次产品演示，这是一个有可测评性、可行性的目标。

在所举的例子中，我们假设每天的会展人流量是恒定的。但实际上并非如此，工作人员的数量也要根据此类会展以往的人流量来做调整[①]。

三、会展营销目标制定的误区

会展公司在参加会展项目的时候，营销是个普遍关注的问题。参展企业在设定营销目标时往往容易犯下列错误：

1. 目标过高或过低

营销目标的作用之一是指导参展营销工作，保证高效展出。高效率和高质量的工作才能获得好效果和高效益。但是，如果营销目标定得过高，工作人员无论如何努力也达不到，那么营销目标就不是一种工作标准，而仅仅是一种方向，使目标失去指导实际工作的意义，可能导致工作人员不再努力工作。如果营销目标定得过低，不用努力就能轻易达到，工作人员就会感到没有压力，就不会有工作的积极性，从而导致工作涣散。为此，必须处理好几项任务即几个目标的关系。分目标不能等同于营销目标，这样不利于提高参展营销工作的效率和质量，同时容易产生矛盾和冲突。目标要有轻有重，以确保重点目标和工作。因此，营销目标应当制定得恰当、实际。

2. 营销目标没有主次

按主次、轻重关系分配预算、安排人员、布置工作，这是参展营销工作的实际要求。这个实际不是中庸的实际，不是随随便便就能做到的实际，而是要发挥展览多重作用，并达到预订的营销目标的目标。因此，制定营销目标要有细致的考虑，要有需要经过奋斗才

[①] 巴利·西斯坎德. 会展营销全攻略[M]. 郑睿译. 上海：上海交通大学出版社，2005.

能达到的目标，也就是说，目标要制定得有难度而又切实可行，通过工作人员的积极努力可以实现。如果出现人力、财力不足等情况或者其他困难，可以取消或者降低一些要求。这些要求就是次要目标。

3. 营销目标过于抽象

营销目标应当具体化，而不应当泛泛而谈。例如，"促进友谊、发展贸易"作为营销目标就显得过于抽象，难以衡量展出效果。欧美国家的展览界在展出目标具体化上走得更远，展览界以务实闻名。尤其是在美国，人们主张展出目标量化，即参展目标数字化。如果把"促进友谊、发展贸易"的目标数字化，可改为"吸引当地5%的居民参观展览"。这样的目标更为现实，也易于评估。

4. 营销目标没有可操作性

所制定的营销目标必须落实到展出工作中，才有可能最终完成目标，制定目标也才有意义。目标量化是欧美现代展览管理的重要观念和技术之一。目标量化可以使参展企业更合理地分配资源，更科学地安排工作方式和方法，有利于提高参展营销工作的质量和效率，有利于扩大展出效果。营销目标落实到参展工作中最重要的一点是要使工作人员明白营销的具体目标，明确自己的分工、制定营销目标后的要求以及自己的工作与营销目标的关系，并督促其对照营销目标制定工作目标。制定目标是为了指导工作，不落实展出目标或落实不力将使营销目标失去意义或降低其意义。

5. 营销目标随意更换

营销目标要稳定，一经确定后，不要因为出现问题或更换负责人就随意更改。营销目标一般是根据参展企业的发展需要和发展战略、展览会情况等因素综合考虑后制定的，若毫无理由地改变营销目标，就有可能不符合发展的要求，不适应环境条件，就需要相应地调整人员、经费和工作重点，就可能造成参展企业资源的浪费。改变目标而不作相应的资源调整，这个新的营销目标就可能是一个虚的目标。虚的营销目标本身就没有什么实际意义，也不利于提高展出营销工作的效率和质量，而参展效果就更加难以保证。因此，若无重大原因，即使遇到人员变动，遇到工作困难，也不要轻易地更改营销目标。否则，工作将受到影响，一方面是资源浪费，另一方面是参展效果受到影响。但是，遇到以下情况则可以考虑调整展出营销目标：一是原参展营销目标制定的不科学、不合理；二是参展企业的经营方向、营销战略有重大改变，作为营销手段的参展营销工作也应当相应地调整；三是市场环境发生重大改变[①]。

---

① 程爱学，徐文峰. 会展全程策划宝典 [M]. 北京：北京大学出版社，2008.

第三节　展前营销

近年来，会展行业蓬勃发展，作为国际市场营销的重要方式之一，广大出口企业都铆足了干劲儿积极准备投入到参展营销的战斗中去。而随着市场竞争的日益激烈，针对花费巨大、动用人力众多、复杂程度较高的参展营销，越来越多的参展企业更加关注会展带来的效益。

参展企业在展前都会准备充足，可由于品牌、实力以及其他因素，收获的还是"几家欢喜几家愁"。A公司抱怨说：位置不好，没有几个客户到访，展览没有效果，花费巨大。B公司却喜笑颜开：我们喜欢会展这种方式，通过展会不仅有很多老客户当场下单，还收到了很多新客户的尝试性订单，另外还有几个优质大客户已经约定好了行程，即将到我们公司拜访。同样是参加展览，为什么不同企业的反馈差别如此之大？

展前营销直接影响参展效果。

A公司的问题出在哪里？表面上看，这家公司已经花费巨大了，可惜位置不好，客户到访量明显不尽如人意，这是事实。难道只能接受这个事实，没有其他办法？为了解决如何做好高效率的展前营销这个疑问，可以先来了解一下买家的参观流程：买家收到参展邀请信息——产生参观兴趣——了解更多邀请企业的信息——决定参观展览——制订个人参观计划——现场观展——与感兴趣的企业人员进行交流——达成业务。通过这一流程，结合A公司实际情况不难发现：A公司的展前营销没有做好，即很多客户都没有被邀请，没有接到最重要的第一步信息，客户又怎么能在偌大的展览会上发现他们呢？相反，B公司却在展前的营销方面准备十分充分，他们不仅对已经成交的客户进行了邀约，并且也积极开展了新客户的邀约和市场的推广工作，从而使更多的新客户主动登门尝试成交。

前后两种情况的对比，可使企业认识到：展览前的营销效果直接影响到参展的最终成果，这点共识被越来越多的企业所认可，如何使宣传资金效率最高化，策略最优化，宣传效果最大化，是一直困扰每个参展企业的问题。因此，参展企业应该在展前就充分利用自己公司和主办者两方面的资源，将本公司的参展信息传递给潜在的到访买家，并使后者对本公司的展品产生兴趣，最终促使其做出参观的行动。

一、展前营销的概念

展前营销的含义及作用。展前营销，就是指企业为达到营销目标，在参加会展前所做的一切关于营销的准备活动。主要包括展前营销资料的准备、展前营销预算、展前营销人员安排等内容。展前营销可以促使参展企业在会展中进行科学有效的营销工作，可以让企业参展时的营销工作更有目的性。

二、展前营销的形式

在会展前的一段时间,首要目标应该是让尽可能多的老客户和潜在买家得知企业参与了该次会展的消息,了解展位的具体位置以及确保其一定来展位参观的原因。简要地介绍一下新产品及其特性或是产品的过人之处,以此激起人们的兴趣与期望。

常用的展前营销方式分为利用公司的渠道及资源推广和利用主办方资源推广两种。

1. 利用公司的渠道及资源的推广方式

(1)发送邮件邀请函推广。对于老客户而言,直接发送展会邀请函。邀请函应该设计得让其觉得到访展位是一种必要。对于潜在买家而言,可以从会展经理人提供的名单上选取那些上年或是以前的参与者作为发送邀请函的对象。在参展前两个月分别开始给老客户、数据库中的潜在客户、上次参展留下联系方式的目标客户发出邮件邀请函。

邀请函内容包括时间、商展名称、展区、厅、展位号码、新产品、赠品、展会宣传资料和具有说服力的参观理由。这些理由可以是对新产品或服务的介绍、与产品专家直接面谈的机会或是现场有特殊礼品奉送等。

1)针对老客户。预约与老客户、重点客户在商展期间具体会面的时间,邀请邮件一定要个性化,锁定客户的兴趣,也可以采用手写邀请函的方式令人眼前一亮。许多买家展会期间的日程安排很紧,只有极少时间或根本没有时间参观不在计划之中的展位。因此,尽早将会面排上买家的日程是非常重要的。请销售人员确保至少在参展两周前用电话再次邀请重点客户,并确认会面安排。

2)针对其他目标客户。其他目标客户的邀请可采用直邮信件,按不同的时间段多次发送,两个月、一个月、两周,在此期间发送的邮件至少包含一次平信。邮件内容按时间段不同要有所变化。

(2)电话推广。很多买家没有来到展位不是因为他们对展品不感兴趣,而是他们从来没有被邀请过。会展调查数据显示,有15%的参观者是在收到个人邀约后,才来参与会展的。如果使用电话推销这一手段的话,完全可以成为传递个人邀约的最理想的方式。

但电话推广必须针对不同客户准备不同的版本,有给制造商的,有给批发商的,还有给零售代理人的。每一种版本都应该能向其目标听众阐明产品或服务对其有什么利润可言,同时,由于接电话的人的职位不同,兴趣也不同,从他们的角度出发,来阐述展位参观可以给其带来的利益。从而在最短的时间内激起他们的兴趣。电话内容还应该从潜在客户那里获取一定的反馈信息,例如:

"早上好,琼斯先生,我了解到您作为贵公司的代表参加了海峡两岸经贸交易会,是吗?""太棒了!当您到场时,我诚邀您参观 ABC 公司在 6 号展厅 6058 号展位举办的展示活动。我敢担保您会在那儿看见许多让人叫绝的好东西。这种产品在相关市场上已经销售过百万了，而且我们的调查也表明在您的市场上它也有同样的销售潜力。您能告诉我您打算哪天来参加展会吗？"

一旦列出了对潜在客户最具有吸引力的一两个亮点，就应该像上面的例子一样，以一种能够激起他们好奇心的方式将这个消息传递出去。这些亮点可以是展会特制品、派送小样或特殊的产品介绍等。要使用这些途径来吸引致电的人们到场。

在某些对专业性要求较高的市场领域中进行推广时，一定要确保电话推销员在开展工作时手头上有所有必要的信息，这样才能保证整个计划的顺利进行。

（3）新媒体推广（微博、微信推广等）。微博与微信等新媒体推广方式已经成为了会展营销中一个常用的推广方式。商家在展中常用扫描微信二维码加关注的方式来吸引大家关注企业微信，然后赠送小礼品等，以吸引更多的人了解该企业。

而展前商家也可以利用微博和微信的方式推广参展信息。通过在官方微博上发布详细的参展信息，运用关注微博，转发微博@三位好友抽奖赠送本公司产品并可在展会当天来到本公司展位领取的方式，吸引人们参与微博互动，同时为企业微博增加更多关注度。

通过在官方微信上采用转发到朋友圈集齐N个赞，即可在展会当天来到本公司展位领取一份礼品的方式吸引老客户参与，同时通过老客户的转发，也使得更多的新客户了解本公司，了解参展的信息。

（4）公司官网推广。公司官网推广方式较为简便，即在参加展会前三个月，在公司的官方网站上挂出即将参展的信息，使得更多的人知道公司即将参展。网页上挂出的参展信息必须包括展位名称、展厅位置、展位号、参展日期等详细的信息。

2. 利用主办方资源推广

是公司的影响力大，还是展览会的举办方影响力大？答案不言而喻。所以，参展企业要充分意识到利用主办者的渠道和资源的重要性。现在展会的主办方在展会期间都有用来宣传该展会的官方网站（如图4-1所示）。参展企业不妨利用这些网站为公司的展品和服务在展前两周、展中和展后进行更长时间的宣传，利用产品曝光来推广展位，吸引专业买家，同时可以利用的还有主办方提供的直邮DM服务、邀请函、会刊广告等。

大会主办方视展位面积的大小分配给每个参展单位一定数量的展览邀请函和开幕式请柬，这提供了联系客户的机会，列出主要的客户名单，将邀请函和名片一起寄给他们，邀请他们前来参观。

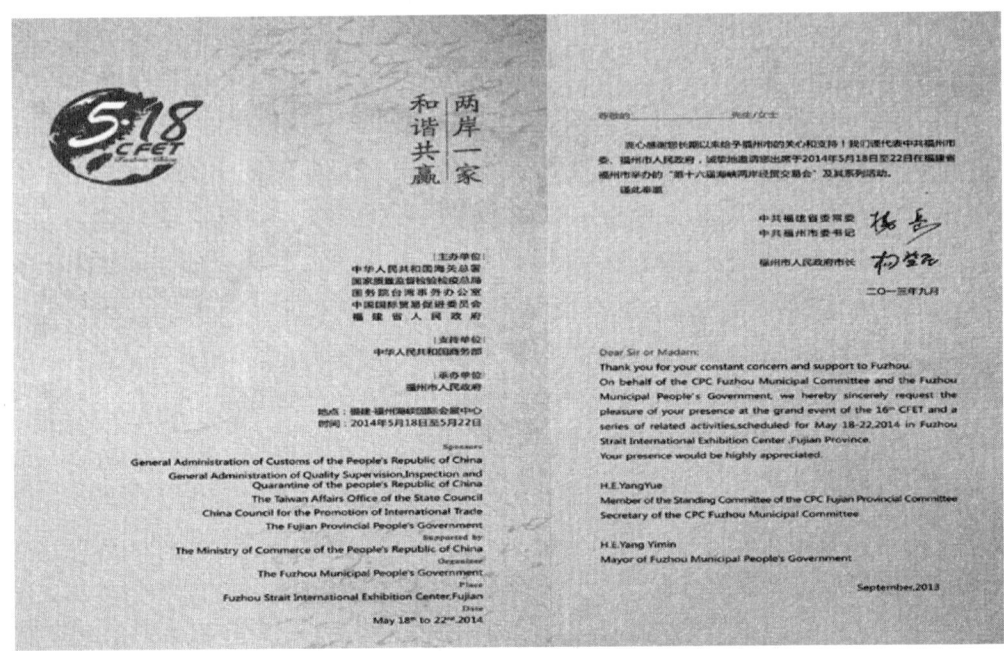

图4-1　5.18展会官网

（1）专业商展网站推广。参展企业在展前应利用专业的B2B贸易网站设立专门的商展页面，简洁有效地推广参展信息（如图4-2所示）。

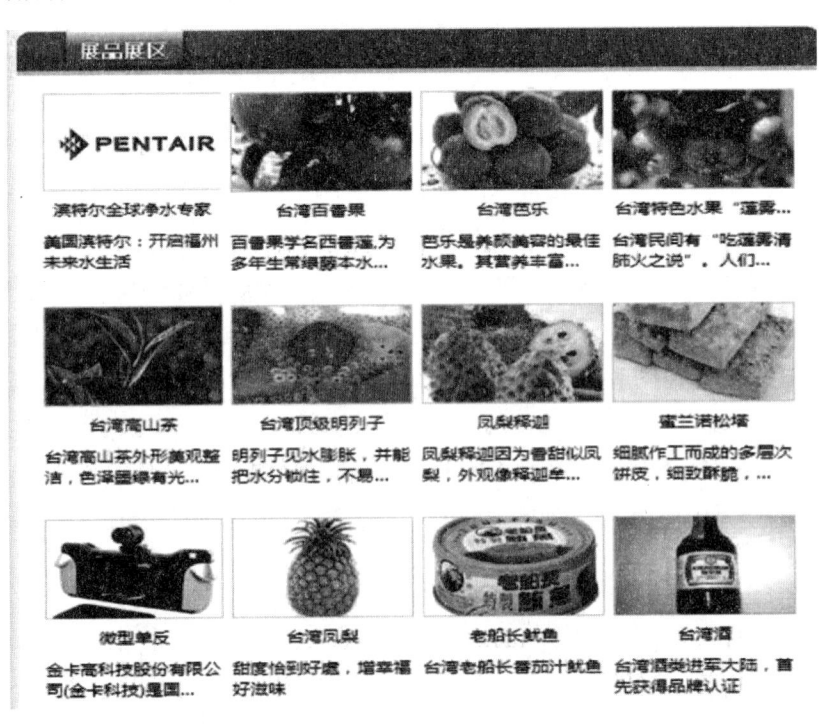

图4-2　商展页面

以下介绍九种实战方法,帮助参展商有效利用互联网站推广商展:

1)在网上发布公司整年的参展计划,包括次数、时间、地点、名称,方便买家选择。但不要一成不变,注意及时更新信息。这种方法更加适用于大型企业。

2)商展网页在展会开幕前两周开通,更新信息,保留三个月。

3)在专业贸易网站上与公司的商展网页建立链接。

4)在网页上列出公司本次参展的卖点、亮点,包括赠送的礼品并上传展位图片,不管展位面积大小。

5)将本次参展人员的工作照片上传,方便买家辨认与营销人员沟通。

6)在网站上展示本次展位路线图,包括展馆、展位号码。

7)鼓励买家预先注册,获得通行证。

8)在网站中与买家预约来展位的拜访时间,方便买家预先安排拜访计划。

9)如果对本次商展有赞助项目,请在网站上标明或链接主办方赞助网站,让买家预先知道。

(2)贸易杂志、商业报纸推广。大量的会展都与多家杂志或有特定影响的出版媒体有关联,而这些媒体涵盖了参与者所感兴趣的领域。参展企业可以在展前2~3个月通过在海外发行的专业贸易杂志、会展杂志、商业报纸上刊登广告的方式宣传,宣布将在展会上发布的最新产品,提醒和邀请目标市场的客户群。在广告上标明商展名称、展位编号、参展日期等信息,并告知顾客携带杂志和报纸上的广告抑或是拍下以上广告到展位来,可以免费领取小礼品,吸引客户到展位来参观。

三、展前营销相关资料准备

参展企业在参展前需要准备营销方面的相关资料有参展说明书、产品宣传册、产品认证证书、易拉宝、赠品、海报、展台销售人员名片、订货单、合同、包装袋等包装用品、其他推广资料等。

四、展前营销费用财务预算

营销财务预算是会展项目控制的重要依据。计划一经确定,就进入了实施阶段,管理工作的重心转入控制,即设法使会展项目按照计划进行。

1. 制定营销费用财务预算的程序

(1)会展项目最高管理层根据会展的营销目标,确定会展项目的营销财务目标,并下达财务目标。

(2)会展项目小组基层成本控制人员自行草拟有关会展营销的收入和支出预算,使预算较为可靠，符合实际。

（3）汇总基层预算，在不同的营销收入和支出预算之间进行协调。

（4）经过预算委员会审查，汇总会展项目小组的营销财务预算。

（5）上报会展项目最高管理者或项目所有者批准，经过审议通过营销财务预算或驳回修改预算。

（6）批准后的营销财务预算下达给项目小组中各个责任人执行。

2．营销费用财务预算的作用

（1）营销费用财务预算是控制企业营销活动的依据和衡量实际营销活动合理性的标准，当会展项目的实际营销收支情况与营销费用财务预算有较大的差异时，可较方便地查明原因并采取措施。

（2）在相对平稳的条件下，制定营销费用财务预算是考核会展项目营销成果的重要手段。

3．营销费用主要内容

会展项目的营销费用主要包括宣传促销费用和营销人员费用两部分。其中宣传促销费用包括展会会刊广告费、展会现场广告费、宣传资料设计与印刷费、公共关系活动所需费用等；营销人员费用包括营销人员的培训费、交通费及餐饮费等。

五、展前营销人员安排

1．参展营销人员的确定

（1）参展营销人员的选择。选配参展营销人员是一件认真严肃的工作，应该严格挑选和配备。参展营销人员包括展台营销人员和展台外推广人员两类。

参展营销人员的配置可以根据参加商展的性质和所需促销产品与服务及预估的展会期间参观者（老客户、潜在客户）数量来确定。其中参观者的数量是一个重要指标。结合之前参加会展的数据与本次数据进行分析比较，预估有多少老客户和潜在客户会来到展位，以此来决定需要派多少营销人员去以确保人员和时间能满足接待这些客户的需求。

例如，参展企业从主办方获悉有50000名注册参观者，在一般消费品展中，与我们有关联的参观者约占3%，即相关产品参观者为$50000 \times 3\% = 1500$人。若参展时间为3天，1天有8小时，则参展时间共计24小时（$3 \times 8 = 24$）。按每3~10分钟接待1位客户计算，需要5个以上的展台营销人员。

当然，参展营销人员的数量与展位面积也要匹配，不能安排过多的展台人员，这会让潜在客户觉得展位太过拥挤不方便参观反而造成不利的影响。

（2）参展营销人员所需能力。参展营销人员需要具备以下能力：①个体素质。相貌、声音、主动、进取心、营销专业知识、团队精神等。②技能。规划和解决问题的能力、沟通能力、说服能力、参展经验等。③知识。公司相关知识、产品及竞争产品的知识和应用、客户知识、知识产权和相关法律知识等。

2. 参展营销人员的分工及职责

根据在会展中的营销场所来分，营销人员可大体分为展台营销人员和展台外推广人员。

（1）展台营销人员。展台营销人员主要负责产品的推介、专业的客户接待、疑难问题的解答和贸易洽谈等营销工作。

（2）展台外推广人员。展台外推广人员可以是参展企业的员工，也可以是为营销推广而招聘的专业营销人员。展台外推广人员主要负责参展企业的介绍及参展主要产品的介绍，还有以新颖的方式吸引潜在客户，对展位外的潜在客户进行引导等工作。

3. 参展营销人员的培训

为了确保展出的效果和效率，在配备好营销人员之后，必须对参展营销团队进行培训。培训的目的是使营销人员了解展会营销的目的，掌握营销工作的技巧，培养合作及团队精神，从而更好地锁定目标市场和客户，提升公司投资回报率。

针对参展营销团队的培训，公司可根据自己的具体情况考虑以下内容的培训：

（1）公司的优势和产品的卖点。让参展营销人员清楚地了解公司的优势和产品卖点以及与同行的区别，主要包括以下内容：①公司相较竞争者的优势。②产品有哪些独特卖点，独特的行业知识。③销售或服务有哪些优势。④订单管理系统如何、能否准时交货、是否有自己的工厂。

同时，参展营销人员也应该十分了解公司业务系统的运作，以便在展览中与客户沟通，主要包括公司的报价原则及样品政策和业务流程。

（2）专业的产品知识。美国贸易展览局曾做过一项调查，调查结果显示，94%以上的参观者认为产品知识是展台营销人员应具备的最重要的知识。因此所有的展台人员都必须熟悉展品知识，其主要包括以下内容：①规格、功能、作用、使用方法。②熟悉产品特点，做到能在实践中运用这些信息解决顾客的问题。③掌握操作示范技巧，熟悉展品目录说明及与竞争品牌的区别。

参展营销人员也应该是销售顾问。如果一个营销人员对产品不熟悉，不能专业地介绍产品，那么就只是一个简单的报价员了。

（3）与卖家建立关系的技巧。参展营销人员必须以顾客为导向才能成功，因此参展营销人员必须学会发问和倾听客户的业务需求，针对不同的客户进行个性化的销售。

培训时应注重三方面：如何接待老客户、如何面对潜在客户、如何面对同行的客户。

（4）识别客户技能。在竞争激烈的市场环境下，参展团队必须明白，光临展位的每个人并不都是企业的目标客户。他们中有的是老客户、潜在客户、过路客、有竞争关系的同行，等等，他们带着不同的目的来到展会，所以参展营销人员在第一时间鉴别客户真正动机也是非常重要的。采用不同的方式与不同的客户打交道，这需要专业的培训和长期积累的实战经验。

公司参展营销团队应该在参展前总结出一套针对本公司产品和服务的方法和工具，以应对同行刺探军情的技能，用来有效鉴别专业买家并对参展营销团队进行培训。

（5）营销推广知识。让参展营销人员学习公司的商展广告、宣传资料，了解公司推广的目的、用途、公司定位、产品定位和品牌定位，方便营销人员在展中锁定目标。

展会营销好似一个系统工程，它随着竞争的加剧，更多的企业参与者会越来越注重细节的布局与落实。特别是作为整个展会营销的重头戏——展前营销，其重要性日益突出。一个策划良好的展前营销能够起到正面的、积极的、出色的宣传效应，增大参展企业在展会期间的曝光度，增大企业在参观群体中，特别是专业买家心目中的可信度。

第四节　展中营销手段

展中营销是实现展会营销计划的具体实施，展中营销的手段主要包括人员促销、广告、展中销售促进（营业推广）、公共关系四大部分。

一、展中人员促销

1. 展中人员促销的概念

（1）定义。所谓人员促销，是指企业的工作人员通过与参展观众的人际接触来推动展会现场商品与公司产品销售的促销方法。

（2）分类。关于参展人员最重要的是企业如何选择对公司和产品富有激情的人员参展。主要包括主管人员、专业的销售/营销人员、技术服务人员——他们每一个人都在接待新老客户的过程中扮演着重要的角色。

主管人员和技术服务人员都属于后台支持人员。而在展会现场最重要的应该就是专业的促销员。在展会中促销人员主要分为外围促销人员和展台促销人员。

1）外围促销人员。在外围促销人员中又根据职责不同有所区分。比如，有的人员是负责联系老客户的，其就要详细、全面地了解老客户的情况以及与自家企业的亲密度，通过与老客户的交谈了解其新需求，进一步巩固与老客户的合作关系；有的人员是负责发传单、招揽、引导参展观众到自家展位以便展台促销人员做进一步的促销工作；还有的参展企业会另外安排一两个人对展会现场的竞争对手做一个全面、详细的观察与调研，其目的就是为了获取信息，了解市场未来动向。

2）展台促销人员。在展台的促销人员都是最专业的人员，他们必须非常熟悉与了解企业产品，能够对来到展台的参展观众做专业的促销。以专业的促销技巧引导、诱发顾客的购买欲望，并且从交谈中了解顾客对公司产品的意见、建议与需求，从而达到公司参展的目标。

2. 人员促销在展会中应注意的问题

（1）注意销售的言谈举止。在展会中，展台人员的言谈举止和销售技巧会对买家认识企业产生极大影响。在买家和专业观众看来，展台销售人员就代表着参展企业。因此要专业地接待客户，同时要做到热情与感染力并存。但也不要过度热情，否则会让客户感受到强迫，从而产生反感。

（2）控制销售时间。在做销售行为时，注意不要一味地像开机关枪似地直讲产品特点，要留意并尊重客户感受，适时地以引导性的问题询问客户意见。了解客户对企业产品的兴趣点，再由该兴趣点切入进一步引导激发客户的购买欲望。

（3）注意展台人员形象。很多企业在人员形象方面并没有很注意，有一些客流比较少的展位，往往会出现销售人员聚在一起打牌、玩手机、打瞌睡、聊天的现象。在买家和专业观众看来，展台销售人员就代表着参展企业。而展台销售人员表现出来的这些行为无疑是在告诉观众：我正忙着自己的事，没空接待你。这就会使得原本没有客流量的展位更加无人愿意进去参观。

二、展中广告宣传

1. 利用公司资源做广告

文印广告，包括条幅、横幅、旗帜、手提袋、气球、展板、展位海报、吊旗、立体易拉宝等都可以吸引买家眼球，传递公司卖点，是企业参展营销中做广告的好途径，有经验的参展企业应该利用好公司的资源，尽早选择有利且合适的广告宣传方式。

（1）宣传单页。参展企业使用最多的广告方式是宣传单页广告，通过向前来参观展会的人发放宣传单页，达到宣传产品、宣传公司的效果。将宣传单页做得简单清晰，运用精练的专业语句，方便阅读的大号字体，突出的独特卖点，使用统一的色调都会吸引买家的眼球。

（2）小册子。有的参展企业在制作公司介绍、产品介绍的小册子时，利用不同的版面介绍展会当地的交通、景点、美食、住宿、风俗等情况，免费派发给展会参观者。一部分参观者远道而来,参观之余确实想到周围走走,这些小册子正好能起到作用,因此十分受欢迎,且会被参观者留用,这直接提高了该宣传小册子的价值,间接地提高了参展企业展位的访问率,也会使参观者对印制和派发这些小册子的参展企业产生好感。小册子的尺寸以9毫米×21毫米为好,以便翻阅和携带。

(3)扇子。炎热的夏天去参观展会,如果能有一把扇子扇一扇,是很凉爽的。有些商家将产品广告、企业广告印制在扇子上,发放给参观者,炎炎夏日,大家一般都会欣然接过扇子,并随身携带着,也间接地提高了展位的访问率。

(4)条幅、横幅、旗帜。制作大型的条幅、横幅、旗帜广告在现场展示,可以很显眼地让顾客看到,利用与企业产品统一的色调,更能够吸引顾客。如图4-3所示的吊旗广告就能有效地吸引顾客。

图4-3 某企业吊旗广告

(5)易拉宝。易拉宝也是常用的广告方式,其具有便于携带的特点,便于参展企业携带去参加展会,还可以重复利用,在展会中只要将易拉宝立在展位前就可以起到很好的宣传效果。

如图4-4所示的这些易拉宝,还结合了时下流行的微信二维码营销,起到很好的广告效果。

图 4-4　易拉宝广告

（6）展板。通过规格大小不同的展板，展示参展企业以及产品信息来吸引顾客（如图 4-5 所示）。

图 4-5　展板广告

（7）海报。大多数展位都会运用到张贴海报的广告方式，通过在展位的墙板上张贴海报，让过往的人了解公司的产品。

（8）立体广告。根据产品的特点，制作成立体的图形，在会展现场进行悬挂展示，可以让人们从远方就能看到，从而了解参展企业的产品。例如，雪花冰淇淋产品，可以用立体图形做成雪花的形状，运用于特装展位，让人很容易地看到这边有销售雪花冰淇淋的；或者是销售普通的饮料，也可以将立体图形制作成大型饮料瓶的形状，若人们正想买点饮料解渴，一下子就可以发现该展位有出售的饮料。

如图4-6所示的宝宝鱼松和雪花冰淇淋立体广告就可以让人一眼看到。

图4-6　立体广告

（9）气球广告。气球广告分为以下两种：

1）大型气球广告。利用气球也是一种很好的推广方法，参展企业在户外的气球上印上公司名称、联系方式。气球的颜色与公司的形象颜色统一，而且气球的形状与产品形状相同，这样独特的展示起到了良好的作用。

2）小型气球广告。若参展企业的产品是与儿童有关的，也可以在气球上印制产品名称、LOGO等，发放给过往带孩子的家庭，吸引目标顾客的眼球。

（10）手提袋、围裙、卡套广告。通过在手提袋、围裙、卡套上印制公司广告，作为赠品发放给前来参展的顾客。手提袋可以装东西，围裙可以在做饭的时候派上用场，卡套可以用来放置卡片，这些东西都可以在生活中派上小用场，因此人们一般会留用。

（11）利用展品做广告。若展品本身就可以用来做广告，不妨利用展品做一个独特的广告。如图4-7所示的这家参展企业，不仅展示了草编产品，也展示了企业名称。

图4-7　展品广告

（12）利用展台设计做广告。一些有趣的展台设计，同样可以达到对公司的广告宣传效果。如图4-8所示的参展企业结合了时下新闻热点对展台进行设计，吸引了过往客户的驻足。

图4-8　展台设计的广告

2. 利用主办方资源做广告

（1）会展指南。每一位参观者都会拿到一份会展指南，这对参展企业而言是一个非常好的广告宣传载体，而登在上面的企业介绍（包括名称、地址、电话、联系人等）及其产品的列表等信息通常是免费的。上面刊登的广告是由指南的出版者负责发售的，他们通常是会展举办方或某些与之有业务往来的出版公司等。也可以在指南上刊登一些本公司较为新奇有趣的产品图片，这也是对展会的延续，一些在展会上没有看到的公司，或没有来参观该展会的买家，都可以在指南中找到。而在指南上标明自己公司的展位号码，则可以吸引潜在客户在第一时间来到展台洽谈生意。

（2）场地运用。会展期间除了自己的展台，还可以充分地利用主办方的一些公共场地进行广告宣传。比如，媒体接待室、舞台等。参展企业可以在媒体接待室接受媒体的访问，也可以在媒体接待室放上企业宣传资料，不过同时可能有其他公司也会将自己的资料放置在此，所以一定要设计一个别出心裁的资料封套以吸引大家的关注，从而使本企业的材料脱颖而出。参展企业也可以租用公共舞台，进行更夺人眼球的产品宣传表演。

（3）产品展示橱窗。产品展示橱窗也是一种广告方式，作为一个展示平台，产品展示橱窗一般都陈列在整个商展客流量较多、较显眼的地方，如入口处、大厅、走道等人流必经之处。其目的是展示相关参展企业产品，吸引买家来到参展企业的展位。在展示橱窗上方有醒目的展位号码、公司名称，以方便买家查找。

展示橱窗也能引导买家找到那些展位较偏的参展企业，提升参展企业在买家面前的曝光率和成交率。

如图 4-9 所示的参展企业利用了展示橱窗，其中标有醒目的展位号码、公司名称，以方便参观者查找。

图 4-9　展示橱窗广告

三、展中公共关系营销

1. 展中公共关系营销的概念

展中公共关系营销是企业利用展会提供的各种传播手段与包括其他参展商、展会服务商、观众、政府机构和新闻媒体在内的各方面的沟通，建立良好的社会形象和营销环境的活动。

2. 展中公共关系营销的方式

展中公共关系营销的方式比较多，可以利用各种媒体传播。公共关系营销借助媒体的作用，主要是以新闻报道的形式出现，而不是做广告，因此社会公信度一般比较高，更容易被潜在的客户所接受。公共关系营销通常采用以下方式：

（1）主动联系媒体。参展商需要主动联系媒体，以新闻发布会、人物专访、新闻报道等形式，通过媒体对外进行新闻宣传。新闻宣传的内容要具有一定的新闻价值，具有一定的实效性并真实可靠。

（2）发布公共关系广告。参展商可以通过发布公共关系广告以宣传展会的整体形象，提高展会的知名度和美誉度，进而扩大销售。

（3）发展社会交往活动。参展商可以通过发展社会交往活动来扩大展会的影响，如组织联谊会、俱乐部、进行行业研究，对有关方面进行礼节性和策略性的拜访等与各有关方面建立长期稳定的关系。其中，加入国内外有影响性的行业协会和积极参加行业活动是极为有效的公共关系营销活动。

（4）参加公益性事件赞助。参展商可以以展会的名义对一些富有新闻价值的事件或者公益事业进行赞助，借以提高展会知名度和美誉度。如2013年9月21日，中国第二届公益慈善项目交流展示会在深圳举办，福州市慈善总会在展馆中陈列了该会成立以来的成果，其中福建省鑫联众保险代理股份公司董事长为儿子订婚捐赠的图片展引起了民政部门、国务院国有资产监督管理委员会的关注，民政部李立国亲临现场对鑫联众订婚捐赠的新鲜善举大为赞赏。

四、展中销售促进

1. 展中销售促进的概念和特点

展中销售促进，又称营业推广，它是指参展企业运用各种短期诱因鼓励消费者和中间商购买、经销（或代理）企业产品或服务的促销活动。

展中销售促进有三方面的特点。首先，销售促进的效果显著，销售促进适合在一定时期、一定任务的短期性促销活动中使用。其次，销售促进是一种辅助性促销方式，一般不单独使用，常常配合其他促销方式使用。最后，销售促进有利于提升品牌关注度。采用销售促进方式促销，似乎迫使顾客产生"机不可失，时不再来"之感，进而能打破消费者需求动机的衰变和购买行为的惰性。

2. 销售促进的方式

（1）利用娱乐表演活动展示展品。在展会现场，利用一些表演活动，能给企业的展位增添不少亮点，带来更多的关注度。其以下方法可供参考：

1）请漫画艺人为重要潜在客户画快速漫画，然后配上印有公司LOGO、联系方式的相框，作为礼品送给客户。

2）利用走高跷演员、机器人或其他设备在展厅过道走动，传递展品相关信息。

3）杂技、魔术能吸引不少客户，被较多商展利用。

例如，参展商运用生产地的特色绝活——变脸，将展品有效地融入到展品之中。展品的外包装颜色与变脸的面具颜色相呼应,让活动既不偏离主题,又使表演深入每个观看者的心中,加深其对产品的印象(如图4-10所示)。[①]

图4-10 "变脸"表演促销

(2)现场演示产品。展品本身大部分情况下并不能说明全部情况、显示全部特征,需要使用图表、资料、照片、模型、道具或讲解人员等真人实物,借助装饰、布景、照明、视听设备等手段,加以说明、强调和渲染。

如果企业的展品涉及服饰、箱包、首饰、围巾、皮带等便于展示的消费类商品,则要使用模特展示或安排专场表演,引起参观者的兴趣,增加他们的成交欲望(如图4-11、图4-12所示)。

图4-11 专场表演吸引客户

---

① 钟景松. 外贸参展全攻略——如何有效参加B2B贸易商展[M]. 北京:中国海关出版社,2010.

图 4-12　模特展示吸引客户

如果产品是仪器、机械、医用或日用产品，要考虑安排现场示范（如图 4-13 所示），甚至让参观者亲自体验（如图 4-14、图 4-15 所示）。

图 4-13　现场示范

图 4-14　现场体验　　　　　图 4-15　现场试用

如果是食品饮料，要考虑让参观者现场品尝，并准备小包或小杯的包装免费派发（如图4-16所示）。

图4-16　现场试吃

这些都是为了引起参观者的兴趣，增强其成交的欲望。

（3）赠送样品。向参观者免费赠送样品，既可以鼓励客户认购，也可以获取客户对产品的反映。

（4）赠送礼品。为给客户留下好印象，加深客户的记忆，最好给参观者一些实体的诸如笔、拆信器、卡套之类的小东西，这会让参观者在数月之后仍然留有印象。赠送的样品有如图4-17、图4-18、图4-19和图4-20所示。当然也可以赠送别的礼品。

图4-17　拍照送卡包

图4-18　赠送卡套　　图4-19　赠送便携笔记本

图4-20 赠送明信片

在派送礼品时需要注意以下事项:

1）一定要将企业的名称和电话号码印在礼品上。如果礼品上没有留下任何印记的话，它就没有发挥其应有的作用。

2）最好要将礼品与企业的产品关联起来。汽车销售商一般都会派送些钥匙链，因为在开车门的时候用得着它。如果一时间找不到合适的关联礼品，那至少要在赠品的笔或包袋的标牌上附上简短的销售信息。

3）不要将赠品放在盘子里或堆成一堆让人们自由领取，这会让参观者觉得这些赠品一文不值。要有选择地发放，将这些东西赠送给对企业的产品真正感兴趣的人。可以这样对他们说："谢谢您光临我们的展棚。作为新客户，我们诚挚地希望您能收下这份小礼物。"通过限量发送纪念品和将之作为企业产品的专属赠礼，能让客户感到礼品的价值不菲，因此顾客也更乐意接受该礼品并能记住企业的名字。

不过，要找到一种既实用，又能与企业的产品或服务紧密联系的礼品并不容易。就算找到一种新奇而实用的东西当礼品，过不了多久其他人也会纷纷效仿。因此，要一直领先潮流，不断地推陈出新地派送礼品也是个很有挑战性的工作。

比如，最先想出将公司的标志或广告语印在塑料口袋上的人就很了不起。不过，一旦大家都使用这一招，它就变得毫不稀奇了。因此，会展商们必须绞尽脑汁出奇制胜才行。[1]

可以制作超大的购物袋，上面印着参展商的名称和图标。当参观者手里满是其他展位派送的礼品出现在企业的展棚时，工作人员体贴地送上一个超大的袋子，可以让顾客更轻松地带走所有资料，并对企业留下较深的印象（如图4-21所示）。

---

[1] 郭奉元. 会展营销实务[M]. 北京：对外经济贸易大学出版社，2007.

图 4-21　购物袋

（5）赠送代价券。代价券可以邮寄，也可以附在商品或广告之中赠送；代价券还可以对购买商品达到一定的数量或数额的客户赠送。这种方式有利于刺激客户使用老产品，也可以鼓励客户认购新产品。

（6）价格折扣。为刺激、鼓励客户购买且大批量地购买本企业的产品，对客户第一次购买和购买数量较多的客户给予一定的折扣优待，购买数量越大，折扣越多。比如，买一送一、特价促销、满百送一等（如图 4-22、图 4-23 所示）。

图 4-22　买一送一促销

图 4-23　特价促销

（7）联合促销。联合促销是通过与其他参展企业合作的促销活动，其最简单的方式就是找一家其产品或服务可以与本企业的展品形成一定关联的参展商，两家一起做促销。通过互借样品和陈设，可以获得对彼此双方的联合促销效果，可谓双赢。举例来说，一家计算机办公家具制造商就可以与另一家硬件厂商展开联合促销。办公家具商可以在他的电脑台上摆放一台计算机，并注明"ABC 电脑设备在 123 号展棚展出"。同样地，硬件商也可以在他们的电脑边上写上这么一句"您可以在 256 号展鹏找到 DEF 电脑办公家具"。这种促销手段不用花钱，收效却一点也不差。[①]

（8）资助。资助是指参展企业为客户提供陈列商品、支付部分广告费用和部分运费等的补贴或津贴。这一般针对参展企业的参展目的是为了寻找经销商、代理人与代理机构。

此外，还有免费咨询服务、参与研讨会、参加新品演示会等方式。

3. 销售促进的控制

销售促进是一种促销效果比较显著的促销方式，但倘若使用不当，不仅达不到促销的目的，反而会影响产品或服务销售，甚至损害企业的形象。因此，企业在运用销售促进方式促销时，必须予以控制：选择适当的方式，确定合理的期限，禁忌弄虚作假，注重推广中后期宣传。

📖 案例

上海祥金工业机械集团营销部展中营销方案

展中营销目的：通过展会，展示我们的企业品牌；积极与客户交流介绍产品，推产品牌；让客户面对面地了解我们的企业，了解我们的产品，从而全面提升我们的企业形象，扩大品牌效应。

1. 工作事项

在展会期间全面系统地把企业以及企业的产品信息清晰、透彻地介绍给客户。让客户更深层次地了解我们的企业跟产品，同时进行新产品的宣传与推广工作。

在展会期间把参展观众吸引到展位前。通过宣传招揽，派发宣传册，热情周到的讲解与服务，吸引更多的观众到我们的展位，聚集人气，增加我们展位的吸引力、感染力，实现品牌效应的最大化。

在展会期间了解所有参展公司的信息动态。此次参展的企业大多都是国内外工业冶金行业的知名企业。有我们的竞争对手和我们的潜在客户。了解竞争对手的情况以及未来发展态势，并收集潜在客户的信息，获取他们的需求。

---

① 郭奉元. 会展营销实务 [M]. 北京：对外经济贸易大学出版社，2007.

在展会期间主动积极地向其他展位延伸，派发我们的样册，向他们宣传推广我们的产品，并获取他们的信息。

2. 注意事项

所有展台职员都必须穿戴统一的服装制式，衣着整齐简洁，仪表端庄。形象气质应清新，正式。

所有展台职员都必须展现出训练有素的气质，对自己的企业及企业所涉及的项目能够详细、具体、全面、完善地给客户讲解介绍。具体操作实施人员分工制度。每个人熟悉一个项目，负责该项目的讲解、宣传及推广。

所有展台职员都必须热情、周到、完善地给每一个客户提供服务。耐心、细心地给客户介绍。不厌其烦地回答客户提出的每一个问题。

3. 人员分工和现场流程

此次展会展出时间一共是两天半。为达到我们此次参展的目的及参展目标，特制定出以下操作分工流程。

（1）人员分工安排。本次展会主要展示我们公司的六大事业领域：工业炉设备、新能源环保设备、粉体输送设备、机电成套设备、节能设备、节能烧嘴。根据每个参展人员的专业和专长分别给客户介绍自己负责的事业领域，如果不能给予解答的问题，请公司现场的技术骨干或现场领导给予解答。另外，安排适当的机动人员，主动出击去宣传推广我们公司的产品，并到其他展台派发我们的宣传册，最大限度地将我们的公司推广出去，以提高公司的知名度。各负责人之间应相互协调配合，快速、精准、高效地完成工作，全面为每一个客户服务。

（2）现场流程安排。现场流程做了以下安排：

第一天上午：接待客户。按照之前的人员安排，每个人负责自己的事业领域，给客户介绍产品。我们要以热情周到的服务，充满激情活力的团队，感染每一个参观者，彰显每一个祥金人的朝气蓬勃与企业的发展动力。积极主动地对外派发公司样册，吸引参观者，聚集人气，提高吸引力及观赏率。现场盯紧来我们展位的可能是潜在客户的人员，现场展台的讲解职员注意，通过你们的交流沟通，分析哪些是真的潜在客户群，哪些仅为走马观花的参观者，重点做好潜在客户群的介绍与服务工作，并获取他们的名片，以备后期的联系跟进。积极做好公司新产品的宣传推广。派专职人员到其他展台的同行业公司以及需要用到烧嘴的公司宣传推广我们的新产品烧嘴。

第一天下午：继续展开公司企业及产品的介绍。在人员稀松的时候，派人员去其他展台派发宣传册。主动推销我们的产品，了解本次参展的其他企业的情况与动态。了解并记录竞争对手和潜在客户的动态及信息。明确有哪些竞争对手，了解他们的企业情况和产品以及未来发展动态，认真分析相对于我们公司他们的优势和劣势是什么，在新一轮的激烈竞争中，我们应如何取胜。挖掘我们的潜在客户，参展的企业中哪些是我们的潜在客户，主动去了解询问其公司的情况、所涉及的事业领域，获取他们的联系方式及相关负责人，了解他们的需求，并向其介绍推销我们的企业和产品。充分利用现场资源，进行"清洗式"的推广，实现品牌效应的最大化。

第二天上午：总结前一天所做的工作，认真分析不足之处，在当天的工作中加以改进。继续接待客户，给客户介绍我们的企业，讲解我们的产品以及未来发展趋势。派发公司样册，吸引参观者，把人气聚集起来，增加我们展位的观赏率。融洽老客户的关系，获取新客户的信息并记录，以备后期跟进。通过对现场公司的了解，认识实力强大的买家，并建立联系。继续以热情周到的服务和专业精准的讲解以及不厌其烦的态度打动客户，保证客户的最大满意度，提升企业形象。保障企业形象的宣传及产品品牌的提升。

第二天下午：继续展开公司企业及产品的宣传推广。利用空余时间接触更多的潜在客户和行业人士，认识实力强大的买家。主动热情地去相关展台进行沟通与交流，了解行业的潜在客户。认识相关潜在客户的负责人，建立联系，并向其宣传我们的产品，以诚恳务实的态度获取他们的信任。另外，收集市场的信息，进行实地调研收集我公司设备的市场供求情况，了解市场动态及发展趋势，实地考察未来的发展方向及动态以及市场对该产品的需求和技术上的要求。

第三天上午：分析两天工作的成果及不足之处，在最后一天完善。继续接待客户，给客户讲解我们的产品。在最后一天，努力将服务质量再提升，加大我们的品牌效应，加大对其他企业展示我公司产品的宣传力度。在最后一天，主要工作是去其他展位派样册，宣传推广我们的企业及产品，获取他们的一些信息，重点要取得潜在客户的联系方式，以备后期的跟进。努力做好新产品的宣传推广工作，收集新产品的相关信息，认真分析。建立新产品客户信息册，并构思未来新产品的销路与营销模式。通过两天半的展会经历，把获取收集到的行业信息、业态资料进行整合，开拓适合行业发展趋势的营销模式。

第五节 展后营销

一、展后营销的概述

展后营销是指参展企业在参展结束后，对在展会上所收集到的信息进行快速而有效的分类处理，并尽可能快速地与目标客户建立进一步的详细联系，使商业合作落到实处的一系列营销手段。展会结束后的首要任务是展后营销工作如何快速有效地展开，这直接关系到展会营销目标的实现。然而，让人倍感遗憾的是，许多参展商都疏忽了展后营销阶段的工作，这表现为在展会期间的参观者很多，对该公司的产品也比较关注，但由于缺乏能迅速反馈信息的渠道，使得展后业务发展效果不尽如人意。古人云："九十步者半百步"，要想将展会营销的效果反映到最后的商业交易中去，离不开快速有效的展后营销工作的开展与落实。

二、展后营销的内容和要素

展后营销的内容主要有三个方面：展后营销的及时跟踪、展后营销的后续跟进、展后营销的效果评估。

1. 及时跟踪

在展会期间，对那些很关注公司产品或实力较大的买家要及时派出业务人员与之接触，安排更深入的商业交谈，促进业务的达成。

2. 后续跟进

一个运转良好的后续跟进系统，能够对在展会上所收集到的信息进行快速有效的分类处理，并尽可能快速地与潜在目标客户建立进一步的联系，使得商业合作落到实处。

3. 效果评估

展后营销的效果评估既是对该届展会的总结，也是为企业下一次参展提供借鉴。展后营销效果的评估主要包括以下几个方面：对当前会展营销效果的分析，并与先前制定的参展目标进行比较；进行成本和成效的最终分析；分析展会反馈的信息，及时调整与市场不相符合的产品信息；对此次展后营销的不足进行总结，为未来参展提出建设性的建议；总结报告，为企业调整或制定产品和市场策略提供依据。

一个良好的跟进体系的要素有以下几点：①参展商准备获取的客户多少，必须定下一个现实可行的目标。②设计使用一个便于记录和回顾的潜在客户注册系统。如果预定的潜在客户数量较大，就必须确保这一系统能够准确地粘贴邮件标签，不会制造意外麻烦。③在会展开始前，认真计划潜在客户跟进系统，让它能在会展结束后立即运作起来。④为跟进工作设定一个最后期限，让全体职工认识到必须在最后期限之前把跟进工作做好，并使其明确自己在其中的职责所在。⑤建立一个记录和回顾跟进计划运作情况的系统。⑥找一个时间做最后的回访工作。

三、展后营销的形式

展后营销的形式主要有直接致函、电话销售、个人商务致电。

1. 直接致函

通过直接致函可以使参展商在短时间内与潜在客户取得联系，就像展中的其他工作一样，邮寄计划应该认真地统筹，订立现实可行的目标和截止日期。

参展商的首次致函可以是一封简短的信，对于这些潜在客户给予展位的关注表示感谢，并强调在参展时所说的产品的优越之处。为了尽快得到答复，参展商可以用传真的方式来寄件，在信的结尾处向客户承诺在近期将进行更细致的访问，如果需要尽快得到答复，还可以附上一只已付邮资的信封。

2. 电话销售

电话销售的目的是与潜在客户发生私人接触，它能使参展商在几天之内就与一大批潜在客户取得联系。下面是做好电话销售的几条建议：

（1）起用那些清楚企业销售的是什么产品，吐字清晰，言谈有礼的员工。

（2）永远都强调公司的名称。这样做有两个目的：首先它能告诉对方是谁在给他们打电话，比起那些不知道名字的公司来说，客户更愿意接听那些知道名字的公司来电；其次是不断地提醒对方记住公司的名称。

（3）如果一个销售员不能回答客户问题，就应该引起重视，可能的话，要在 24 小时内给对方答复。

（4）应该执行已向潜在客户做出的一切许诺，贯彻到底，并时常对客户的领导人员进行调研。

（5）使用可显示的文档以保证所有的回电都在预定的期限内完成。

在首次的致电中，电话推广员应当对客户参观企业的展会表示感谢，并简要介绍产品及其优点，因此，电话推广员很可能争取到一笔订单，再安排销售人员前去致电，或安排客户去产品展示厅参观。以后的致电中，可以介绍新产品或推广新理念，邀请客户参观一些特别项目，或者试图追加订单。

3. 个人商务致电

无论是在何处，参展商在与客户会面前都必须先通个电话。如果参展商不能在会展当场约定一个会面时间，那么务必派销售人员或有经验的电话推广员前去联络。这样一来，销售人员与电话推广人员的紧密合作将有助于避免会面时间上的撞车。

虽然很多人都认为安排会面是很平常的工作，但是要约到每个想要约到的人绝非易事，如果想约见什么人，应事先告知对方将在某个时候打电话联系。用这种方式比直接致电成功概率更大。因为在很多时候，直接打电话过去会被他人看作是打乱其日常安排的毫无预警的干扰。

根据实际情况综合运用这三种方式，就能够为本次会展赢得最大的回报，并可期待下次会展能运作得更加成功。

本章小结

　　企业参展营销是指企业利用展会主办方提供的场地和设施，为了达到企业参展目标而对参展产品和服务的创意、定价、促销进行计划和实施的过程。目标的制定是企业参展营销的第一步，也是整个参展营销计划顺利开展的关键。企业应该针对自身发展的阶段目标，结合举办方所提供的营销推广服务，制定适合自身的参展营销目标。企业参展营销包括展前营销、展中营销和展后营销。展前营销主要包括展前营销资料的准备、展前营销预算、展前营销人员安排等内容；展中营销是实现会展营销计划的具体实施，展中营销的手段主要包括人员促销、广告、营业推广、公共关系四大部分；展后营销是指参展企业在参展结束后，对在展会上所收集到的信息进行快速而有效的分类处理，并尽可能快速地与目标客户建立进一步的详细联系，使商业合作落到实处的一系列营销手段。

第五章
会展中商务接待技巧与谈判策略

会展商务谈判也是商务谈判的一种。它和普通商务谈判的区别在于时间短、空间狭小，参展商要尽可能在短时间内抓住对方的采购线索并把自己的销售信息传递出去。

展中商务沟通可以分为两大部分：会展基本接待技巧和会展谈判策略。之所以这样分，是因为它们的侧重点不同。

会展基本接待技巧要求每个业务员必须掌握并能在与客户交谈的过程中熟练运用。它是参展商获得销售线索的必备条件，同时也能为客户提供其所需的基本采购信息。相当于是展中沟通的硬件部分。

会展商务谈判策略是买卖双方为获得最大利益、建立更长远合作关系所运用的策略。其对业务员的心理素质、应变能力和谈判经验是更大的考验。相当于是展中沟通的软件部分。

某位总经理曾经这样总结：初级业务员熟悉企业与产品知识，能做到对客人有问必答；中级业务员对行业知识和生产技术都非常专业，能主动询问客户相关信息和需求，并为其介绍合适的产品；高级业务员对客户的区域市场行情了如指掌，能为客户分析预测最新流行趋势，比较他们与竞争对手之间的优劣势，并指引客户的采购行为。所以一个优秀的外贸业务员不是一蹴而就的，他们都是在不断积累经验、不断改进谈判能力的过程中成长起来的。

第一节　会展基本接待技巧

按照与客户交谈的时间顺序，会展基本接待流程分为三个步骤：初步接触客户；深入交谈；会谈结束。

一、初步接触客户

来展位上拜访的客户有一部分是事先约好的，业务员或许已经明确对方的意图和即将谈判的内容。但是还有很大一部分客户是在展会上随机拜访的，其常常是一些陌生的新客户。他们的拜访意图是什么？他们的企业背景如何？是不是我们的潜在客户？这些都需要参展商在尽量短的时间内通过沟通做出判断。同时，业务员能否通过交流激发客户的兴趣，使其进一步留下来进行深入交谈也是初步接触客户时的重要内容。因此参展商在这一步骤中需要完成的任务包括了解客户基本情况、初步筛选客户、让买家了解参展商和展品的基本情况并吸引客户深入交谈。

1. 了解客户基本情况

参展业务员通过与客户的积极互动，了解相关的背景情况，其相关信息包含以下内容：
- 客户的市场区域在哪里？
- 客户的产品销售类别是什么？
- 客户的性质是什么？进口商、零售商还是批发商？
- 客户的采购能力如何？

想要获得这些基本信息，就必须主动积极地与客户进行沟通。沟通中最常用的方式就是提问和倾听。提问与倾听是相辅相成的。我们往往认为一个优秀的业务员是伶牙俐齿、能言善辩的。但这只是谈判中的一部分，而且是在向客户传递信息时的主要方式。在挖掘客户信息的时候，准确的发问和有效的倾听则是后续谈判的基础。

（1）提问。业务员提问的形式有以下几种：①发现事实的提问："Where is your market?"②探询性提问："Are you searching for TV Stand?"③选择性提问："Are you importer or retailer？"④疑问性提问："Why are you interested with our products?"前三种的问题会得到可控回答，即回答者在回答时遵循着提问者的意思或在一定的范围内。最后一种是不可控回答，答案是发散式的。业务员应该根据对信息的掌握程度灵活地使用提问方式。

提问的技巧也很重要。业务员掌握提问的技巧可以引导和控制谈话的方向。提问技巧有以下几种：①倾听之后再提问。在对方没有答复完毕前，不应急于插嘴提问。②重要问题要预先规范好问句，不要问无关紧要的问题。同时应设置好客户提供不同答案时的对策。③要尽量避免使用封闭问题。如"May I help you"。根据心理学研究，人类总是在潜意识里倾向于给出否定的答案。特别是封闭式提问，会让人有被审问的错觉。如果针对以上问题，客人给出的答案总是"No. Thanks"或"Just looking"，那么业务员就不太容易接下一句。谈判专家曾做过一个统计，在谈判中，如果提问方连续几次提问都遭到对方的否定，那么提问方就会阵脚大乱，在谈判中陷入劣势。所以为了实现双方之间良好的互动，业务员通常使用"Why"、"What"、"When"等开发式问句来提问，这种提问方式会让客商更畅快地表达内心感受。

（2）倾听。业务员在提出问题后，要认真倾听客户的回答，并能迅速抓住自己所需的销售线索。倾听时有以下几点注意事项：①倾听要真诚。发问后要尽量让买家多说，业务员的内心和表情都应表现得真诚，才能获得客户的信任，慢慢得到接受。②可以多使用肢体语言。如稍稍倾斜身体，用手支撑下巴，在客户表述时适当回应，点头、微笑、眼神专注等。③复述客户的意思。复述客人的话语可以准确掌握客人的思想，提升交流的融洽度和针对性。④倾听时做笔记。表明你在认真听取并掌握了客人的回答，并且为之后的进一步沟通服务打基础。⑤不要随便打断客户，否则会使客户反感，也会使自己漏掉一些相关信息。

2. 初步筛选客户

在展会上，业务员会接触到各类新客户，数量大且良莠不齐。为了能把时间尽可能地用在目标客户上，业务员必须在接触客户时就先进行筛选，筛除不合适的客户。那么如何判定客户的有效性呢？

（1）通过客户的名片判断。名片代表了一个人的门面。它展示了客人最基本的信息以及实力。①名片的质量，纸质的厚薄层度。②名片的编排是否合理，专业编排的名片更能使人信服。此外，欧美的客户崇尚简约的版面，中东及印度客户则喜欢花哨的名片外观。③名片的内容。公司名称或商标，姓名、职位、地址，联系方式如电话号码、邮箱、传真，网站等。其他信息如经营范围、产品图片、资格认证。参展业务员可以从名片的内容判断是不是同行业的客户。越专业的客户，越会把名片印得简单明了又信息详尽。

（2）从客户的穿着和人员组合判断。重视穿公司制服或较正规西装的客户。正规公司，尤其是欧、美、日以及中国香港、中国台湾的大公司，都非常注重公司形象。他们的公司人员会统一着装，甚至带着印有公司品牌的箱包拜访参展商。对于这样的客户业务员需要认真对待。

（3）客户专业的发问。作为行业里的资深买家，客户提出的问题会相当专业。他们熟悉具体的产品规格、技术参数，也了解市场上现在的流行趋势，主要供应商及专业客户有哪些。若是新买家，他们也会很关注了解产品信息，市场行情。参展商可以从客户的关注点观察其拜访展位的真实目的。但是当买家的问题涉及公司的价格体系、折扣体系、运作方式、促销手段、专利技术等问题时，要特别注意、谨慎对待。有可能是超级专业的买家，也有可能是同行竞争者。不要急于回答，可以反问：'您关注的这些对您的业务有什么好处呢？'

（4）客户的关注角度。一般来说，重点关注某一系列或某一类型展品的买家说明他们目标明确，更有可能成为企业的目标客户，而一上来就要大量报价和样品的买家，往往中单的概率更低，反而不容易成为目标客户。

当业务员判断某些客户与实现企业参展目标没有太大关系时，就不能花费太多时间和精力进行接待，但同样应该有礼貌，通常可以客气地打招呼，简略地回答问题，并尽快地结束交谈，要把发现和接待目标观众作为展台工作的重要任务。

3. 让买家了解参展商和展品的基本情况并吸引客户深入交谈

初步接触客户时，信息的传递是双向的。当参展商初步掌握客户的基本信息后，就要及时地将本企业的信息传播出去，使客户对参展企业及展品加深认识，为接下来深入交谈做铺垫。

对买家进行第一步产品介绍时,应该根据之前掌握的买家信息进行推销。抓住买家最感兴趣、最关注的点。若买家关注的是产品质量、技术参数、市场流行趋势。业务员可以先介绍产品系列、设计理念、下过订单的热卖品、产品在国际市场上获得的技术认证。若买家关注的是供应链的稳定性、售后服务的高效性,业务员则要重点介绍公司优势。

在为客户作介绍时,需要注意以下几点:①时间要控制好。由于还处在初步接触阶段,买家可能还处在可走可留的选择期。业务员的介绍时间若拖得太久,就会使客户烦躁不安。②言简意赅,切中要害。完全对参展商情况不熟悉的客户,更愿意从业务员简短有概况性的话语中掌握参展商的大致情况,从而判断是否有深入交谈的必要。③用数据说话。欧美买家务实,喜欢从数据中判断一个企业的实力。所以业务员可以整合出一些相关数据,如企业年营业额、营业额增长比例、企业职工数、企业投入研发或质检的资金比例、部门结构、企业生产规模、出货时间、售后服务,等等。

二、深入交谈

深入交谈指客户与参展商初步接触后,愿意更深入地进行交谈或谈判。交谈的内容包含现场评估买家;报价、还价、接受、签约;记录双方商谈的详细信息。

深入谈判的效果就是为了使双方都获得完整的销售及采购线索。参展商获得客户的各种详细、准确的信息,并把参展企业自己的展品、技术信息、服务等进一步推荐给客户。

1. 现场评估买家

"现场评估买家"与"初步筛选客户"是有区别的。后者是为了判断哪些客户是企业真正的客户,哪些只是过客,或者是否是同行过来打听情报。而前者是在筛选完目标客户的基础上,按客户的重要程度进行的评估分类。争取把最宝贵的时间用在最有价值的客户身上。买家评估可以按照以下几种方式进行:

(1)按有否成交区分。目标观众根据有否成交可分为现有客户和潜在客户两种。对现有客户要维护好人际关系,争取业务有所进展,但如果不是洽谈新的业务合作,就不要因为交谈而耽误了接触、结识新客户的时间,通常稍作寒暄即结束交流,可约其闭馆后共进晚餐,要把发现和接待潜在客户当作展台工作的主要任务。

(2)按重要程度区分。现有客户根据重要程度可分为普通客户和重要客户两种。重要客户主要指已有大额贸易往来的客户,当然还有些客户虽仅有少量业务,但这类客户在行业中影响很大,对其应列出名单,事先通告所有展台人员,发现前来参观,要予以特别接待,要以长远、发展的眼光看待客户;与此同理,对普通客户也应热情接待、不可怠慢,商场多变,说不定明天其就成为重要的客户了。

(3)按是否预约区分。来访客户根据是否预约可分为预约客户和非预约客户两种。

展前沟通最好约定时间,并尽可能地定在观众相对较少的时间段。通常展会的第一天早上和第三天下午之后以及开馆、午餐、闭馆前,客流量相对较少。企业可以选择这个时间与客户预约。

需要指出的是,参展企业不能单纯以是否已有订单来判别客户的重要程度,欧美大公司不会随意确定供应商,更不会初次见面就在展会上下订单,他们通常需要花很多时间来了解供货企业的历史和现状,有的还会派遣专业市场调研人员来实地考察。总之参展企业应充分了解情况、端正态度、重视展会接待,给客商留下良好的第一印象,为发展有潜力的大买家跨出具有决定意义的第一步。

(4)按市场区域区分。不同市场区域的客户有不同的关注点和谈判习惯。

欧美客户重视供应商的供应链稳定性,交货期的准时性。他们关注工厂是否获得了国际认证,哪些知名的国际企业与该供应商合作过,产品线有哪几条。他们比较信任已经通过了相关认证的产品质量。对于价格的敏感度较低。

日本客户有非常高的价格接受能力,但这不意味着工厂就能轻松获利。因为日本客户对于产品外观、细节、功能的要求几近严苛,企业甚至需要付出更多成本和努力对待日本市场的订单。

📖 案例

价格与服务的关系

福瑞达家具公司第一次参加国际家具展就获得了日本客户的订单。这次展出的样品是福瑞达新设计的产品。功能齐全,外观时尚,所以报价也比别的公司高出10%。客户在看完样品及获得报价后没有多久就正式下单了。福瑞达的老板及业务员都没有想到,日本客户对高于别的公司报价的产品居然没有任何异议,他们甚至有些后悔没有再报高一些。

但是,在整个订单生产过程及在日本市场销售的过程中,福瑞达公司才发现日本市场的销售并没有想象中那么简单。日本客户从订单开始就派出了质检员驻厂跟踪,并对工厂生产线设计、员工技能、品质要求等提出了更高的整改要求。福瑞达公司不得不投入更多的资金和能力进行整改。但是百密一疏,商品在日本市场销售时,发现某箱中落下了包装刀片,导致产品外观被严重划伤。客户要求工厂换货并提出相应的赔偿。

从此以后,福瑞达工厂专门为日本客户设计了一条生产线。工厂采用更高的质检标准并培训更专业严谨的工人上岗生产,对日客户报价成本也相应提升。

印度客户在中国的购买量大。他们长期在长江三角洲、珠江三角洲等经济发达区域设立办事处,经常走访市场、了解行情。所以他们对中国出口商品的价格非常熟悉且敏感。

澳大利亚和新西兰客人对价格敏感,对产品的质量及环保要求没有欧美客人严格,风格追随欧美趋势。

（5）按客户的专业程度区分。专业行家看产品背后的技术、企业研发和管理。量大的跨国客户议价能力强，注重出货的稳定性、供应链的稳定性和工厂拥有的认证；量小的客户关注最小起订量（MOQ）、产品线的多样性，他们由于订单量少，对于价格的接受能力也比较强。

2. 报价、还价、接受、签约

展会上深入谈判时最主要的环节就是报价及还价，接受、签约这两个环节出现的频率不高，所以我们要重点看看报价和还价环节的技巧。

一般参展商在筹备展会的时候就要准备好基础报价。由于面对的客户不同，所以在展会上评估完客户后，可以根据客户的不同情况提供不同的报价。不论怎么报，价格要适中，太高或太低都不会吸引客户。要认真准备价格。

（1）对同一产品准备不同等级的价格。不同等级的价格，可以以数量划分、以材质划分，还可以以进口商、零售商的身份进行划分，然后根据不同客人的需求进行报价（如表5—1、表5—2所示），甚至可以根据淡旺季时工厂的产能给出相应的折扣。

表5—1 以数量的不同（整柜和散货的区别）进行报价分类

PICTURE	ITEM NO.	Product Name	Price FOB FUZHOU (US$)/set	
	FU002	Twin Bear	9.79	20'FCL Basis
			11.49	LCL Basis

表5—2 以材质的不同进行报价分类

PICTURE	ITEM NO.	Product Name	Price FOB FUZHOU (US$)/set	
	NS2570	Night Stand	30.00	Painted（油漆材质）
			28.00	PVC shrinked（PVC 材质）

小贴士

- 整柜的价格比散货的价格低。
- 给进口商报的价格比零售商的低。
- 给日本客户的报价要高于给欧美客户的报价。
- 给专业店铺的报价稍高，而给大型连锁超市的报价稍低。

（2）参展商可以选定一两款产品作为展位上的明星款或促销款，辅以极大优惠，以期吸引客户驻足。该方式是一个展会高效吸引顾客的方式。

（3）让客户了解报价的大概构成，其前提是客户有很强的购买欲望及对价格不满，有明确的了解要求时，业务员才需要解释。如果客户没有问起，业务员不需要主动回答。业务员除了提供单纯的价格条款外，还要给客户解释报价的大概构成。这些内容里包含了企业部门结构、供应商的售前售后服务，产品质量等综合实力。在价格波动大时，甚至还可以给客人分析国际经济和市场形势、国内原材料和劳动力涨跌幅度、汇率风险和海运费变动等情况。使客户了解价格是如何形成的，同时也宣传了参展企业的附加服务内容。

3.记录双方谈判的详细信息

在谈判过程中，业务员一定要及时记录下谈判的内容。特别是客户的要求，己方已报的价格，承诺的优惠或者样品的赠予数量和时间等重要的信息。由于展会上需要接待的客户众多，若不及时记录，事后几乎很难再回忆起当时谈判的内容。业务员在记录谈判信息之前，要把客户的名片钉在笔记本新的一页上，并在这一页做详细记录。

三、交谈结束

交谈结束时，业务员要：①向客人重复一遍刚才商谈的内容。②感谢客人拜访展位。③对于客人的要求和意见，业务员强调会在最短的时间内反馈给对方。

第二节　会展谈判策略

与会展谈判技巧相比，会展谈判策略的要求更高。针对有预约、目的性强的顾客，参展商在参展前就需要查阅客户的背景资料，商量好谈判策略以及预期获得的目标。而在谈判中，参展商要创造良好的谈判气氛，面对不同情况采用不同的谈判策略进行应对。

一、会展谈判类型

外贸展会谈判的类型根据目的不同，可以分为以下几种：

1.探测型谈判

探测型谈判的目的是为了解对方信息，摸清对方意图，属于非实质性业务接触。在展会上，一些逛展商的目的是进行市场调查，广泛收集信息。这时他们与参展商之间的谈判就属于探测型谈判。

2. 意向型谈判

意向型谈判是实质性合同谈判的准备或初始阶段,买卖双方以交易为目的,表述自己的交易愿望并相互交换。

3. 协定型谈判

协定型谈判是买卖双方在发盘、还盘及接受后达成了协议,并用书面合同形式加以确定。意向型谈判和协定型谈判都是在逛展商对参展商的产品产生浓厚兴趣之后所进行的更深入的谈判。

4. 处理纷争型谈判

处理纷争型谈判是买卖双方因为之前的合同责任及义务履行未达到规定而进行的谈判。该种类型谈判的气氛不同于以上三种谈判,会更激烈敏感。需要业务员有较好的心理素质和更灵活应变的头脑。

二、会展谈判准备

1. 制定会展谈判策略的步骤

不论接待的客户是否熟悉,展前是否有充足的准备,参展商在接待客户时都必须通过以下步骤形成谈判策略。所以哪怕留给业务员的时间只有几分钟,其都要尽可能地在脑海里将所有的步骤过一遍,再与客户进行沟通谈判。不打无准备之战(如图5-1所示)。

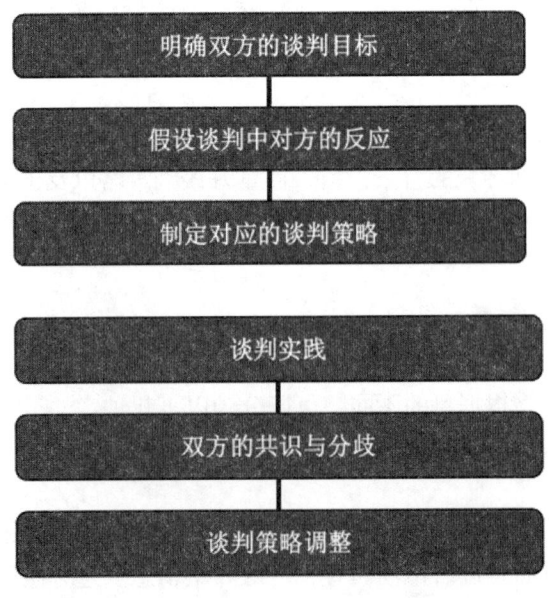

图5-1 谈判步骤

每个业务员最初的准备工作就是要明确客户这次谈判的目标是什么，企业的目标是否能与之一致。这就要求业务员要尽可能地收集客户信息。

2. 谈判中的注意事项

由于会展空间狭小，容易让人烦躁不安，温馨放松的谈判气氛就显得尤为重要。业务员应学会营造融洽的谈判气氛。

开局时业务员与客人说话的语气要温和友好、轻松愉快；精神面貌上要表现得自信、精力充沛。这样的第一印象才能让客户放松戒备，产生信任。

当客户刚刚到达展位时，业务员可以面带微笑，给客人一个有力度的握手，熟悉的客户甚至可以来一个拥抱。谈判之初一定不能急于求成，可以从一些轻松的话题开始。开场的基本问候如：你好吗？旅途是否愉快？天气怎么样？休息好了吗？感觉这期的展会如何？好久不见，非常高兴再次见到你。在这样的问题下，友好轻松的气氛就慢慢形成了。

当然，也有客人比业务员还紧张，急切地要进入主题。这个时候业务员首先要跟上客人的节奏，反应快但能渐渐掌控现场。千万不要自说自话，不顾别人的感受。

谈判过程中要始终保持良好气氛。这也要求业务员有良好的现场调节能力和掌控能力。切入主题后，要认真倾听客人讲话，不要冒昧打断，可以适时接茬。

三、初步谈判策略

有些策略，是在谈判的不同阶段应用的；有些策略，可以贯穿谈判始终。

1. 初接触时业务员不要急于展示

合格的展会接待人员应当在观众将目光停留在展品第三秒时开始接待工作，当然此时老资格业务员建议不要马上开始介绍展品，而仅报以微笑，展示其亲和力、等待对方先开口说话即可，这样无论观众是否真的对陈列展品感兴趣，都不会令双方在接下来的时间中感到尴尬。

当观众停下来索取资料或提出问题时，接待才真正开始。展会上有些观众只是泛泛了解情况，并没有对某一特定产品表示出特殊兴趣，接待人员应在短时间内甄别对方的身份和购买的诚意，这些信息可以通过向其索要名片，也可以从简单问答中获取，还可以从他手里收集的其他资料、样品来分析判断。

一般，在初接触客人时，会碰到以下三大场景：开门见山篇、犹豫不决篇和过路篇。

（1）第一场景——开门见山篇。

● 当客人直接走进展位现场时，向业务员直接提问："Do you have this kind of product?" "How much of this item?" "Do you have the catalogue/brochure？"

● 客人会主动拿出自己的名片和业务员进行交换，认真地翻看参展商的产品、目录，直接坐下来和业务员交谈，并仔细记录自己感兴趣产品的信息。

像这样的客户目标明确，已经知道自己需要什么样的产品，什么样的供应商，甚至在逛展前就已经进行了仔细调查。对于这样的客户，业务员在初步接触时，沟通起来更顺畅，不需要花更多的时间去吸引客户注意，可以马上进入谈判主题。

当然，业务员在介绍产品和报价的时候需要先了解清楚客户的需求点，再有针对性地介绍产品特色。

（2）第二场景——犹豫不决篇。

● 客人在展位门口犹豫不决是否要进入。

● 客人进入展位看产品时，并没有明确的提问，只是一直在看。

● 看完展品后，客人未作过多停留，只是和业务员微笑一下或者说"Thank you!" "Bye-bye!"

客户犹豫不决，说明他们的目标不是很明确，或者对参展商的产品兴趣还不大。当遇到这类客户时，业务员可以先给客人一个真诚的微笑，接下来不急于展示或介绍产品，可以邀请客户到展位上坐一坐，喝点饮料："Why not take a seat?" "Would you like a cup of tea/coffee?" 逛展是一件非常辛苦的事情，业务员的诚挚邀请，可以使疲惫的客户顺理成章地暂时停下来休息，同时也为双方进一步交谈做了铺垫。

当遇到一直看样品又不表露兴趣点的客户时，业务员可以伴在身侧。注意：跟随客户时不要贴得太近，让客户觉得不自在；也不要隔得太远，客人知道随时会有人为自己服务。可以基本保持在客户身侧45度角的位置为好。

当客人看到参展商的优势展品时，业务员可以用简单的句子或词组介绍给客人。比如："This item is very popular this year." "Wal-Mart has ordered 10000 pieces of this item." 这些短句能迅速加深客人的印象。记住：此时的介绍还处在激发客户兴趣的阶段，句子或词语宜短不宜长。业务员还可以在客人看样品时不失时机地问问客户来自哪里，主要经营哪些产品。在这种轻松的问话和介绍下，就会有一些客户放松戒备和警惕，和业务员攀谈起来。也许就有潜在客户被挖掘出来。

（3）第三场景——过路篇。

● 有些客人一到展位上二话不说，直接要产品目录："Catalogue! I need your catalogue. Hurry up!" 拿到手后，既没有留下名片也没有继续商谈就径直离开。有些没有经验的业务员常常被客人的气势吓到，直接给了目录却忘了索要客人的线索，或者当他们开口向客户询问信息时，发现客户已经扬长而去。

其实，这样的客人一般是国外进口商聘来的资料收集人员或者是竞争对手。在与客户交往的过程中，要遵循互相平等尊重的原则，面对客人的时候既要热情服务，又要不卑不六。所以当客人提要求时，业务员不是一味地顺从，不合理的理由也要学会拒绝。业务员必须意识到，客户来到展位上进行拜访，就像陌生人来到主人家敲门。主人询问对方身份时，客人是有义务回答的。

所以，像直接上来就要目录的客人，业务员要先把主动权争取到自己手上。我们不用急着提供目录，而是要先问一下客人："May I have your business card?" "Where are you from?" "Please take a seat and have a drink."如果客人能回答我们的问题，或者坐下来进一步交谈并留下相关的信息，可以为其提供目录。如果对方拒绝回答问题，转身就走，业务员也不需要追上去挽留。因为这种客人不是我们的潜在客户。

2. 开场白避免用 YES/NO 回答的封闭问题

在推销中为了实现客我之间良好的互动，业务员还可通过提问来引导客商敞开心扉。通常使用"为什么……""……怎么样？""如何……"等开放式问句来提问，这种提问方式会让客商更畅快地表达内心感受；与之相反，封闭式提问会让人有被审问的错觉，通过设问得到的信息也将极其有限。

3. 开始交谈时，业务员要避免急于销售

为了推销展品，展台业务员必须想方设法地接近客户，首先得让客户接纳，所以第一次与潜在客户接触就显得异常重要，要使双方关系有一个良好的开端。展台业务员的仪容仪表、开场白及随后谈论的内容都非常关键。

许多成功推销员的经验告诉我们，为了能够顺其自然地接近客户并为客户所接受，最初话题不宜紧紧围绕所要推销的商品，反过来应该把谈话重点放在大家都感兴趣的事情上。

有些参展商一见到客户就滔滔不绝地介绍自己的产品优势，却忽略了客户需要什么，反而使客户对其反感并敬而远之。

业务员推销展品时，应该对客户殷勤有礼貌，一举一动都要体现参展企业的形象，整体谈话内容要明白准确，必须让潜在客户明白，这样的谈话对双方都是一件大有裨益的事情。

4. 顾问专家式销售

买家对"顾问专家"型的销售人员情有独钟，其是根据客户的目标，而不是自己的产品特性来制订解决方案的。当业务员向客户询问其目标及选择标准时，客户就会判断销售人员把其需求放在什么位置上。因此，在向客户推销自己的产品时应站在客户的角度上考虑与解决问题，扮演顾问和专家的角色。

展台业务员在接待客商的过程中可以通过提问获取更多信息，有些客户熟悉目标市场、目标产品、相关行业情况，可使用采访询问方式了解目标产品国际市场销售情况、客商目前销售业绩、之前主要采购渠道、是否与中国外贸企业发生过贸易关系等，收集这些信息的目的是为了了解客户需要什么，其为什么来展会。一个优秀的业务员，不仅了解自己的产品，更了解国际市场的行情，相关区域的客户情况、产品销售情况。所以可以结合客户的情况进行销售。这样的业务员不仅能给客户留下深刻的印象，其所提出的建议也令客户非常满意，让竞争对手望尘莫及。

📖 案例

初步接触客户的沟通方式

Sales: Hello, welcome to visit our booth. What can I do for you?

Customer: Do you have the catalogue /brochure?

Sale: Yes, this is our catalogue. Please take a look.

Sales: May I have your business card?

Customer: Sure. Here it is.

Sales: Thanks. This is my business card.

……

Sales: Oh, nice to meet you, Tom.

Customer: Nice to meet you, Lisa.

Sales: So Tom, I saw you are from America. How about the furniture market there?

Customer: This year, high glossy painted(高光油漆) furniture is very popular in America. I am looking for this kind of TV Stand.

Sales: Are you importer or retailer in America?

Customer: I am an importer. My customer is from furniture store.

Sales: What's your trading quantity of the product?

Customer: If the quality is OK, we will order one container per two months.

四、展中报价策略

在谈判中参展商会面临两种情境：零和与非零和。零和分配式情境是指只有一个赢家或者一方想在有限的资源中获得更大的比例。相反，非零和、整合的共赢情境则是谈判中的多方都可以达到自己的目标。这两种情境也同样适用于展会中的商务沟通。

1. 分配式谈判

（1）分配式谈判的概念。分配式谈判又称作竞争型谈判或者单赢谈判。在分配式谈判中，一方谈判者的目标通常与另一方的目标相冲突。即在固定的、有限的资源下，双方都希望通过谈判使自己获得的份额最大化。

（2）分配式谈判的特征。在分配式谈判下，每一方都会采用战略组合来取得最有利的谈判结果。其中一个很重要的战略就是小心谨慎地保护信息，一方只有在该信息能获得战略优势时才会提供给另一方。谈判者强烈希望通过从另一方获得信息来提高己方的谈判能力。

（3）分配式谈判在展会商务沟通中的应用情境：①具体的讨价还价阶段；②对陌生客户报价阶段。

📖 案例

错误的报价

在展会上，一位客户对参展商的灯具展品产生了兴趣，向业务员询问价格。展品原定报价为50美元，经理要求最低报价不能低于45美元。业务员为了获得客户的好感尽早签订合同，直接把最低报价告诉给客户。但客户一直以价格太高为由，要求降价到42.5美元。该参展商最终只能再次降价来获取订单。

在分配式谈判中，存在初始点、目标点和抵抗点。初始点是在各方的开场陈述中表明的（例如，卖方报价单中列出的要价或者买方的最初出价）。目标点通常是谈判开始后逐渐获悉或是推断的。抵抗点是一方宁可中止谈判也不会跨越的点，是一个需要保守机密不能让对方知晓的点。

在这个案例中，可以看到参展商的初始点是50美元，目标点是45美元，抵抗点低于并接近42.5美元。业务员过早地放弃了初始点50美元，使得客户认为他们的初始点就是45美元，所以才会一直往更低的价格上谈判。

（4）分配式谈判的战术性任务。参展商在展会上遇到分配式谈判时，应该考虑四个战术任务：①评估客户的目标点、抵抗点和终止谈判的成本。②控制对方对己方目标点、抵抗点和中止谈判成本的认识。③改变客户对自己目标点、抵抗点和中止谈判成本的感知。④操纵拖延或终止谈判的实际成本。

（5）分配式谈判中的让步。不可能所有报价都坚持初始价，要想达成协议，总有一方会作出让步。但让步不能一次性让到底。优秀的业务员要确保留出足够的让步空间，并有计划地作出退让。每次让步的幅度不宜过大，让步的次数不宜频繁。

📖 案例

对以上谈判例子的修正

在参加展会前，业务员就对灯具的国际市场进行调查，他们了解到不同市场区域的产品价格水平、客户类型、流行趋势等信息。在客户拜访展位时，业务员不急于展示价格，而是先询问客户的市场区域、客户性质（进口商还是零售商）、客户对产品的需求等。在对客户信息有了基本评估后，再开始报价。报价时，先报初始点50美元并观察对方的反应。当客户抱怨价格高时，让客户看到价格高的理由、可以提供的服务、优于别的供应商的地方。改变客户心目中对产品的预期，从而改变客户自身的目标点和抵抗点。尽可能将价格维持在45~50美元。当业务员要给客户让步时，并不急于从50美元一次让到45美元，而是可以采用让步幅度逐渐缩小的办法（50美元，让步到47美元，再让步到46.5美元，再让步到45.5美元，最后让步到45美元），既表明参展商的诚意，又证明了让步空间越来越小。

（6）分配式谈判中的具体报价策略。分配式谈判中的具体报价策略有以下两种：

1）参展商报价要适中，太高或太低都不会吸引客户。要认真准备价格。报价要专业。如与实际行情相差太远，会让客户觉得不专业、不可信任。

分情况调整报价，注意市场、客户购买量、销售淡旺季等。客户购买量大时往往有很强的议价能力，参展商可以考虑给予一定的折扣。由于淡旺季，导致工厂产能不同。业务员可以告知客人，如果在淡季下单，将给予一定的折扣。

初步报价要有回旋余地，也就是说参展商所报的价格可以比市场价及客户的心理预期价稍高。同时要让客人知道所报的价格是可以根据客人的不同需求进行调整的。但也不能一开始就让客户探到底线，否则会很被动。

2）参展商讨价还价策略。参展商讨价还价策略有以下几种：

● 除了报价，还要强调供应商的服务、产品质量等综合实力，让客户了解报价的大概构成。客户永远都会说价格太高，一个有质量的企业，除了拼价格，还要有好的研发、质检部门，优质的售后服务能力。业务员也可以告知客户这些部门的功能和情况。不是所有的客户都只看价格，很多客户注重品质、售后服务、供应链的稳定性等。

● 当客户抱怨价格过高时，参展商切不可一直强硬坚持己见。可以把球先抛给对方："请问您的目标价是多少？"一般这时，客人会告知自己的心理预期价位。参展商可以根据对方的报价，判断对方还价是否合理，我方是否有降价的空间，哪些成本可以让步，哪些必须坚持。

● 对客户提出的要求，尽量不要说"不能"或"不行"，否则谈判会进入死胡同。如工厂的最小起订量是1000个，客人说只能订500个。这时业务员可以说："500个我们是可以接的，只是费用要重新算。"这样说明实际情况，由客户来做决定。

（7）分配式谈判中的其他策略。分配式谈判的其他策略有以下几种：

1）红白策略。红白策略指谈判过程中，由两个人分别扮演"红脸"和"白脸"的角色，使谈判进退更有节奏，效果更好。"白脸"是强硬派，谈判中态度坚决，寸步不让，咄咄逼人，几乎没有商量的余地；"红脸"是温和派，在谈判中态度温和，拿"白脸"当武器来压对方，与"白脸"协调配合，尽力撮合双方合作，以达成于己方有利的协议。

2）谈判升格策略。当分歧在双方主谈人之间无法解决时，请双方高级领导出面干预决定的方法，称为谈判升格。

3）攻心策略。营造满意感策略。这是一种努力营造使对方在精神上的满足感的策略。为此，要做到礼貌、真诚，关注对方提出的各种问题，并尽力给予解答，尽量让对方理解己方的条件，做些说明，使解答更令人信服，就算对方重复提问，也要给予耐心答复。接待周到，使对方有被尊重的感觉，必要时可请高级领导出面接见，以给其面子。

4）奉送选择权策略。摆出两个以上的解决方案，让对手任意挑选。这会使对手感到业务员的大度和真诚，因而可能放弃原来的打算，而按业务员的方案来做。

具体做法是，谈判就某一议题，提出几种方案，由对方选择；或是几个议题，同时提出解决方案，由对手去选择；或者互相提出条件，相互选择。例如，若对方开出设备费方案，我方则开出技术服务费方案，你取我的技术服务费方案，我就取你的设备费方案。

2. 整合式谈判策略

（1）整合式谈判概念。整合式谈判的表现类似于采用管理的方法来鼓励其他人。为了实现一致目标，必须对谈判的内容和过程进行管理，以使各方合作并在承诺上达成一致。

（2）整合式谈判与分配式谈判的不同。两种谈判的不同点：①关注共同点而非不同点。②多关心需要与兴趣，而非立场。③尽量满足谈判各方的需求。④交流信息与想法。⑤为互惠出谋划策。⑥使用客观标准来评价各方的表现。这些必备的行为和观点是整合式谈判的主要组成部分。

（3）整合式谈判在展会商务沟通中的应用情境。整合式谈判的应用情境是分配式谈判情境以外的所有情境。如与客户建立业务关系、与客户谈长期合作、为客户做顾问式咨询等。

（4）整合式谈判过程。首先，参展商和买家双方的信息交流要尽可能开诚布公；其次，参展商需要尝试理解买家的真实需求和目标；再次，强调谈判双方的共同性并缩小差异性；最后，参展商寻找满足双方需求与目标的解决方法。

📖 案例

灯具的价格谈判

在展会上，一位客户对参展商的灯具品产生了兴趣，向业务员询问价格。业务员向客户报价为50美元。客户嫌贵，还价45美元。这时候业务员并没有急于还价，而是开始和客户沟通。

业务员："您为什么需要45美元的价格？"

客户："首先，我的市场对这类产品的价格比较敏感，往年我进货价都是45美元，才能保证最基本的利润。我还要留出部分成本进行售后服务。其次，我刚才也已经在这片展区走了一圈,其他好几家和你类似的产品,报价都在45美元左右,没有你这么贵。我看你们产品的质量也不错,但是价格太高,如果不能达到45美元,我只能去别的展位上下订单了。"

业务员了解到客户的基本信息稍稍思考下开始回话:"根据您的名片信息,您的市场在欧洲,过去几年欧洲市场的类似产品进货价确实有45美元的。但这是中低端档次产品的报价。我们在过去几年的出口价也是保持在48美元。这是因为我们的产品质量走中高端路线,不论是设计、做工、质量都有相关部门在运作监督。正是因为这些部门的良好运作,才保证了产品质量过硬,客户满意度高。另外,从今年开始,欧洲市场的所有的灯具都要通过ERP(能效指令,是欧洲CE认证的四大指令之一)。这就使得我们的灯具成本需要加入认证费用。"

客户听完后,没有反对也没有认同,业务员感觉到了客户的态度在转变,否则他会继续反驳或者转身离开。于是业务员打算进一步沟通:"请问您的订购量一般有多少?"

客户说:"一次下单有1000个产品,每两个月一次。"

业务员听完后,说道:"我们除了有这款50美元的产品,还有几款不同设计的产品也适合您,我们可以做个组合销售。另外,鉴于您的订单量,如果您选择了我们的产品,我们会定期帮您给客户做维护工作。"

客户对于业务员的新主意产生了兴趣,遂在这个展位上进行了长时间沟通。

从以上案例中,业务员对客户的利益更加关注,从对客人的提问当中,业务员发现客户关注的利益不仅包含了产品本身的价格,还有一些隐性的客户需求。双方的问题并不在于价格的高低,而在于整体成本、品质保证及信誉要求。这就使得业务员找到了解决问题的关键。

本章小结

商务接待技巧和商务沟通策略是展中商务沟通的硬件和软件。商务接待技巧偏重于接待客户的最基本沟通,而商务沟通策略则需要我们运用更多策略与客户进行深入互动。业务员经验越丰富,能力越强,就越要把这两方面综合起来应用,以使我们在接待客户时,能在最短时间内尽可能获得客户重要的信息,并引起客户的兴趣,与我们深入交谈下去。

第六章 参展现场管理

参展前期的所有策划和准备工作都是为了现场展示参展商的产品或服务，现场展示是企业整个参展工作的最重要环节，因此做好现场管理非常重要。

第一，现场管理的概念。参展现场主要是指主办方启用的场馆，包括其他运输装卸的场地。参展现场管理指在进场布置的第一天到参展结束撤展离开的时段内，参展商需与主办方、搭建商、运输商等各类服务商在内的各实施单位在现场按既定计划进行有序的协调、监督和管理，并对在参展现场执行或实施展示的各个环节及人员进行管理，对观众在现场产生的一切需求进行协调服务和管理。

第二，现场管理的作用。参展现场管理对成功参加一届展会有至关重要的作用，直接影响到展会专业公关的满意程度及参展的效果。

第三，现场管理的原则。首先，事前找出可能出现的问题并作精密分析，做好预案。其次，参加大型展会尽量利用服务链外包服务，参展商进行监控。再次，重视现场人员的管理和培训，指定专人在专门时间负责专项工作，明确分工、分清职责、责任到人。最后，对于重点工作，反复核查；对重要环节，负责人应及早提出注意问题，实时监督。

第一节 现场活动管理

参展商在展会现场，除了进行布展外，往往也会参加或自己举办一些现场活动。参展商通过合理的选择和安排现场活动，可以有效地吸引观众注意、活跃现场气氛，增进与观众、媒体等多方的有效沟通，更好地实现参展的预期效果。

一、参加或举办现场活动的目的

参加或举办现场活动的目的主要有以下几个：

1. 吸引观众注意，扩大宣传效应

丰富多彩的现场活动可以吸引观众的驻足和关注，即使在人流量很大、嘈杂的展销会上也能立刻引起围观和注目。

2. 提高展会现场与观众的互动机会

现场活动的氛围往往亲切或有趣，能够吸引目标观众关注产品、公司并进行产品体验，为目标用户零距离了解产品创造了机会。参展商在此过程中也能进一步挖掘目标客户。

3. 良好的现场活动可以直接增进品牌形象

独特新颖的展会活动也会引起主办方和媒体的关注，通过他们的宣传，会间接扩大品牌的影响力和美誉度。

二、现场活动的主要形式

现场活动的主要形式有展品演示、发布会、娱乐项目、访问洽谈和研讨会等。

1. 展品演示

参展的主要目的是推广、促销产品，因此产品演示是现场活动里最重要的组成部分。良好的产品演示是与展会观众交流和开展综合市场营销的关键。产品演示最重要的一点就是要将该产品与众不同的、最精彩的、最容易吸引客户的卖点展示出来。

（1）展品演示的形式。产品演示主要通过视频演示以及人员演示进行。

1）借助视频进行展品演示。借助计算机及大屏幕进行视频演示的方法非常简单直接、易于现场操作和控制。从实现手法上来说，产品视频演示大致可分为三类：纯拍摄企业及产品演示片；拍摄与三维制作结合的产品演示片；纯三维制作的演示片。

● 纯拍摄制作的产品演示片主要针对有实体及实体便于携带到展会现场的展品，无论是外观还是功能都比较简单。另外，无形的产品，比如服务类产品，也比较适合应用这种形式。这种产品演示片从实现上来说是最为容易，参展企业可自行拍摄制作。

● 拍摄与三维制作结合的产品演示片主要针对的是有实体，但是外观和功能都比较复杂的产品，单纯的通过解说词和画面不足以将产品阐述清楚，尤其是产品内部的一些结构和技术，需要用三维的形式展现在受众的面前，以达到最好的效果。这种产品演示片通常需要公司技术部门和广告公司合作完成。

● 纯三维制作的产品演示片主要针对的是没有实体或现阶段没有实体的产品。最典型的是在各地房展会中属房地产业的产品演示。由于房地产都是采用预销售的形式来销售房屋的，销售开始的时候房屋还未建成，这就需要通过三维的形式将产品展示出来，让受众在没有实体产品的情况下，就可以直观地感受到未来的生活。这种产品演示片的外包制作费用相对更高。

2）通过人员直接讲解和演示产品。通过视频进行产品演示，节省人力物力，操作简便。但人员讲解的产品演示灵活性更高，能够与观众实时交流并解答问题，同时在宣传介绍过程中还可以运用语气、肢体等辅助手段，让沟通更有针对性和人性化。

人员产品演示通常能让参观者对产品的特点和性能等有更加直观的印象，但是进行演示的人员水平可能起到决定性作用，其对产品的熟悉程度、操作水平的高低直接关系到这个活动的成败。如果没有配套的具有一定经验的讲解人员或服务人员、没有透彻的对产品信息的了解等，显然不利于观演顾客对该企业、品牌、产品等进行进一步的了解，也会让演示企业失去一个又一个现场促销的机会。

所以，如果由企业技术人员和业务人员自己进行产品演示，最好事前进行礼仪及讲解培训。如果由于参展需要聘请专业礼仪人员或翻译进行产品演示，则对产品相关知识的培训和产品演示的事前演练必不可少。

但是，不管采取哪一种形式，产品演示如果没有做好，显然难以让企业达到预期的目的。

（2）产品演示的重点。产品演示有以下几个重点：

1）结合产品特点突出重点。不同的产品演示其侧重点必然有差异，要发掘展品的最佳展示方式和活动形式，展示产品最明显的效果和最独特的卖点，让人一看就能留住脚步。比如，从产品的陈设来看，应突出最能吸引客户的主要优点和利益点，对客户不关心的内容，则一笔带过。一个参展企业或团体需要向外介绍或展示新产品、新技术等，陈设时一定要突出主题，主题鲜明。

2）重视演示的创新。如果产品演示能够更具趣味性、戏剧性，相信能够吸引更多的参展商和参展客户来关注甚至参与其中。还需要注意的一点是，如果某个企业所进行的产品演示让人看不懂，或者是需要一段时间之后才能看到产品的效果等，对于参观者来说，吸引力就大大降低了。所以，企业参展时的产品演示还应当易懂且很快就能看到某些效果的产品。

3）事前模拟演示必不可少。视频演示可能在展会现场出现格式不兼容或无法播放等问题，人员演示的现场不可控性更大，所以都需要在布展的同时进行产品演示的模拟练习，排除可能遇到的不确定性干扰问题。

2. 发布会

展会现场的发布会通常会邀请重要来宾及媒体参加，参展商可以选择举办或参加各类发布会以达到更广的宣传效果。主办方举办的如新闻发布会通常规模较大，企业如能进行代表发言对树立企业形象很有益处。如果企业选择自己举办发布会，则需要进行详细的筹备工作。

（1）发布会现场管理五原则。发布会现场管理五原则如下：

一是"对口接待原则"。例如，与经销商的沟通，市场销售部门就是对口接待部门，如果与专家、官员沟通，公关负责人与组织高层就要出面，媒体的沟通是媒体公关负责人的分内工作，不另设小组。

二是"平衡原则"。根据策划设定小组，每个小组的工作量相对平衡，在会务负责人的统一安排与指挥下，小组一般分为沟通协调组、接待服务组、安全保卫组。沟通协调组负责对口接待、嘉宾与领导的接待、媒体的沟通与协调，会议主持人也可以划入这个组；接待服务组负责准备视听设备、礼仪与签到、引导入座、分发材料与礼品、安排就餐、摄影等；安全保卫组负责会议的场地与人员的安全保卫。

三是"分工负责原则"。在策划案里要做到分工明确，职责分明，避免互相推诿的现象出现，同时，隶属分工与横向协作也要明确。

四是"扁平原则"。一般在大型的发布会中有多层次的"金字塔"结构，但在中型的发布会中不宜层级太多，以保证灵活机动，人员不要太多，要精干、高效。

五是"制度原则"。尽管新闻发布会的管理是临时性组织，但一旦加入组织机构，人员就应该受规章制度的约束。

（2）发布会的形式。发布会的形式主要有新闻发布会和产品发布会。

1）新闻发布会。新闻发布会的筹备工作是一个系统工程，需要进行活动中各项工作之间的相互衔接、协调配合以及有机组合的过程管理。比如在活动中，主题内容、意义确定之后才能确定议程、规格、规模，规格确定之后才能确定人数，人数确定后才能落实场地，场地落实后才能布置现场，等等。流程管理的总协调人对整个活动的各个部分要有清晰的认识，便于找出工作的关键点、重点、难点，一般以程序图表示。

新闻发布会的准备工作有以下几点：

● 统筹安排工作人员。成立筹委会，组织相关的人员，并明确分工，一个新闻发布会牵涉方方面面，各项工作相互联系，彼此交叉，因而必须统筹安排。因此，在人员配置上应遵循专业原则、平衡原则、分工原则、扁平原则和制度原则。通常新闻发布会的筹办也可聘请专业公关企业代理。

● 设定工作流程与目标。确定时间、流程和目标管理，并做好反馈、调整。时间的控制一般以时间进度表的方式来表现。注意在时间的安排上要合理，同时留有余地。一般来说，前面的时间、进度安排的要紧凑一些，保证后面有时间来完善、调整。

● 策划与选择活动主题。一般来说，新闻发布会的活动策划主要包括下列内容：

第一，大多数新闻发布会的整个过程就是讲话、念稿件、例行演示。展览会期间的新闻发布会应把重点放在产品的展示上，而发言的时间，演讲稿件的字数应该控制在把问题讲清楚的长度，15~20分钟比较适宜。

第二，新闻发布会的主题可以有多种表达方式，常见的是在主题中直接出现"×××发布会"的字样，有的设计一个大主题，下面为正题，也有两者的结合。按照国家新闻出版有关部门的规定，凡是主题中有"新闻"字样的发布会，须经国家新闻出版部门的审批。

一般来说，实践中很多企业略去"新闻"字样，采用其他表达方法。

第三，参会人员选择。参会人员的选择应遵循服务发布内容需要的原则，选择相关性强的人员参加。一般来说，官员要选择讲话较有分量的人物，而专家则选择在该领域有建树或有名气的人。新闻记者则是发布会的重头，一般来说，先列出一份拟邀请的名单，提前一周时间发出邀请函，然后电话落实。落实好后做好分类的统计工作。

第四，确定参会人员名单。确定参会人员是一项很重要的工作，也是一个变化较多的因素，而它的变化将影响整个发布会的规格与规模，进而影响发布会的各个因素。比如，重要的人物出席和缺席可能影响规格，或者时间调整等。因此，这是总协调工作控制的关键，应重点来抓。

● 拟定具体操作方案。活动策划方案是指导整个活动的战略战术文本，供策划活动时用。因而一般只向展览会的核心成员提供。具体操作方案则是用于企业内部或者协助代理公关企业指导整个活动的，一般比较详细，具体到每一个人每一步的工作，时间上具体到分钟。一般情况下，发布会筹备人员人手一份。

新闻通稿及准备提供给媒体的资料往往以广告手提袋或文件袋的形式发放。并在新闻发布会前给媒体记者。一般来说，文件资料的摆放顺序依次为新闻通稿、演讲发言稿、企业宣传册、有关材料、纪念品（或纪念品领用券）、企业新闻负责人名片（以便新闻发布会后进一步采访、新闻发表后保持联络）。

八个"不要"。新闻发言人在回答记者提问时要注意八个"不要"。

不要说"无可奉告"。这是最重要的一点，2003年"非典"期间，国家相关机构召开新闻发布会，把这一点作为对新闻发言人的强制要求。

不要说谎。新闻发言人不是代表自己，而是代表企业，只有实话实说，才能守住企业信用的底线。

不要说"我不知道"。确实遇到不知道的情况，要学会巧妙的应变，不要生硬地说不知道。

不要目中无人，自说自话。这主要是体现对记者的尊重。

同时，还要记住：不要与记者为敌；不要有"应付记者"、"利用记者"的想法；不要给记者留下猜测的空间；不要给记者坏印象。新闻发言人在现场要表现出自信、热情、专业，言之有物，言而有信。

📖案例

新闻发布会策划方案

1. 活动简介

本次新闻发布会场址拟定于晋祠宾馆，展位规模100个，为了能更好地完成承办方与各企业间的洽谈与合作，特把此次新闻发布会分为三个板块，分别为新闻发布会、媒体见面会、企业洽谈会及宴宾会，会议期间承办方与各企业协商达成一致，签署和约，共同完成此次大型环保公益活动。

2. 活动时间

2014年8月1日下午3点(暂定)

3. 活动地点

晋祠宾馆(暂定)

4. 活动流程

（1）前期准备。前期准备有以下几项工作内容：

1）会场安排。主席台就座领导包括（略）。

演讲台：①主席台(暂定9米)。②主持人及赞助企业演讲台（附加冠名企业名称）。③贵宾席座椅包括各大赞助企事业单位（赞助企业、协办企业3个，暂定4个）。④来宾席：各企事业单位代表，记者团。

邀请媒体：①中央电视台。②山西主流媒体（电视、报纸、广播）。

音响设备：主席台4支话筒。讲台2支话筒备用(1支话筒附上冠名企业名称)。大型音箱2台。DVD 1台。

礼仪：10名礼仪小姐，其中：①两名站于主席台后左侧。②两名在会议室门口接待。③四名在酒店门口接待（机动两人，进入会场，帮助分发资料）。

保安及工作人员：①负责人1名(要求：处理突发事件能力强)。②设备调试技术人员1名。③保安4人。④咨询人员2人。

医疗：2人(幕后)。

饮品：由饮品供应企业提供瓶装饮品。

贵宾姓名牌：13张贵宾名卡（设计）。

资料：①新闻发布会流程表。②赞助及回报方式手册(附联系方式：电话、传真、邮箱、网站)。③演唱会宣传册(宣传册设计)。④回馈单(附联系方式：电话、传真、邮箱、网站)。⑤赞助企业填写赞助单。

大标题背景（主席台后，会场后背板设计）。

咨询台（咨询、公章、印泥、纸笔、宣传页）。

2）会前配置（会前2小时）。会前配置包括服装、化妆、物品摆放、饮品及食品摆放、设备调试等。

3）到场媒体、企业签名（会前1小时）。在入场口签到簿上签字。

4）媒体准备（会前30分钟）。媒体准备包括携带设备进场，保安查核，位置安排等。

5)入场(会前15分钟)。入场人员包括主持人、出席领导、企业领导。

(2)活动进行。活动按以下安排进行:

1)开场前(10分钟)。①主持人上台(走入方式,会前交代)。②出席领导入场就坐(座位安排:由礼仪小姐指引就座)。③礼仪(摆杯流程,考察后指导)。

2)开场。主持人致欢迎词及开场白(介绍参会的领导和企业、媒体等5分钟演讲稿,撰写1)。

3)山西省宣传部领导(主办方)发言(5分钟,撰写2)。

4)主持人串词(撰写3)。

5)由协办方代表或中央电视台文艺中心代表发言(3分钟,撰写4)。

6)主持人串词(撰写5)。

7)山西省环保厅领导发言(5分钟,撰写6)。

8)主持人串词(邀请赞助企业代表上主持台发言,撰写7)。

9)赞助企业代表发言(3分钟,撰写8)。

10)签约仪式。由礼仪小姐递上双方合作合同书,主办方与冠名方相互交换文件,签字(盖章),握手微笑合影,工作人员,负责人特邀记者拍照(6分钟)。

11)主持人串词(撰稿9)。

12)山西省宣传部领导和中国书画家协会代表揭幕(8分钟)。

"'许给明天的美景'三晋环保主题摄影书画展启动仪式"流程:①主持人宣读揭幕代表人(撰稿10)。②礼仪小姐上前帮两位领导把座椅向后移开。③山西省宣传部领导(由礼仪小姐负责护送至右侧上联方);同时,中国书画收藏家协会代表(由礼仪小姐负责护送至左侧下联方)。④主持人携话筒走向山西省宣传部领导右侧,帮助山西省宣传部领导拿话筒,由山西省宣传部领导宣布:"共绘和谐新山西的三晋环保主题摄影书画展正式启动"(撰写11),同时与中国书画收藏家协会代表拉下两侧对联。

13)由礼仪将书画展作品征集相关文件下发给各企业代表(撰写12)。

14)主持人总结这次新闻发布会(撰写13)。主持人致结束语,感谢参会的领导和企业、媒体(3分钟,撰写14)。

15)由省委宣传部领导(主办方)宣布此次新闻发布会结束(撰写15)。

16)由工作人员组织疏散,承接安排招商洽谈会。新闻发布会初步拟定用时38分钟,机动时间35~40分钟。

(3)招商洽谈会。招商洽谈会介绍如下:

1)招商洽谈会简介。本次招商洽谈会场址拟定于晋祠宾馆,展位规模100个,为了能更好地完成承办方与各企业间的洽谈与合作,特进行此次招商洽谈会,会议期间承办方与各企业协商达成一致,签署和约,共同完成此次大型环保公益活动。

2)招商洽谈会时间安排。新闻发布会结束后15分钟。

3）招商洽谈会协议签订注意事项。协议签订注意事项主要有：①选择合作方式（赞助企业在招商协议上所有内容中选择相应的合作方式，如有多划或错划，均按赞助企业所划最高赞助资金项为准，履行此合同）。②增加合作条件（赞助企业在活动主办方规定范围内可相应增加回报方式，按主办方规定金额增加赞助费用）。③签订合作协议（赞助企业与活动主办方在公开、公正、合法的前提下达成共识后，经双方同意签订合作协议书，协议上需盖双方公章及企业代表签名各一个）。④履行合作协议（赞助企业在与活动主办方签订协议书三天内向主办方指定的银行账户汇70%赞助款，赞助企业在活动过程中若不履行合作协议或超出合作协议内容，此协议书作废，赞助资金不予返还。赞助企业若没有在规定时间内向主办方指定银行账户上汇赞助款，主办方将有权向赞助企业追加赞助款的50%作为违约金）。⑤以上所有协议均参考"回报方式手册"按赞助企业选择内容填写。

4）领导媒体见面会（20分钟）。媒体见面会流程：①各企业代表由礼仪带领撤场。②媒体记者由工作人员组织前往。③采取记者提问形式。④时间到，由负责人宣布政府领导媒体见面会结束。⑤领导撤席：由礼仪带入休息室。⑥记者撤席：由工作人员带入"宴宾厅，媒体席"。

5）招商洽谈会流程。①新闻发布会结束，由负责人宣布在此会场进行政府领导媒体见面会，政府领导、冠名企业代表、记者不动，让各企业领导起立，由礼仪小姐带领进入洽谈室（提供饮品）。②主办方洽谈人员就位。③由礼仪向企业代表发放协议书及相关文件。④由主持人向企业代表介绍注意事项（企业主手中文件、资料，进行简要概述，让企业代表进行参考）。⑤主办方领导要求各大企业代表提出疑问并回答。⑥由负责人说清填写内容及方式，并说明：签字或盖章生效。⑦由工作人员将各企业代表填写好的协议书进行整理装袋，所有协议一式两份，赞助企业与活动主办方各执一份。⑧由负责人说明企业代表可把资料带回填写，在次日上午12点前到承办方规定地点进行洽谈工作。⑨洽谈结束后：由负责人将各大企业代表带入宴宾厅，媒体席。

6）招商洽谈会合同签署。合同签署流程：①本着公平、公正、合法、真实的原则。②负责人审核企业所填写的协议及合同。③由承办方洽谈人员核实无误。④由承办方签字盖章。⑤未盖章签字的企业由洽谈人员重新询问是否落实。

7）由主持人或负责人宣布此次招商洽谈会圆满结束。

8）由主持人说明。

礼仪带领各企业代表、各大媒体进入宴宾厅。

招商洽谈会与媒体见面会同时进行，初步拟定用时25分钟，机动时间为20~30分钟。

（4）宴宾会（会场提前按此策划方案内容组织安排）。宴宾会流程如下：

1）企业领导由负责人带领进入宴会厅，引入"企业席"（由负责人向企业领导致敬及说明稍后媒体记者和政府领导们先后将会入席，各企业领导可以先行用餐）。

2）各大媒体记者由礼仪带入，引入"媒体席"（由负责人说明，欢迎，并说明政府领导稍后入席)。

3)政府领导入席(由负责人让大家表示欢迎,引导领导入席就座)。

4)负责人宣布正式开席。

5)2小时左右(负责人,据在场情况所定,送各领导离席)。

6)整个发布会活动到此结束。

宴宾会初步拟定用时2小时,机动时间为1.5~3.0小时。

整场新闻发布会初步拟定用时3小时3分钟,机动时间为2小时10分钟。

5.活动细则

(1)人员配置。主席台人员座位安排如表6—1所示。

表6—1 主席台座位安排

右1	右2	右3	右4	正中间	左4	左3	左2	左1
山西"五五"普法宣传教育中信代表	中央电视台文艺中心代表	山西省环保厅代表	山西省人大国资委领导	山西省委宣传部代表	冠名企业代表	山西省发展和改革委员会代表	中国书法收藏家协会会长	山西省经贸委员会代表

(2)新闻发布会物品摆放。主席台上按座位次序摆放名板、水杯、果盘、瓶装饮品;发言人座席放置话筒(各1支);演讲台放置鲜花(2束)、话筒(2个);主席台前盆栽两大(8盆小的)、演讲台旁大盆栽(1盆);贵宾席瓶装饮品、水果、水杯、名板;其他座席瓶装饮品;会场前台两侧各放一大型音箱。

(3)洽谈会物品安排及摆放。文件(若干);电脑(3台);打印机(1~2台);桌椅(5张、10把);公章(1个);印泥(4个);签字笔(10支)。

(4)洽谈会人员配置。负责人1名;工作洽谈人员5名;礼仪4名。负责人指挥协调所有工作人员工作,要求采用处理突发事件能力相对较强的人员担任。

(5)突发事件处理。突发事件处理程序如下:

1)现场秩序:由保安人员协助负责人协调工作。

2)在领导演讲过程中如有话筒断音等现象,礼仪调换话筒,如仍未有效由主持人递上备用话筒,如有重大故障由技术人员调试。

3)如有伤病等突发事件,由医护人员协调治疗。

4)其他突发事件,由负责人调配工作人员协调完成。

(6)案例分析。由于大型新闻发布会筹备工作难度大,通常会有政府部门或行业协会牵头举办。

2)产品发布。产品发布会一般都会传达最新的产品信息和技术,其听众主要包括技术人员、经销商、新闻媒体等。从操作流程上来讲,参展商在展会现场举行的产品发布会与新闻发布会大同小异。新产品的首次亮相必须出色完成,否则效果就会大打折扣,有损企业形象。

- 产品发布会通常需要具备的要素:

第一,隆重的新产品揭幕仪式,通常包括邀请名人到场,或召开记者招待会。产品发布会成功的关键是邀请和吸引恰当的人群,其包括企业员工、销售系统的中介企业、行业媒体或普通媒体、公众。为了迎合不同的群体,还会同时或先后举行独立但又相关的活动。

第二,提供体验或者感受新产品的机会。

第三,重要的特邀发言人,通常为企业代表。

需要特别指出的是,由于在规定的时间之前,新产品不得被外人所见,因此新产品发布会还有一个重要问题便是产品安全保密。

- 发布会的筹备要素:

第一,会议策划。根据会议希望达到的效果,选择最佳的会议形式,并规划相应的会议场地和会议准备方案。

第二,主题的选择。选择与会者比较关心的,涉及能够解决销售、生产或管理的实际问题的主题。

第三,前期宣传推广。通过与展会组织机构配合或联系,让与会者提前了解会议内容和预定会议位置。

第四,现场指引。保证与会者及时顺利到达相关会场,并安排专业人员做好引导和接待。

- 产品发布会的常用技巧。产品发布会对于展会的成功举办具有重要意义。发布会的常用技巧如表6-2所示。

表6-2 发布会常用技巧

发布会技巧	说明	备注
突出发布会主题	选择要重点突出的产品或产品类型	
展现品牌文化	以文化内涵赋予产品生命力	
观众互动	组织一些现场活动使观众参与其中	
采用视觉效果	精彩的视觉效果可以让观众目不转睛	
排练、排练、排练	任何成功都离不开勤奋的排练	

案例

科技公司的产品发布会

1. 单口相声型

乔布斯是单口相声型发布会的鼻祖,特点是一个人搞定一场发布会。

自从在 2007 年发布 iPhone 震惊世界后，每年的苹果发布会都极为引人注目，乔布斯的现场表演也总能恰到好处地点燃观众的热情，尤其是著名的"One more things"（还有件事儿），简直如好莱坞剧本般经典。演讲过程中，Keynote 也相当精美华丽且逻辑清晰，比如讲完每个大环节后，乔布斯都会总结一下说过的几个要点，而到了产品最重要属性介绍时，也总是不厌其烦地重复关键字。调侃对手，观众互动，轻松诙谐，再加上现场光影特效，这都是乔布斯独有的表演气质，全球无人能出其右。收看乔布斯新品发布会的不仅是现场的观众，还有无数媒体的直播，甚至被无数的视频网站追捧，像病毒般向全世界持续传播。

放眼国内，最早开始学习苹果发布模式的无疑是小米，当年雷军发布小米手机 1 代时一身黑色上衣加深蓝牛仔裤的装扮，正是"雷布斯"名称的起源。虽然外表可以学，但比较遗憾的是，雷军的口才无法与乔布斯相提并论。

要说口才，罗永浩毫无悬念是科技界最好的。最近的 T1 锤子手机发布会，罗永浩几乎不间断地讲了 3 个多小时。手机暂且不论，产品发布会的水平已达到国内顶尖水准，其营销效果也十分突出。

2. 轮番上场型

当企业没有一个实力派演员老板时，就只能轮番上场，即各个高管分模块介绍自己负责的领域，突出产品的专业性。

乔布斯去世以后，苹果发布会就是轮番上场的典型，库克内敛的性格和低沉的语气并不适合激情澎湃的演说，所以他上任 CEO 后举办的发布会基本是主持人的角色，负责开场、串场、结尾，其他高管轮番上场介绍，在 2015 年的全球开发者大会（WWDC）上就是如此。

微软的发布会也曾是盖茨与鲍尔默的表演秀，尤其是鲍尔默有着极强的表演欲望。不过，随着近年来微软业绩平平，鲍尔默的表演欲也提不起来，取而代之的则是其他高管的频繁上台演讲。图 6-1 为 2006 年 11 月 30 日微软公司全球副总裁张亚勤博士（右）、微软公司首席运营官凯文·特纳（中）等人共同参加微软三大核心产品的发布活动。

图 6-1　微软产品发布会

事实上，大多数公司的发布会形态都是这个类型，与其把重任都压在一个老板身上，还不如分散一下风险，让每个环节最有把握的人来讲个好故事，但这也不是件容易的事。

3. 出其不意型

常规的发布会圈定在会场以内，出其不意的发布会则"上天入地"。

谷歌最擅长玩些创意的东西，发布会当然也不例外，最有名的案例莫过于2012年谷歌I/O大会期间，CEO拉里·佩奇戴着谷歌眼镜、背着降落伞从天而降，这也引发了无数谷歌簇拥对Google Glass的追捧。早年间，佩奇与布林两名创始人还曾穿着体恤，踩着轮滑去参加公司的发布会。

3. 娱乐项目

为了提升人气，吸引更多的观众关注其产品，各参展商往往会在展会现场采用各式各样的文娱表演来调动现场气氛、丰富展出内容，这也有助于优化展出效果。娱乐化也是展会的发展趋势之一，娱乐活动的策划应该引起参展商的重视。娱乐项目的形式多种多样，如乐器表演、舞蹈表演、特技表演等文娱表演，抽奖、游戏等与参展商的互动，都是为了活跃现场气氛，增强展出效果。

（1）娱乐项目的形式。娱乐项目的形式主要有节目表演和互动游戏。

1）节目表演。表演活动对参展活动而言至关重要。美国《周会展》（*Trade Show Week*）杂志的一项调查结果显示，75%的参展商首先选择用演出来宣传自身的产品和服务。要成功地组织展会表演活动，参展商至少要考虑以下几点：

● 选择表演性质。参展商要选择策划的是与展会相关的节目表演还是纯娱乐的表演，主题确定后，项目人员才能对活动进行选择和把握。

● 选择场地。如果是乐队或舞蹈表演，应选展馆的公共场地举行，如果规模较小则可选在展台或附近举行。

● 现场协调。现场表演往往会吸引大量观众驻足观看，因此应事先与主办方协商，协调支持方案，并安排适当人力做好现场保卫工作。

2）互动项目。为了提高观众的积极性并丰富展览内容，互动项目是不错的选择。互动项目的内涵十分丰富，有竞赛、抽奖、现场游戏、有奖问答等形式。互动游戏的设计主要考虑活动方案的合理性。一般来说，活动方案要包括活动目的、评审、评奖/抽奖范围、程序、奖项，等等。观众对互动游戏的参与热情一般会很高，因此有些参展商会把这个环节作为参展的亮点来宣传。

只要精心策划，主办单位可以在很多方面实现突破，给参展观众带来全新的感受。

（2）娱乐项目的现场控制。娱乐节目的现场控制需要注意合理控制时间，避免影响正常的参观及洽谈等商务活动。同时，要注意现场观众情绪的控制，娱乐节目是为了活跃现场气氛，但不能过于热闹造成现场失控的局面。

📖 **案例**

小松山"把买家留住"的营销管理

小松山是日本一家生产推土机和巨型挖掘机的集团公司。小松山参展目标并没有非常特别之处，无数参展商每年都制定出相似的主题和可以比较的目标。但是，小松山突出的地方却是用高明的措施，真正留住了买家。

1. 汇聚人气

小松山展区的焦点是前区和中区，这是一个有着80个座位的剧场式的主活动场所，舞台的台窗点缀得像色彩斑斓的飘扬的风筝，是参观者到达小松山展区的第一站。每隔半小时，沃比—格林公司派出的四个演员就会来一段12分钟的演出，节目直接表现展销主题，即生产率、可靠率和价值率。节目间隙，小松山播出婴儿潮时期出生的人喜欢听的摇滚音乐，目的是吸引这群人。不出所料，当熟悉的摇滚音乐响起的时候，他们纷纷从其他展台来到小松山的活动场所，并坐下来欣赏美妙的音乐。既然坐下来了，加上受到演出后抽奖送望远镜以及每人发一顶帽子的鼓励，他们也就索性看完一场演出。5天的展览，80个座位从未虚席，现场的气氛还感染着100多个围观者。初步估算，至少有8500人获得了12分钟演出传达的信息，超过了预先设定的7500人的目标。

2. 推动观众

每场演出结束时，迷人的女主持就会把小松山的帽子发给要离去的观众。这些美女并不是演员代理公司派出来的，而是麦克林先生亲自挑选的。她们聪明、礼貌、可爱，都是最有效率的观众组织者。这种印象不仅因为她们通过了精心地挑选，还因为她们有偿参加了博览会开幕前一天的培训课程，并同小松山另外85名展区服务人员进行了配合演练，对展览的整体情况了如指掌。大约80%的观众为演出所吸引，进入小松山的展区，只有1/5的人去了其他展区。入小松山展区的参观者很快就发现，这些女主持对他们很有帮助，因为主持人熟知产品经理、工程师以及具体产品的销售代表，她们可以帮助潜在买家与小松山的任何管理者见面。

3. 多层展示

中心活动区域的演出结束一分钟之后，还有两个更短的演示活动。这两个演示主要是对具体产品的描述：中心区的左侧是推土机和滑动装货机产品系列；右侧是挖土机、轮转装货机和垃圾车。产品演示原先都设计为8分钟，但在第一天的演示中发现，右侧的演示不能让观众坚持8分钟。于是，策划者们把其中的原因记下，以避免下一届展览犯同样的错误，同时把右侧的演示时间减少了3~5分钟。女主持也运用她们学到的小松山产品的知识，引导参观者积极参与进来，这样就延长了来此区域的参观者停留的时间。

展区内还有一个尖端的信息系统，利用该系统，参观者和员工可以追踪公司总部的雇员以及参加展销的多数本地分销商。宾馆、手机号码、展台工作时间以及会议日程等全部都储存在该系统中，而且兼作产品示范台的15台电脑也都与该系统相连，随时可以查阅。

4. 持续推动

如果参观者在产品演示结束之后不愿意参与销售代表组织的活动，也不想在电脑上查阅挖土机的技术指标，那么他们一定会注意到，在展区后部的轮转装货机模拟装置司机室和操纵杆是真实装货机上的复制品。这种装置就像一个复杂的虚拟现实的视频游戏，人们可以通过它来测试自己的操作技能，就像一个真正的重型机械的操作手。如果玩家能取得当天的最高分，那将是极大的挑战和自我满足。参赛者们排起了队，司机室里通常有10个或12个人轮流操作，两分钟换一人。外面排队的人可以同时观看现场即兴的喜剧表演和参赛者们的操作水平，真是一种享受。参观者平均等待的时间为20分钟，但是，他们花在这里的每一分钟都意味着对手失去了观众本该花在他们展台上的时间。

5. 网站点击

价值180万美元、型号为PCI800的巨型液压挖土机只适用于采石和开矿，但却是会展上最大的挖土设备。这台挖土机是从日本拆装后运到会展举办地，然后再拼装起来的。对于参观的承包商来说，这台机器就像硕大的巨兽，本身就具有吸引力。但是，小松山把它带来并不仅仅为了展示其笨重的外表，还有其他用途。参观者们被邀请站在14.4立方英尺的挖土机的铲斗里，拍摄一张数码照片，照片会立刻被贴到www.Komt.suatconexpo.com网站上，并被这个网站保留大约6个月。但小松山是如何让这些人回来访问它的网站呢？

个人照片是对参观展览的回忆，这种回忆证明是对上述问题的绝妙回答。在展中和展后的6周时间里，网站就被点击了37.5万次。由于点击者要查看他们的照片，所以他们也能查看小松山在博览会展出的所有21种机械产品的技术指标。

6. 收集客户资料

被认为是潜在客户的参观者才是客户资料的收集对象。小松山在会展上收集了2700份客户资料，麦克林先生认为他们完全达到了目标。90%的客户资料都包括了合格的问题答案，48%来自从未购买过小松山产品的人。这说明在现有客户的基础上，这次展览成功地扩展了潜在客户群。

自参展以来，小松山每周都通过保存在"快速反应系统"内的客户资料来追踪分销商的销售进展。到 6 月中旬为止由于参展的缘故，他们已经做成了好几笔买卖，包括博览会第二天就达成的交易。

【案例评析】

看完这则案例，人们很容易抓住其中的几个关键词："演出"、"女主持"、"演示"、"视频游戏"、"照片"、"客户资料"。这些词语，并非专业的展览用语，但正是这些词语，体现了"小松山"在展览中别出心裁的创意。

首先，我们来看"演出"。这次特别安排的演出，以半小时为间隔以 12 分钟为一个演出段落，以"小松山"的生产率、可靠率和价值率为主题，以摇滚音乐为穿插点缀，以抽奖为奖励，5 天内吸引了 8500 人观看，实现了把参观者留在自己展台的目标。

国内的一些参展企业也会有类似的节目安排，但在节目主题的设计和细节的安排上却总不尽如人意。节目或插科打诨，格调低下，或文艺味太浓，与产品无关，给人以"作秀"的感觉。

再看这里的女主持，她们不仅仅是为了吸引观展者的眼球，同时担负着重要的接待与沟通任务，而严格的挑选、有偿培训、配合演习，使她们对工作胜任自如。当国内的美女们还在展台上风情无限地展示自己的迷人身段和漂亮脸蛋时，"小松山"的美女们已经得心应手地参与到了展览的商务环节之中，左右逢源。

4. 论坛会议

较大规模的展会，一般都离不开大型论坛的支撑。尽管展会论坛会议的名称各异，如产业高峰论坛、专业研讨会、技术交流会等，但其功能都相差无几。概括而言，展会论坛拓宽了展会的功能，使展会同时具备贸易、展示、技术和信息发布功能，依托展会现场高度集中的企业和各阶层的专业人士，为企业提供了一个展示形象、交流技术、共享咨询、提升水平的国际化大舞台。论坛通常会对行业发展趋势及热点问题进行探讨，因此对专业观众有很大吸引力。由于展会所形成的时间、空间和商机的聚集性，每一家参展企业都应该充分利用好这个平台。参展商应该抓住机遇，通过论坛这个平台促进与专业观众的交流合作。

（1）论坛会议的主要形式。在展会期间组织的会议主要有四种类型即大型专题论坛——组织专家、学者和工程技术人员共同参与其中。围绕专题进行系列讲座或与听众展开互动型的讨论会；技术交流会——就本企业的产品性能、工艺技术、经营策略、管理方案等，展开专业技术讲座和交流活动；商贸洽谈会——参展商在展会期间，针对自己的重点客户和贵宾可组织较小规模的商贸合作、投融资洽谈或签约活动等；招待会——邀请相关厂商、客户、机构代表参与大型招待会、冷餐会或其他形式的招待会，旨在增进与客户之间的练习和交流。

（2）参会要注意的问题。对参展商而言，想要在论坛多收获客户和信息资源，应该提高参与程度。首先，进行调研，事先向主办方了解论坛的议题及参与嘉宾。其次，确定发言或参会主题。

📖 案例

马斯克出席2015年博鳌亚洲论坛年会

据报道，2015年3月29日，博鳌亚洲论坛2015年年会的早餐会上，百度公司创始人、董事长兼首席执行官李彦宏对话比尔及梅琳达·盖茨基金会联席主席比尔·盖茨（Bill Gates）及特斯拉汽车首席执行官埃隆·马斯克（Elon Musk）。李彦宏客串主持人向盖茨和马斯克发问，围绕着《技术、创新与可持续发展》的主题，对当下最热门的人工智能技术创新、无人汽车的拓展应用等前沿科技话题进行了探讨，其中的很多观点不仅代表了这三家公司对未来的判断，甚至有可能因此影响一个科技时代的发展和走向（如图6-2所示）。具体的讨论话题为：①人工智能。②政府与科技创新的关系。③中美政府在科技创新建设上的区别。④无人驾驶。

图6-2　李彦宏对话比尔·盖茨与埃隆·马斯克

【案例评析】

马斯克参加博鳌亚洲论坛吸引了大量的关注，虽然博鳌亚洲论坛并非商业活动，但是马斯克的出席还是让人把特斯拉和中国市场联系起来。特斯拉在中国的发展并不顺利，原因众多，其中很重要的一点就是与政府关系不佳，导致新能源目录、政策性补贴、充电桩等问题遇到了重重困难。在这次早餐会上，大家讨论的话题并不是电动汽车，看似与特斯拉无关，但仔细一分析，可以发现这个话题也是精心安排的。特斯拉的电动汽车早已不是什么新鲜事，说多了也难激起听众的兴趣，而人工智能和无人驾驶都是当下最前沿的技术，马斯克的发言不禁让人对这些高科技在特斯拉上的应用充满了期待。再接着谈到政府和科技创新的关系，无疑是说出了马斯克想对中国政府说的话，并通过博鳌论坛来改善这家美国创新企业与中国政府的关系。

第二节　现场人员管理

在展会现场，客户对参展企业的第一印象，除了展位布置的直接影响外，现场人员的表现起着至关重要的作用。展位现场工作人员一天接触的目标客户可能比一般销售人员一两个月甚至更长时间内接触到的还要多。研究表明，很多观众发现在展会现场与展台工作人员的接触并不满意，42%的观众感觉展台工作人员并不完全明白他们的需求，因为展台现场工作人员没有认真听取或没有理解他们的意见。那么，为什么现场人员不听或听不明白观众的诉求呢？事实上很多现场工作人员所做的工作与他们的日常工作完全不同，他们可能不具备必要的知识或技能来完成展台工作；也可能是现场人员没有接受足够的信息和必要的知识培训。为了更好地与展会现场客户沟通并达成销售目标，要做好两方面的工作，展前人员的选择和必要的短期培训以及现场人员的有效管理。

一、现场人员的主要工作内容

展会现场的展台工作主要是面向展会客户，因此现场人员的主要工作有以下几项：

1. 接待客户

从理论上来说，应做好所有参观展位的客户接待工作，但如果参观展位的观众过多而负责接待的人员有限，则应注意把握两点：

（1）注重企业自己邀请的重要客户的接待工作。自邀客户的接待要按事先的安排议程，全程做到无微不至，从接车、引领、参观、洽谈、征求意见都要充分体现出参展企业的企业素质和企业文化，要以对待朋友的心态对待自邀客户。

（2）重点关注主办机构邀请的重要买家以及专业采购团。展会主办方一般有着丰富的海内外买家资源，为了成功地举办展会，展会主办方会不遗余力，尽可能多地邀请重要买家。如果展会规模够大，很多买家，特别是海外买家也愿意联系主办方以采购团的形式参加展会，这对参展商来说是千载难逢的好机会。因为平时单个的企业很难有这种直接面对众多目标客户的机会，因此参展企业应该充分利用和好好把握，重点接待好这些客户。

2. 资料发放

展会现场提供的信息资料扮演着重要的角色。有关信息资料发放中的"什么""怎么""何时""给谁"等都应该仔细斟酌。另外，还要尽可能准确地估计所需资料的数量和语言版本，既不能过多造成成本浪费，也不能过少造成信息传递不充分。

通常参展商在展会现场会与四类参观者打交道：技术类参观者、管理类参观者、私有/公共领域参观者、媒体参观者。参展商应为这四类参观群体准备合适的信息资料，例如，一般的宣传手册、技术参数单、产品信息、价格目录、新闻稿，等等。在海外展会上，信息资料应该被翻译成当地语言或通用语言。

一般来说，资料除了在展位发放或由参观者自己索取外，部分资料也会安排现场人员在开幕式等场合，或入口及主要通道等进行发放。

此外，需要注意的是，在很多参展商的展台现场，参展的工作人员会将注意力放在为参展者提供信息上，将资料、赠品及样品摆放在桌上任参观者自动拿走后离开，或是随意发放资料、赠品及样品，认为这些宣传品自然是发放得越多越好，这是一个误区。因为这样不仅无法有效了解客户及市场信息，也非参展的目的。工作人员常因缺乏发问技巧而错过一些重要信息。要避免这一问题就要进行展览前的培训及准备工作。很重要的一点是参与展览的人员要善于跟陌生人交谈，将事先准备好的企业印刷品或精致小礼品适时发送给潜在客户，达到营销的最终目的。

3. 记录整理

由于在展会现场可以在短时间内接收大量信息，为避免遗漏和混淆，信息的记录整理工作必不可少。展前设计好的销售记录表或信息收集表此时就可便于快速填写及整理材料。表中不仅包括观众感兴趣的产品、业务类型、采购权限等重要信息，而且能方便观众或展位现场工作人员在最短时间内完成（如采取勾选形式）填表工作。

目前，大多展会都使用电子记录方式。展会主办方在向目标客户邮寄邀请函时都会附上一份入场卡（磁卡）申请表。参观者也可在入场前填表换取表格，然后刷卡入场。因此参展商可以免费或交一定费用安装相应磁卡记录仪，客户在参观展台时，只要刷卡就可以留下参观者的基本信息记录。

4. 现场调研

展会现场调研的内容有两部分：

一是调研展会观众，充分了解参观者对产品和服务的意见和建议，收集参观者对产品和服务的需求和要求以及参观者对市场和发展趋势的看法，等等。因为展会观众大多为目标客户、同行或业内人士，所以此时得到的调研结果更有实际意义。调研工作可以委托专业公司去做，但大多由企业现场人员自己完成。

二是观察其他参展商的展台活动，学习他们如何介绍、演示和销售产品。这项工作一般安排新员工进行，对新员工也大有帮助，能让他们从观察竞争对手过程中学习业务技巧。

二、现场人员工作安排

由于展会现场工作内容的需要，因此对现场人员素质、职能配备、协作分工都提出了要求。如专业销售人员或接受过沟通技巧培训的技术人员负责客户接待以及专业翻译工作；礼仪人员负责资料发放及客户引导；新员工负责现场调研，等等。

现场人员的工作按需要重新明确职能，准确分工、责任到人。比如销售人员在展会准备期间的主要工作是负责讲解资料的编写、参展人员技术培训、邀请客户等，但开展后在现场的工作重点即应转移到客户接待上，一切工作均应围绕此进行（如表6–3所示）。

表6–3　现场工作要求及负责人

人员安排	工作任务	负责人
客户接待	介绍及产品演示 承担客户讲解及接待任务 争取意向订单 收集来访者提出的各种问题，便于日后产品的改进	胡群（销售） 章岚（销售） 寇建强（技术支持）
礼仪人员	一般问询工作 负责派发销售资料 负责活动中派发小礼品 引导自邀客户	王欣远（销售） 孙洁（礼仪）
记录人员	客户信息的记录，并管理现场客户登记表。尽量要求客户填写详细资料 现场调研工作，促使人流聚集。工作重点是负责当地市场的调研及收集竞争对手的信息 展会现场的拍摄工作	杨平（宣传）
后勤及保安人员	负责每日开场前人员考勤 随时检查物料，以便及时补充 现场秩序的维护、现场监督及安全管理 工作人员用餐安排	孙志强（后勤）
司机	现场重要客户的接送 销售及宣传物料的运送 提供演员表演项目的基本资料 负责展会所有物料的调节及供给	张竞（后勤）

三、现场人员的知识和技能要求

1. 公司的相关知识

参展的现场人员都需了解公司的相关知识，包括公司的发展历史、愿景目标、组织机构、规章制度、销售流程等信息。了解公司的发展历史和愿景目标是非常重要的，这些背景知识有助于参展代表更好地向观众传递企业文化和价值观。

2. 产品知识

现场人员必须了解参展产品，并掌握产品的不同使用方法。熟悉产品特点可从书面知识开始，进而做到在实践中运用这些信息解决顾客的问题。现在，大量的产品信息被存放在计算机数据库里，员工可以随时随地提取。有时现场人员会带笔记本电脑现场查找产品信息，但在展会现场不可以过度依赖电脑，还是应该参照着展台上的产品实物向观众进行讲解，否则就失去了展会的意义。

3. 竞争对手的产品知识

现场人员应该像了解自己的产品一样了解竞争对手的产品，因为必须在参展时与对手竞争。对竞争对手产品的细致了解可以让自己的产品扬长避短，有针对性地发挥出竞争优势。

4. 展览知识

虽然现场人员不涉及筹展、布展等工作，但是了解展览知识也是十分有必要的，包括展览性质、分类、展览设计、展览实施等知识。这有助于现场人员理解展览展出的各项工作，处理展会现场的一些突发状况，更好地完成现场展示工作。

5. 客户知识

在激烈的竞争环境下，现场人员必须以客户为导向才能成功。每个客户的重点和问题不同，现场人员必须能够识别它们，并做出相应的反应。对于每家参展商，现场人员通常要与几个不同的客户打交道，因此必须了解所有对购买决策起影响的因素和不同类型客户的偏好。

6. 业务实践知识

虽然在展会现场，现场人员各有分工，但实际情况往往是"全民上阵"接待客户。不管是谁在接待客户，客户总是希望他的问题和诉求在第一时间就能被解答，因此现场人员必须具备业务实践的知识，在对公司业务基本了解的基础上，能够与客户保持通畅的沟通。

7. 关系建立技巧

许多公司专注于与特定的客户发展长期关系，所以，对参展现场人员必须进行有关培训，以便识别这些客户，并培育与他们的关系。着重长期利益的客户管理与关心短期参展的客户管理，对参展人员的活动安排有不同的要求。他们必须同客户一起工作，预测并识别问题，并找到互惠互利的解决方案。这要求双方在很大程度上的相互公开、信任和承诺，而这很难在交易型营销中看到。

8. 团队协作的技巧

参展工作是一项团队工作，现场人员在团队中分工协作。团队成功所需具备的技能与单纯强调个人能力不一样。因此，培训中必须重视几个要素：善于察觉同伴的需要，接受别人的缺点，合作和信息共享，虚心接受别人的意见，将团队的成功置于个人成功之上，等等。

9. 时间管理技巧

现场人员通常都有管理自己区域的很大自主权。他们不仅要在客户之间分配时间，还要在工作的各个方面分配时间，特别是参展、服务和行政工作之间。时间的无效使用将大大降低现场人员工作的成效。

10. 计算机辅助技能

许多参展商会培训现场人员使用软件来分配在客户之间的接待时间，制定拜访日程以及处理工作的许多管理细节，比如发出订单，提交拜访日志和报告，设计说明书和报价单。有些现场人员还把笔记本电脑作为其参展介绍的必要工具。由于参展活动的成效越来越依赖于计算机的使用，计算机应用技术的培训课程也变得越来越必不可少。

11. 交流技巧

现场人员必须学习商务交流的技巧与手段，以使他们能够与客户进行有效交流。因为参加展会的现场团队毕竟规模有限，有时会在某些特定的专业知识上无法做到面面俱到，所以应该掌握足够的交流技巧来应对客户的种种难题。

12. 知识产权与法律知识

在展览计划、实施、施工展出等工作中必须遵守有关规定。与施工有关的法规有建筑法规、技术设施法规、展台施工规定；与展品与贸易有关的法规有贸易法规、商业法规、海关规定、保险规定、版权法规等。

四、现场基本规章制度

1. 制定排班表

应为每位工作人员安排合理足够的休息时间，以免过度疲劳而厌倦工作。通常大多数人最佳连续工作时间为2~3小时，因此在人员充足的情况下应排好排班表进行轮岗，保证最佳工作状态。但在人员不足，特别是远赴海外参展情况下，每位现场人员经常需要连续工作，此时最好明确好工作内容，避免负担过重。

2. 每日晨会和总结

每天晨会应对当日的工作进行布置，再次提醒员工需要注意的事项和预期到达的重要客户。每天晚会应总结当日工作，如汇总收集的客户信息、销售订单等业绩，同时对不足进行经验总结和反思，促进展会经验的积累。

3. 制定基本工作纪律

纪律是顺利开展现场工作的基本保障。展会现场基本工作规章通常涉及考勤、着装、证章佩戴、基本礼仪等方面。例如：

（1）展台现场人员的着装、言谈举止必须遵守展前培训的规定礼仪。

（2）重要客户引到会议室会谈时，必须有各产品小组长以上级别的参展人员陪同，并做会谈记录，当天及时整理并交给信息组人员。

（3）各产品旁设置专柜存放相应的资料、礼品及礼品袋，由客户接待人员发放给已接待的客户。产品目录、公司介绍材料、文化资料放在公用资料架上由客户自取及礼仪人员发放。接待台只负责客户登记及少量的资料、礼品发放。

（4）参展人员必须严格遵守纪律，不得无故迟到、早退、缺勤或违反外事纪律。

五、人员激励措施

为增加展会现场工作人员的主动性和积极性，提升销售人员的新客户拓展、商务谈判、营销技巧及客户维护等综合能力，培养团队合作精神，形成互相帮助、交叉学习的良好局面，需要有针对性地制定出对参展现场工作人员的激励制度，以激励参展队伍创造佳绩。

1. 人员激励原则

（1）适度奖励。展会现场工作人员的工资一般都会设定的比平时工作略高，因此额外奖励的设定一定要适度。奖励和惩罚不适度都会影响激励效果，同时增加激励成本。奖励过重会使员工产生满足的情绪，在展会现场连续工作时热情就会下降；奖励过轻会起不到激励效果，或者使员工产生不被重视的感觉。

（2）公平合理。公平性是现场人员激励中一个很重要的原则，员工感受的任何不公的待遇都会影响其工作效率和工作情绪，并且影响激励效果。取得同等成绩的员工，一定要获得同等层次的奖励。此外，展会现场虽然销售人员在获得客户资源方面作用最直接，但不应只激励销售人员，其他分工的工作人员，即使工作成果不易量化，也应根据表现予以奖励，制定不同的奖励措施，如提供培训和晋升机会等。

（3）明确公开。首先，要明确人员激励的目的是什么，具体怎么做。其次，奖励措施及奖惩分配过程和结果要公开，特别是分配奖金等大量员工关注的问题时，更为重要。最后，实施物质奖励和精神奖励时都需要直观地表达它们的指标，总结和授予奖励和惩罚的方式。直观性与激励影响的心理效应成正比。

（4）及时兑现。要把握激励的时机，"雪中送炭"和"雨后送伞"的效果是不一样的。激励越及时，越有利于将人们的激情推向高潮，使其创造力连续有效地发挥出来。因此展会人员的激励，除销售人员外，一般不要超过一个月。

2. 人员激励策略

在制定和实施激励政策时，最好能先调查清楚每个员工真正需要的是什么，再将需求整理、归类，然后来制定相应的激励政策予以满足员工。

激励一般分为精神激励和物质激励。研究人员发现，激励因素价值的大小随人口统计特征的不同而异：年龄较大、任期较长和家庭人口多的员工对金钱奖励最为重视；而未婚或家庭人口少的通常受到较多正式教育的年轻销售人员对高层奖励（表扬、好感与尊重、成就感）更为重视。由于展会现场工作强度大、竞争激烈，且对自主工作能力要求高，通常现场工作人员特别是直接销售人员更倾向于金钱奖励。

📖 案例

某折扇厂商广交会现场销售人员激励政策

折扇厂商广交会现场销售人员激励政策如表6-4所示。

表6-4　展会人员销售提成方案

品牌	条件	提成（%）基数：销售额　销售人员总数：20人	
竹雨	批发、零售（无门槛、无保护、无支持）	每天销售900扇以下（包括900扇）	提成点：2.0 以每天售900扇且每扇门售价500元为例，个人每天提成：900×500×0.02/20=450（元）
		每天销售超过900扇而小于1600扇（包括1600扇）	提成点：3.0 以每天售1600扇且每扇门售价500元为例，个人每天提成：1600×500×0.03/20=1200（元）
		每天销售1600扇以上	提成点：4.0 以每天售2000扇且每扇门售价500元为例，个人每天提成：2000×500×0.04/20=2000（元）
	加盟（见加盟政策）	展会期间签订合约，以每月回款为基数	1.5
美尚	加盟（见加盟政策）	展会期间签订合约，以每月回款为基数	2.0
备注：展会期间销售人员（包括展会现场及工厂）产生的订单提成平均分配，例如：展会期间第一天售900扇，第二天售1600扇，第三天售2000扇，销售人员共20人，每扇门售价500元，其个人提成为：（900×500×0.02+1600×500×0.03+2000×500×0.04）/20=450+1200+2000=3650（元）			

既然提高展会现场人员工作积极性是提升参展效果重要的一环，因此要从奖励设定、制度、实施三个层面实现。首先，分清人员激励的不同层次，不同分工、职务的员工怎么奖励；是精神奖励还是物质奖励，等等。其次，奖励制度的建立很重要，要形成公正的评价体系。最后，具体的实施要切中可行性和实效性。

第三节 展台现场管理

一、参展商展台管理的注意事项

企业参加任何展会都需要向主办方租赁场地以搭建展台，并且在参展期间使用主办方提供的设备和服务。因此，参展企业首先应该了解场馆的技术参数，以主办方提供的软硬件的条件为基础，制订相适应的参展计划，如表 6-5 所示为第九届零售商展会场馆的技术参数。同时，参展企业应特别注意主办方对相关场地、设备以及服务使用的要求，配合主办方进行规范化的展台管理，特别应针对主办方提供的参展商手册中的相关内容充分理解和严格执行。参展企业对展台管理的内容应包括展台搭建和维护管理、展位使用管理、展品和宣传品管理、展位清洁、噪音控制，等等。

表 6-5　2014 年（第九届）中国零售商展会参展商手册场馆技术参数

项目	内容
展厅面积	A 馆 1.2 万平方米
观众主出入口	每馆 2 个，4.0 米 (W) × 2.4 米 (H)
观众电梯	1 部
展品主出入口	2 个，4.0 米 (W) × 6.0 米 (H)；5.2 米 (W) × 6.0 米 (H)
货运坡道	两层东侧 2 条，西侧 1 条
展品辅助入口	10 个，4.6 ~ 4.85 米 (W) × 4.24 米 (H)
展厅地坪	水泥地面
地面承重	馆内及货运坡道设计荷载为 2 吨 / 平方米，30 吨（车货总重）
展厅净高	8 ~ 15 米，搭建限高 6 米
展厅悬挂	悬挂点为屋顶网架结构下弦球节点，每点悬挂设计荷载值为 150 公斤
供电量	每馆 1000kVA
供电方式	三相五线制 动力电源三相 380V 照明电源单相 220V 频率 50HZ
压缩空气	有
展厅采光	自然采光及设备照明
给排水口	有
消防系统	消防箱、喷淋、消防炮
空调	有
网络	有
应急照明	有
卫生间	男女各两间
停车位	地面一层 2500 个

1. 展台搭建和维护过程中的注意事项

企业在选择参展之初就进行了展位设计策划以及相关人员的工作安排，在此期间应充分了解参展手册中的关于现场维护部分内容。根据主办方的要求对展台搭建的工作内容和流程进行规范，以免在后期进驻展馆时与主办方的相关规定发生冲突，影响展台搭建的进度和效果，打乱参展计划和安排。展台搭建完成直至展会结束期间，参展商需对展台进行持续的维护，在此过程中应严格按照主办方对场地、设备以及服务使用相关方面的要求进行管理。对企业而言，每次参展主办方提供的参展商手册都有所不同，因此对参展商的要求也有所区别。企业的注意事项主要有以下几个方面，包括对展馆设施的使用与维护、防火、用电、照明灯具和电气设备的安装等。

（1）展馆现场设施的使用和维护。展馆现场设施的使用和维护有以下几项：

1）参展企业不可擅自在展馆建筑物的任何部位使用钉子、胶、图钉或类似的材料；不准在地沟、地漏、厕所水盆及马桶内倾倒各种涂料和易燃液体。

2）参展企业因装修的需要而包裹展厅的柱子，必须事先征得展馆营运部同意后才能实施，以便展馆工作人员对电源开关、消防通道的管理操作。

3）参展企业不可擅自动用展馆的各种工程设施（指水、气、阀门、消防栓、电器开关等）。

（2）防火相关注意事项。防火需注意以下几项：

1）展台搭建单位应依据消防管理部门批准的平面图施工。

2）搭建展台的材料，都必须采用非燃烧或阻燃材料。如采用木结构搭建，应经防火处理。

3）展台之间夹道内不得堆放任何物品。

4）展台的分隔及分隔高度，不得影响消防自动报警、灭火器系统的正常工作。

5）展位内所铺地毯必须使用防火地毯。

6）展板、展柜、沙盘模型等均不得用易燃材料制作。展板与墙壁的距离不得小于 0.6 米，高度一般不超过 3.5 米。

7）展区内禁止使用明火。使用产生火花的设备、工具时，须在展区 5 米以外操作，并派专人监护。操作人员要严格遵守安全操作规程，完工后须将产生火花的设备拆除。

8）展区内不能同时设置展品仓库，其人行通道、防火出入口等必须保持畅通，不准堆放物品。包装物和废弃物，须有专人及时清理，不得压、堵或损坏消防设施。

（3）用电相关注意事项。用电需注意以下事项：

1）对向展馆租借的电源开关箱，请按电业规程使用，不得私自拆换，如有损坏，必须赔偿。如造成电气事故将追究责任。

2）对用电的总负荷要严格核算，不得超荷。

3）电气线路、电气设备的安装，必须由携带有效电工操作证件的人员操作，必须符合国家电气规定。

4）敷设的电线，应采用护套线，其接头必须采用专用接头连接。除灯头线外不得使用花线。横跨信道的电器等线路，应有过桥保护。电线如需穿过地台，必须套绝缘管。

5）所有用电设备必须单独报电安装，不得私接公共电源。

（4）照明灯具和电气设备的安装要求。照明灯具和电气设备的安装有如下要求：

1）照明灯具应距可燃物50厘米以上。禁止日光灯、高压水银灯等照明灯具的镇流器安装在可燃物、易燃物上。

2）封闭的灯箱安装，应有足以散热的通风口。

3）高温灯具未经许可不得擅自安装。

4）室外的电器照明设备都采用防潮型，落实防潮等安全措施。

5）霓虹灯具的安装高度应不低于2.5米，经有关部门检查合格后，方可使用。

6）电气设备安装应符合《电气工程安装标准》和有关技术规范的要求。各展厅（室）须设置电源控制分闸；电源线应使用双层绝缘护套铜线，并与可燃结构、装饰材料和展品有安全距离或设非燃隔离层；沙盘模型、图形的电源变压器的二次侧分路，均须有保护装置，并敷设整齐，线束直径不得超过2厘米，变压器须安置于非燃支架或台板上。

（5）其他注意事项。其他注意事项有以下几方面：

1）展馆禁止携带有毒、有害、易燃、易爆的危险物品。

2）空气压缩机等受压容器设备，必须放置在有关部门指定地点。

3）要求使用环保、无味、无污染的材料，组委会推荐主场装修，如果不用，必须严格要求。

4）不得在展区内调漆或用汽油、酒精等易燃物品进行清洗作业，不准存放、使用充压的压力容器；展台附近禁止使用碘钨灯、高压汞灯等高温灯具和电熨斗、电炉等电热器具。

（6）特装展台的注意事项。目前参加展会的企业都不满足于普通标准展位，更希望能在展位上进行特装，以展现更好的效果，实现吸引更多采购商和消费者的目的，提升企业形象和知名度。但是特装展台整体方案比较复杂，可能涉及展馆内多项设施和设备的使用，所以特装展台的图纸包括施工图在进馆前10~15天交主办单位，经有关方面审批同意后方能施工。即所有参展商自行委托的装修公司必须于开幕前两周到展会组委会办理图纸审批、安全认可，并申请领取施工证及缴纳特装管理费，否则不能进馆装修。在进馆前几天，企业应该将所有订单附水、电、气分布图，家具分布图交项目员。在进馆前1~2天，将施工人员名单附身份证交保安部办理施工证，并加强对施工人员的安全教育管理。参展期间在本展台进行各项活动以及对特装展台的维护都要根据主办方的相关规定进行严格的展台管理。

2. 展位使用管理

企业向会展主办方提出参展申请并租赁展位，展会举办期间主办方对申请单位使用该展位有明确的相关规定，企业在参展前就应该了解相关规定，在参展期间严格遵守，规范展位使用的管理工作。首先,主办方特别严禁转让或转租展位,如果出现展位使用单位与展位申请单位不一致的情况,均视同违规转让或转租展位,包括以联营名义将展位转给联营单位使用,以供货或协作名义将展位转给供货、协作、挂靠单位使用,以借用名义将展位转给其他单位使用,未经许可擅自对调、对换展位,以供货、联营、协作等名义高价收取合作单位的展位费或参展费,等等。同时,主办方明确要求展会期间所有展位应有专人值守,并应指定一名展位负责人,每个展位负责人只能负责一个展位。展位负责人必须是该展位参展单位的正式工作人员,展位负责人必须坚守岗位,并有义务向管理单位说明展位使用情况。有些针对供应商的展会要求展会期间各参展单位不得从事现场物品买卖活动。展会开始后,未经主办单位许可,任何展品不可从展台或现场撤走。在展会未结束前,任何展台不准拆卸。如果企业未遵守相关规定,主办方有权没收违规转让或转租展位所得,对情节严重者,取消参展资格,或送交执法机构处理。

3. 展品和宣传品管理

展会是企业对外宣传的窗口,也是媒体关注的公共事件,主办方为了展会的顺利举办会对所有参展企业携带的相关展品和宣传品有一定规范和限制。

(1)展品的管理。展会主办方与参展企业在展会开始前就对相关展品办理参展协议,如果企业在参展期间携带未按规定办理参展协议的展品,或者携带不能说明来源或归属的展品以及易燃、易爆、有剧毒、有腐蚀性和放射性危害的展品,则被视为违规展品,禁止参展,并由该参展单位承担责任。企业应该特别注意,未经申报或未通过展会组委会审核同意的产品不得参展,一经发现,主办方保留对该技术或产品的处理权利,并将其记录在案,作为以后审核参展的条件之一。企业在摆设展品时应限于本展位,不能占用过道及过道上方的空间。因为主办方规定如在过道上摆设展品,而使展品受损或阻碍了消防通道,所发生的一切后果由展商负责。参展单位须遵守知识产权保护的有关法规,确保参展技术和产品不构成侵权,并做好知识产权的自我保护工作。企业在展会期间有自主知识产权的产品须携带相关的证明材料。因售卖假冒伪劣产品而引起的后果,由展位租用单位和售假单位及个人承担全部责任。参展商自行保管好贵重展品及个人贵重物品,个人重要证件及贵重物品一般不要带入展场。每当展览完毕后,最好将贵重展品锁入柜中并将个人物品随身携带出馆。展会组委会在展览现场设立保安,但不保证没有盗窃案件的发生。一旦发生物品被盗,参展商尽快去公安报案保护现场并通知现场办公室。

(2)宣传品管理。企业在展示宣传展品的过程中不得出现有关"台独""中华民国""法轮功邪教"等内容以及其他违反中华人民共和国有关法律法规的内容及字样。参展单位携带的各种资料,仅限于在本展位派发,不得在他人展位和通道上派发,也不能在通道上摆放宣传品和宣传资料。派发的各种资料的内容和文字,必须符合国家有关规定,参展单位对派发的各种资料的真实性和合法性负全责。参展企业应该尽量避免代替他人分发宣传资料和宣传品,因为由此可能引起的一切纠纷由派发者承担连带责任。

4. 展位清洁管理

展位的环境有双重功能,一是对参观者而言,展台环境是形象;二是对展出者而言,展台就是工作场所,应当维持展台整齐、干净的状态。展会组委会负责公共区域的清洁,展馆的清洁工主要负责垃圾清运和展馆公共区域的清洁工作,展会期间各参展商对自身展位的清洁工作负责。首先,展品以及模型、图文、声音设备等要放在合适的位置,如果被挪动或被弄脏,要及时挪回原位,并擦干净。如果有操作,必须及时清除废料;若有空箱必须及时搬走,展台上不应有乱放的资料,供观众自取的资料要摆放好,及时补充。展台地面和墙面要保持干净,随时拣走地上的纸片、空杯或其他物品,擦去墙上的脏手印或其他痕迹。展台内不要随便乱放东西,尤其是可能阻碍人员行动的物品。当然,展出者可以雇用清洁工或指定展台人员负责展台清扫。

5. 展位噪音控制

展期内企业都会通过各种媒体手段吸引进入场馆的人群,展会主办方为了控制噪音减少嘈杂感,为参展的各方提供良好的环境,对各参展商的噪音控制也有明确的规定。展会组委会专设巡馆团队,进行场内噪音管理。因此一般来说,参展商的声像设备展示的音量应低于50分贝,展台发出的音量不可对参观者或其他相邻的参展单位构成干扰。关于噪音管理,一般在企业与主办方所签署的参展合同中已明确规定,如果展会期间音量超标达到一定次数,还有可能被强行制止并采用强制措施给予处罚。

二、企业参展的安全管理和危机应对

企业参展期间在现场可能会发生一些意想不到的突发事件,多数为安全危机事件。首先参展企业应该对安全管理和危机应对给予充分的重视,对参加展会可能遭遇的安全危机事件予以充分的认识和了解。其次,参展企业还要清楚安全危机产生的原因和特点,并针对企业自身参展的特殊性以及所参展会的实际情况制定相应的危机应对策略,切实做到未雨绸缪、防患未然。

1. 安全危机的表现

(1)火灾。火灾是一种易于在展览会期间发生的安全事故,由于展会现场的展台以及相关布景均为临时搭建的建筑物,存在火灾安全隐患的可能,且展馆是一个相对封闭的空间,展期聚集大量人群,如果发生火灾将造成严重的事故,不仅使主办方和参展商财物损失甚至可能造成大量人员伤亡。国内外的展会各种安全事故中,火灾发生率也是较高的。

2014年10月,一年一度的武汉国际车展正如火如荼地进行,但在B6馆2号凯迪拉克展台却突然烟雾弥漫,开始参展观众以为是商家商演秀环节中的特效效果,走近一看原来是展台上的展车突然起火了。幸而及时扑灭,并未造成人员伤亡。2012年香港国际秋季灯饰展于10月27日起一连4日在湾仔会展举行,有来自37个国家的2300家参展商参加,是参展商每年取得大部分订单的重要时期。2012年10月28日晨9时展览开始前,3楼展览厅其中一个参展商摊位疑电线短路冒烟起火,不少参展商将纸皮堆积在摊位附近,加速了火势的蔓延。火球一度升上天花板,消防将火救熄,3名保安员吸入浓烟不适送医。火警后,场内大量灯饰被淋湿损毁,展览一度暂停开放,涉事场馆摊位电力一度中断半日至全日不等。有参展商叹血本无归,估计损失逾亿元订单。发生火警的3号展馆,主要为家居及商业照明器材的摊位。贸易发展局表示,受火警影响,将延长展览最后一天的开放时间两小时至下午6时,但参展商指延展2小时也无法弥补其巨大损失。

印度北方邦密拉特市维多利亚公园的电器交易会于2006年4月在距离首都新德里以北80公里处的密拉特市维多利亚公园举行,吸引了众多厂商参展。10日临近尾声,上千人进入装有空调的展厅躲避炎热天气。但灾难突然降临,一场大火迅速蔓延,吞噬了用作临时展厅的大棚,导致至少100人丧生,死者大部分是妇女和儿童。这起火灾是由电线短路引起,火势迅速蔓延,直到黄昏才得到控制。灾后现场笼罩着黑烟,3层楼高的大棚在经历火灾后只剩下一些灰黑的铁架子。火灾发生在10日下午4时15分左右,电线短路起火后,迅速将煤气罐引爆。为了保证空调的凉爽效果,大棚上覆盖了易燃的聚乙烯塑料篷布,导致火势迅速蔓延。火灾发生后人们争相逃命,发生了踩踏,加剧了人员伤亡。

(2)失窃。失窃包括展品失窃和参展人员所用办公用品和个人贵重物品的失窃。参展期间企业的展台是个开放性的空间,为了便于向参展观众进行展示,多数展品都是直接放置在展台的展架上,并无特殊的保护。展会持续多日,展品一般都要过夜保存在展馆中。展期展台工作人员事务繁忙,同一展位的监控力量有限,加之展期观众流量巨大,这些都使失窃成为展期多发安全事件。会展的主办方就失窃问题在参展商手册中均提醒参展商特别注意,但失窃的情况仍然屡屡发生,特别是在展品价值较高的展会上。

2015年6月25日一连4天在香港湾仔会议展览中心举办的"香港珠宝首饰展览会"发生盗窃案,中午12时许,其中一个展销商的职员发现,一颗约值50万元的钻石不翼而飞,于是报警。这并不是香港珠宝展首次失窃,在2010年香港珠宝展已是第28届,跃升全球此类展出规模之首,本届展会吸引来自140个国家及地区的逾4万名买家到场。香港警方为此出动重案组警探,连同荷枪实弹的保安员严防中外珠宝大盗。没想到展会2小时内即遭遇4起大胆偷盗,失窃珠宝价值达800万港元。展览开始后一度因防卫、搜查过严遭参观者诟病,此届展会失窃却堪为"史上最严重",让警方"颜面无存"。最早一起窃案发生在14日中午1时许,参展的美资珠宝公司职员午餐后返回摊位,发现一条镶有钻石和绿宝石的颈链不翼而飞,该款首饰价值50万美元。下午2时许,香港警方再接获两宗失窃案,两个参展商各损失8粒及65粒珍珠,价值超过2万美元。同一时间,一家纽约珠宝公司的摊位前,两名打扮斯文的男子用流利的普通话表示,想查看放在饰柜内的 7 克拉钻石。机警的女职员随后发现两人有疑似调包举动，遂高呼求助。珠宝展一向少不了贼惦记，每年都有大批南美及大陆珠宝大盗假扮买家入场犯案，珠宝失窃时有发生。香港警方此次高度戒备，不但在会场入口严查入场人员证件，还增派持枪保安内外守卫，新界南总区重案组连同机场警区刑侦人员每日驻场。结果不但没防住贼，反招致访客一片抱怨。多位多次来港参观珠宝展的客人，遭警察 20 分钟搜身及搜查行李，最后却因名片上的英文名字与证件不符被拒进场。不仅仅在香港近年珠宝展展品失窃案例屡见不鲜。2004 年 9 月，两颗总价值约 1150 万欧元的名贵钻石在卢浮宫博物馆举行的古董和珠宝展示会上失窃。2004 年 11 月，2004 中国国际珠宝展上，一家珠宝商 16 颗总价值约 8 万元的黑珍珠丢失。2004 年 5 月，第四届上海国际珠宝展览会上，一批数额巨大的钻石被盗，经过调查证实，失窃的这批钻石总重量约为 2000 克拉，总价值约 69 万美元。2005 年 11 月，2005 中国国际珠宝展在开展的第一天，某珠业公司的一颗价值数万元的 5 克拉红宝石被盗。2006 年 5 月，台北国际珠宝展会期间，澎湖知名的日兴文石店价值约 800 万元的参展珊瑚雕刻、裸石遭窃。2006 年 8 月，澳大利亚珠宝展上，有 500 多颗总价值约为 115 万美元的钻石被盗。

展会除了容易遭遇大盗以外，小偷也不会放过这个机会，有些展会的展品虽不是价值连城，但足以吸引小盗贼偷取部分展品和工作人员的电脑等贵重个人用品。关于展会小偷肆虐的新闻报道比较常见，这些物品价值虽然不如珠宝，但也造成了一定的损失，而且办公用品的丢失比如电脑等实际的损失大大超过了物品本身的价值，因为很多客户数据和公司机密等也随之丢失了。

（3）工程事故。最常见的工程事故发生在展台，有些发生在搭建展台的过程中，有些发生在展台搭建完成后进入展期使用的过程中。这些事故不仅造成参展商的经济损失，对参展商的企业形象也产生负面影响，同时也打乱了整个参展计划，严重的甚至造成工作人员和参展观众的人员伤亡。

2015 年 5 月 24 日 14：20 左右即将开幕的第十五届中国国际模具技术和设备展览会发生展台坍塌事故。倒塌展位在 W3 馆，8 号门的位置，并且展商设备受损。第十五届·中国国际模具技术和设备展览会将于 5 月 25~28 日在上海新国际博览中心举行，展会官网公布的日程显示，5 月 22~24 日为该展会布展期。坍塌的是东莞市欧米隆精密机械有限公司展台，而且此展台倒塌导致临近的几个展台也发生了倒塌，所幸无人员伤亡。2015 年 6 月 9 日广州国际照明展正式开幕。但在展会次日，位于 11.3 馆的某展台发生倒塌，展位旁边的展会次道被封锁，直至下午 1 时左右，展位的修补工作才大致完成。2015 年 7 月 20 日，上海新国际展览中心 CBME 婴童展进馆搭建第一天，某知名婴童品牌展台倒塌。短短三个月时间，平均每个月就有一起展台坍塌事件被媒体关注报道。

（4）医疗卫生事故。医疗卫生事故包括任何对身体健康造成伤害的事故，在展会中比较常见，且影响较大的医疗卫生事故是食物中毒，包括参展公司自身员工和参展观众。

展期持续时间比较长，参展公司的员工一般都无法离开展馆去较远的地方就餐，因此员工订餐过程中就可能产生相关的风险。在展会现场，有些参展商会提供免费品尝的食品给参展观众，虽然试吃的分量都比较小，但如果没有严格监控食品卫生也容易造成观众食物中毒。

2014年10月4日Romics漫画展览会在罗马举行时发生食物中毒事件。在其中一家展馆里的展览摊位上有28人品尝了寿司后感到不适，28人都被送到医院急诊和住院治疗。现场来了宪兵介入调查和119急救中心共派出了10部救护车和数辆有医生的医疗车。他们出现的症状都是胃绞痛、恶心、严重的头痛。这些受到指控的寿司是OSTIENSE区的一家日本餐馆里运来的。导致食物中毒的可能是食物的质量问题，也可能是因为运输途中变质和存放在展摊上被太阳晒的原因。2013年11月23日广州车展，多家展台工作人员午餐后食物中毒。陆风汽车江西南昌汽车副总经理的微博上首先发出食物中毒信息，陆风、江铃、福特展台的工作人员于23日中午食用了展场内提供的快餐而导致急性食物中毒，多人入院治疗。

2. 安全危机的特点

（1）特殊性。企业参展所遭遇的安全危机种类繁多，看似所有的展会都存在所有安全危机发生的可能。但是企业更应该关注不同类型的展会所面临的安全危机存在特殊性。比如，灯展容易遭遇火灾和用电方面的安全事故；食品展的风险可能更加集中于食品安全事故；珠宝名画类贵重物品展就是失窃事故发生的重灾区。参展企业除了对常见的参展安全危机重视以外，要对特别容易造成危机的因素予以控制，尤其是存在高风险的展会比如航展。2014年度全球航展共发生17起各类事故，死亡10名飞行员。而这已经是全球范围内航展事故率和人员伤亡均自2000年以来的年度新低，而且是现场观众零伤亡的一年。2014年度的17起航展事故发生在9个不同的国家。由于美国航展数量多，因此经历了5起事故；英国4起；意大利2起；中国、日本、沙特阿拉伯、卡塔尔、俄罗斯和津巴布韦都遭遇了1起事故。连续4年来，航展事故的主要原因除了飞机撞地为18%和操纵失灵为29%以外，更多的是机械原因，占29%。值得关注的是，老式飞机的机械故障原因大部分都是发动机故障。机械故障失事率由历史上的23%上升到现今的29%，操纵失灵失事率由21%上升到29%，而飞机撞地失事率由原先的28%下降到18%。

（2）意外性。展会的安全危机事故往往是瞬间发生，现场人员无法预见的突发性事件。有些事故的发生，其不安全因素并非来源于参展商本身。例如，参展观众在现场参与活动时遭遇展台塌陷或相关事故受伤，参加灯展的企业也无法预料因为其他参展商展台起火影响自己的参展计划，或参展企业在展台做促销活动，活动本身也许并没有问题，但由于展台通道不够宽敞，过量人流突然汇聚，致使通道拥挤堵塞，发生意想不到的跌倒和踩踏事故。

（3）危害性。展会是商家云集之处，也汇聚了众多参展观众，安全危机事故的发生往往造成的后果特别严重，影响特别广泛。展会现场人、物、资金密集汇聚，事故对直接相关者的参展企业和与会观众将造成很大的损失。会展期间尤其是大型的会展是新闻媒体关注的焦点，有任何事故发生都会通过大大小小的渠道传播出来，并在网上以病毒复制般的速度快速蔓延发酵。一旦发生安全事故，它的社会影响将扩散到非常广泛的范围，因此展会安全事故的危害和影响之大非其他场合安全事故能比。

（4）复杂性。企业参展过程中遭遇的安全危机是众多诱发因素交互作用的结果，某些因素又具有随机性和偶然性。展会现场是由展会主办方、参展企业和观众组成的系统，涉及密集的活动安排。在这一环扣一环的安排中，只要有其中任何一个方面出现问题，就可能引起安全危机。如果是海外参展，企业面临的环境就更加复杂，展会现场协调、沟通工作难度相对较大。展会安全事故通常是外部环境突发、人为管理失误等多种因素交互作用的结果。

3．安全危机产生的原因

安全危机的种类和表现繁多，原因也非常复杂，一个对参展商造成影响的安全事故的发生往往是多方面因素共同作用引起的。安全危机产生的来源基本可以划分为三类：参展企业自身因素、外部因素以及外部环境因素。

（1）参展企业自身因素。在常见的安全危机事故中，参展商自身往往是占主要影响的关键因素。事故爆发的原因与参展商违规操作密切相关，有些参展商未严格按照组委会发布的参展商手册中的要求进行相应的防火防盗等工作，或者对自身员工和承包商未做到完善的培训和严密的监控。在各种事故发生的过程中，反映出参展商的侥幸心理，同时许多参展商错误地认为会展管理人员、服务承包商或者安全承包商会处理所有问题。多数参展商因求展效果心切、麻痹大意、主观武断，不顾现场条件举办大型活动；或因专业知识不足，缺乏必要技能，对防火、用电等安全事故疏于防范；或因组织管理能力薄弱，关键时刻调度指挥失当，等等。

（2）外部因素。首先是展馆管理方面。有些展会所租用的场地设施存在一些先天不足，场馆展台过密，通道不够宽敞；各个区域的布局不合理，安全通道不多；相关的安全设施未及时进行维护；消防设施被遮挡等，这些都是安全隐患。有些主办方也会临时搭建一些和展会相关的建筑，如果搭建过程中质量监控存在问题，也容易引发展架倒塌伤人的安全事故。对于参展商和观众而言，尤其是海外参展时，处在一个较为陌生的环境中，对周边情况不甚了解，对从众行为将会造成的后果缺乏正确判断，这些都为事故发生埋下了隐患。从展会组织者角度来说，如果对安全管理工作职责不清、检查不力、防范不当，很有可能导致事故发生。

其次是服务承包商方面。各类服务承包商包括搭建展台的承建公司、餐饮提供商、安全承包商，等等。这些承包商资质不同，承包参展商的各项业务的经验和能力不同。在许多地方此类行业没有一个标准和规范，也没有太高的门槛和相关的监管，这对于许多首次参展的企业而言，选择服务承包商的风险增加了。加之会展业市场竞争激烈，服务承包商为了争夺客户，特别是为了吸引数量众多的中小型参展商不得不压低价格。无论是境内还是境外都有展览承建公司为了抢占市场而与对手展开低价竞争，进而偷工减料，降低了展具的安全系数，造成了严重的安全隐患。

（3）外部环境因素。外部环境因素是最难以预料的，对参展企业而言是无法控制的因素。可能是天气原因产生的自然灾害。例如，2014年9月，南宁国际会展中心举办第十一届中国—东盟博览会，受15号台风"海鸥"影响，16~18日南宁市出现一次较强的风雨天气过程，这对"两会一节"期间的各个展会都造成一定影响。有些地区可能出现游行示威影响展会。示威是一种为了表示反对某一政策或人士而进行的有组织的公众行动。在很多地方示威是一种合法行为，只要示威者获得了批准，并保证不扰乱其他活动的正常进行。展会遭遇一场示威，对参展商的损失是不言而喻的。有些公共医疗卫生事件也影响企业参展，例如，2003年的"非典"对中国，包括中国香港、新加坡的会展影响都很大。4月初原本应该进入展会的高频率召开时期，而看到的场景却是迎面而来的各式口罩和空荡荡的展位。就内地而言上海的车展停办，且当年5~6月所有的展览都推迟了。企业参展是在展会举办之前几个月甚至更长的时间就与主办方确定了相关事宜，但是这些外部环境因素的突发影响，对多数参展企业而言是无法在选择展会之初可以预见的。

4. 安全危机应对

企业参展所遭遇的安全危机事故都事出有因，如能事先控制消除隐患，可有效预防绝大多数，特别是重大事故的发生。安全危机管理指如何在一个存在风险的环境中将风险减至最低的过程。安全危机管理的核心实质在于风险无法避免，如何管理才能将安全危机发生的可能性降到最低，如果危机发生了，如何有效地应对。

（1）有效的安全管理。从安全危机产生的因素分析来看，参展商自身因素是可以有效控制的风险。外部因素来自会展主办方、各类服务承包商、其他参展商和参展观众，等等，虽然有不可控性存在，但是企业还可以通过各种手段和方法，在自主选择时降低不可控性所带来的风险。

首先，企业在选择展会时，应该特别考虑展会的安全性，包括展会所在地的社会安全、自然环境和社会公共卫生方面的安全，最重要的是展会主办方的资历和背景。因为较有经验的展会组织者非常重视通过检测、识别、诊断等手段，及时发现、纠正人为失误和机械故障，使安全事故的发生降到现有技术和管理水平所能控制的最低限度。

其次，参展商自身应建立完善的风险控制机制，利用常态的自测自检手段规避风险。会展主办方发布的参展商手册中的注意事项是每个参展企业都必须严格执行的。参展过程中在公安、消防及电检部门联合检查时发现问题，参展商要根据检查组的意见立即改正解决。但是，对于参展商众多的展会，组委会根本不可能对每一家公司的参展全过程中的所有行为进行监控，所以参展过程中防火、防盗、工程安全、医疗卫生安全等的细节工作是必须由企业自身加强防控才能切实将风险降到最低的。企业参展前就应该对参展人员的安全责任进行划分，明确安全工作的内容和团队安全责任的范围。参展过程中对关键的安全环节要建立复检机制，每日展会开始前以及过程中要有专人负责进行专项检查。例如，特装展台是否牢固，消防通道是否通畅，安全设施是否能正常发挥功能，贵重展品和物品是否保存完好，等等。参展商只有提高自身安全防范意识，建立完善的风险控制机制才能有效地控制危机。

最后，慎重选择服务承包商。企业参展的过程中物流、展台设计和搭建、餐饮、展台安全等都需要寻找相应的服务承包商。在许多地区，会展服务承包商的行业规范仍不完善，许多安全事故归因于服务承包商的责任。参展企业应该更多地了解服务承包商的资历，对于提供较低价格的服务承包商应该慎重选择。例如，针对展台搭建的承包商是否具备中国出口商品交易会特装资质认证、ISO9001质量管理体系认证、地区行业协会工程资质认证企业，是否曾经承接过相关展会的展台搭建项目。同时，企业也可以选择主办方推荐的服务承包商。

与服务承包商之间订立合同，规范服务承包商的责任，并且在参展的准备阶段和展期与服务承包商充分沟通和监控。

（2）及时的危机应对。如果安全事故和紧急事件不可避免地发生了，此时参展商表现出足够的冷静与魄力在化解危机中扮演重要的角色，参展企业的综合素质在突发事件面前将得到真正的检验。为了应对突如其来的危机，企业应该在参展前做好危机管理预案，对参展员工进行相应的培训，一旦危机发生应按事先设定的措施来处理，以防措手不及。

首先，针对参展公司的人员和财产发生安全事故的危机应对。无论是何种原因引起的此类事故，都应该先最大程度地保证人员的安全。若场馆发生燃、爆等突发事件，要保持冷静，服从公安、安保人员指挥，尽快疏散到室外应急避难场所。若参展公司员工发生意外伤害或医疗卫生事故，应首先及时对接主办方提供的相关紧急情况应对机制。如果发生失窃应及时报警，调取相应监控系统信息，尽快配合主办方进行调查。

其次，由参展企业引起的安全事故，可能造成现场观众、其他参展企业或主办方的伤害和损失。此类危机的处理应遵循以下几个基本原则：事故发生后首要任务并不是封锁消息和追责，展台负责人应按预案迅速调度人员到位，采取有效措施安抚事故受损方，同时及时控制事态的发展和不良影响的范围，防止事态恶化带来更大的损失；在原因不明之前注意与媒体保持沟通，在媒体高度关注的展会，封锁消息是无济于事的；同时查找原因的工作也应该马上启动，与媒体配合公布事故的真实损失，特别是公布事故的真正原因，并把处理预案公布出去。

（3）引入保险机制。安全危机存在一定的不可预知性，起因复杂且危害较大，因此有必要将保险机制引入其中。目前企业参加海外较大规模的展会时会发现多数主办方均要求参展企业必须投保，以保证展会主办方、其他参展企业以及参展观众的权益。

我国展会保险的发展在2000年左右拉开序幕，1999年5月中国人民保险厦门分公司承保厦门国际会展中心主体工程大约 7 亿元的建筑安装工程险和第三者责任险以及 2000 年厦门消费品博览会 1200 万元的公众责任险。继中国人民保险之后，中国太平洋财产保险、中国大地财产保险等公司先后开展了展览保险业务。但是仍然没有针对展会的险种，2005 年中国大地财产保险公司打破了这一局面，率先推出了展览会综合保险和展览会参展商综合保险，保障范围涵盖了国内举办展览会过程中各个环节的风险。2010 年上海世博会建立了法定保险、规定保险和商业保险三个层次的保险架构，由中国人民保险、中国太平洋财产保险等 12 家保险公司组成"共同体"，承担主要保险任务，同时单独设立了"展品和艺术品保险"险种。

伴随着会展经济的快速发展，各大保险公司都纷纷推出了相关的保险业务，不断拓展展会保险的深度和广度。目前展会保险包括财产损坏险、责任险、人身伤害险、营业中断风险及展览会由于被保险人无法控制的原因而被取消的风险。财产损坏险用以补偿因火灾、偷窃、风灾和搬运事故等偶然因素造成的现场财产损失，包括展品、展台、帐篷、家具、装饰、布展材料、办公设备、文具用品及展览会工作人员的衣服和个人物品的损坏或被盗。责任险承保展览会组织者对展览场所经营人及对广大参观者应负的合同责任及第三者责任。人身伤害险用以支付参与活动有关人员受到伤害后死亡、伤残、住院及治疗的保险金。营业中断风险承保展览会由于被保险人无法控制的原因而被取消的风险。承保通常采用"一切险"方式，即除外责任以外，不论何种原因引起意外事故造成的损失，保险按人均保单负责赔偿。

第四节　撤展

概括而言，完整的展览会现场工作包括布展、开展和撤展三个阶段，展览会闭幕标志着一届展览会的正式结束，但现场管理工作还有一项重要内容，那便是撤展，撤展完毕才标志着参展企业的展览会现场工作结束。尽管不像开展期间那样光鲜热闹和备受关注，但撤展工作十分重要，需要多方面的沟通协调，任何一个环节出了纰漏都可能影响企业参展活动的圆满完成。一般而言，展会主办方要求撤展工作在规定时限内完成，正式撤展时间开始前不允许提前撤展，撤展时间结束后仍未完成相关工作的将保留追讨赔偿的权利。因此，为了保证在短时间内快速安全的撤展，企业应提前安排相关工作。撤展的相关工作包括展品的处理、展台拆卸和展位清理、参展物品出馆和物流对接以及与主办方交接工作。

一、处理展品

展品的处理安排要早于撤展正式开始的时间，多数企业参展之初就对展期结束后如何处理展品做出了相应的安排。不同类型的企业展品处理的方式有所不同，但多数企业为了节省人力、物力和财力，都希望在参展现场将展品处理完毕。尤其是海外参展，体积和重量较大、价值较高的展品在回运过程中物流成本较高，且存在一定风险，因此最佳的选择是在参展前计划其处理方式如展前联系相关采购方确定买主。如果是体积小、重量轻的展品，比如轻工品、纺织品等也可以采用现场售卖的方式处理展品，如果是海外参展时应先办好相关的进口清关手续，以便采购商在展会闭幕后整批或分类来取货。同时也可以采用赠送的方式，可以赠予潜在客户或我国驻展地的商务处，展会结束后相关企业或商务处人员进馆，按展品清册逐一点交展品，受赠方核对无误，在展品清册上签字盖章。受赠方签署后的展品清册是参展商去海关办理结关手续的凭证。若展品必须回运，应该提前准备包装材料，并安排好从仓库运到展台。展品从展柜、展台上撤下再包装要注意点数，注意不要漏装部件、配件、说明等，并注意包装。展品包装好后备齐出馆和出关的手续，交运输公司安排回运。对一些价值不大、参展企业既不想出售也不愿回运的展品，也有采取销毁方式的，即便是销毁的展品也应该按照主办方的相关要求进行。

二、展台拆卸和展位清理

展会主办方要求展商须按合同约定的出馆时间完成展位的清理工作。展位的拆除实行"谁搭建、谁拆除"的原则，展位即拆即装，清理人员需有合法证件，展位拆下的材料出馆需开具放行条，为保证市容环境和人员的人身安全，主办方会要求使用规定的工具清运展位垃圾出馆。除了在拆除展位过程中产生的垃圾清理实行"谁产生、谁清运"的原则外，还要将垃圾清运至合法的填埋场或废品回收站，不能将展位垃圾丢弃在展馆范围内的其他区域，如果没有按时完成清理工作，或未按要求完成清理工作，展会主办方有权根据押金扣除标准扣除相应清洁押金。在拆除展台的过程中应该特别注意相关的安全事项，除了保证本展台相关人员的安全之外，要注意拆除过程中不能影响邻近展台，不能对邻近展台的相关人员造成伤害。同时不要占用展馆公共区域，要保持展馆内各个通道的畅通，以免发生事故。撤展结束后展馆与主办单位及主场承建单位共同对周边的环境进行确认后退还清洁押金。

三、参展物品出馆和物流对接

物品包括展品、展架、各种器材和道具未经许可不得出馆，因此参展企业应该明确主办方对展品出馆的相关要求和规定。首先是展品出馆的时间要求，其次对于海外参展的相关物品根据是否清关进行分类处理。企业参展境外展会，参展物品入境时以特定目的办理临时许可手续的，展会结束后这些属海关监管的物品在特定期限内应原封不动运回国内，这其中还包括展示器材、展览道具和其他物品。展会结束后参展商或其代理人应向海关交验经现场海关人员确认的回运展品清单，办理出口许可证后委托运输。回运展品经历出口→进口→再出口→再进口诸多环节，参展外贸企业应与货代、船公司、海关、商检、保险、银行、仓储等各机构协同配合，做好工作。

四、与主办方交接

撤展各项工作完成之后要及时与主办方进行确认交接，这是撤展的最后一步，顺利完成这一环节，撤展工作才算圆满结束。撤展工作是否完成必须得到主办方的确认，如展台拆卸清运是否完毕，各项租赁的展具、道具、电话、桌椅、花卉及其他设备是否归还，展会主办方都有相应的流程要求。得到主办方的确认之后，参展企业才能取回抵押的资金或证件，未按时办理及手续不齐备的，视同违反约定。

📖 案例

广交会撤展

为了保证撤展工作的顺利进行，大多数时候展览会主办单位会发放专门的撤展通知，以指导参展商的撤展活动。以进出口商云集的广交会为例，进口展区参展商来自世界各国，2015年10月15日至10月19日以电子及家电、建材及五金、机械设备为主，10月31日至11月4日以食品及饮料、家居用品、面料及家纺为主。广交会主办方在展期开始之前就发布了撤展安排和约定。内容如下：

1. 广交会撤展安排及约定

广交会进口展区总体撤展时间安排为10月19日18：00至10月20日10：00（一期）；11月4日18：00至11月5日17：30（三期），10月19日及11月4日晚展馆通宵开放。由于撤展时间紧，请各参展商及施工单位务必抓紧时间撤展，确保不影响广交会第二期的布展工作。

2. 撤展规定

广交会对进口展区的撤展工作做如下安排及约定，请各参展商务必配合并遵守：

（1）10月19日（一期），11月4日（三期）16：00开始，进口展区展品承运商开始发放展品包装箱至各展位，展位内配置的电话机开始回收，各参展商应做好必要的撤展准备工作，但在10月19日（一期），11月4日（三期）18：00前，参展商不得对展品进行打包，提前撤展；对提前打包、撤展又不听劝告的参展商，将被记入黑名单，下届广交会不受理其参展申请。

（2）10月19日（一期），11月4日（三期）18：00开始撤展，进口展区展品承运商将安排人员协助参展商对展品进行打包，展品打完包后应留在展位内，参展商应及时与进口展区展品承运商办理展品交付及委托回运出境等手续。

（3）参展商不得擅自将展品运出展馆，已办妥进口手续的展品，可以运出展馆，但应向进口展区展品承运商申请放行条，展馆门口保卫人员凭进口展区展品承运商签发的放行条验放。已办妥进口手续的展品应在10月19日（一期），11月4日（三期）23:00前搬运出展馆。

（4）未办妥清关核销手续，需回运出境外、售出、赠送、放弃的进口展品应在10月19日（一期），11月4日（三期）20:00前打包完毕并交付进口展区展品承运商，进口展区展品承运商应在10月20日（一期），11月5日（三期）6:00前将展品统一清运至海关认可的监管地点。

（5）10月19日（一期），11月4日（三期）23:00前，除广交会工作人员、特装主场承建商工作人员、进口展区参展人员、进口展区展品承运商人员外，其他参展人员及撤展人员不得进入进口展区。

（6）10月19日（一期），11月4日（三期）23:00后，特装布展施工单位撤展人员开始进场拆卸展位，并于10月20日（一期），11月5日（三期）10:00前将特装材料清理出馆，弃置的特装材料也应自行清理出馆，并不得弃置于广交会展馆露天场地或周边道路范围。进口的特装材料若作弃置处理，参展商应预先委托进口展区展品承运商办理海关清关手续，否则也按放弃进口展品的方式处理，即运往海关认可的监管地点。

（7）撤展过程中，参展商及其委托的特装布展施工单位要看管好自己的展品及施工工具材料。10月20日（一期），11月5日（三期）6:00以后尚未撤展以及无人看守的特装展位及改装的标准展位，广交会将组织人员清理，该展位所缴纳的清场押金不予退还。

（8）接运特装材料的车辆，10月19日（一期），11月4日（三期）23:00后才允许按车证时间分批进入展馆，按规定线路行驶，按指定地点临时停放，并服从交通管理人员的指挥。进入展馆后应迅速装运特装材料，并迅速离馆。

（9）进入三层展馆布展通道的车辆长度不可以超过10米（含10米）。参展商用非货车及1吨以下的货车运货的请进入一层展馆的卡车通道使用电梯装运。装卸展品期间，所有司机请勿离开驾驶室，以便按时离场及应付临时的车辆调度。

（10）特装拆卸范围不能超出展位的区域，请勿把墙身推往相邻的展位，以免引起人员伤亡。请勿随意将展品、装修材料、工具放置在通道上，以免堵塞通道而影响撤展。

3. 注意事项

（1）为更好地服务参展商，加快撤展进度，届时广交会会对进口展区撤展工作安排作进一步细化，并向参展商、进口展区展品承运商及特装布展施工单位另发进口展区撤展工作通知。

（2）任何迟于10月20日（一期），11月5日（三期）10：00后的延迟撤展行为将会给广交会造成损失，广交会保留向参展商或其委托的特装布展施工单位追讨赔偿的权利。

（3）特装展位已清场或预装（含现场租用）的电箱已回收的，特装施工单位应立即联系大会相关服务工作人员办理现场确认登记手续。未按时办理及手续不齐备的，视同违反约定，其中未及时清场的特装展位，按照每标准展位面积扣除1000元人民币的标准作为代为清场费用；未交还电箱的，按照每个电箱1000元的标准作为赔偿费用。现场签名确认手续办理程序如下：

1）特装展位清场完毕的现场签名确认手续。特装施工单位应于10月20日（一期），11月5日（三期）10：00前将特装材料清理出馆并立即联系现场展厅管理员查看，由展厅管理员在《特装施工管理收费确认单》（黄色顾客联）上签名确认。办理时间：10月19日22：00至10月20日10：00（一期），11月4日22：00至5日11：00（三期）；服务电话：0086-20-89120500 89120503。

2）电箱回收的现场签名确认手续。10月19日（一期），11月4日（三期）撤展当晚，特装施工单位应派员留守展位待大会配电施工人员回收电箱时，要求该工作人员在《特装预装电箱确认单》或《特装租用设备确认单》（黄色顾客联）上粘贴特殊标记，并凭此特殊标记联系展厅值班电工在已缴款的《特装预装电箱确认单》或《特装租用设备确认单》上签名确认。办理时间：10月19日18：00至20日10：00（一期），11月4日18：00至5日11：00（三期）。

3）电话机回收手续。展位无线电话机在闭幕当天15：00开始由大会派员回收。撤展时参展商不要带走无线电话机，并配合回收工作。

上述手续缺一不可，请各特装施工单位务必按时办理。前述手续办理及时并齐备的，外贸中心财务部将根据大会相关规定，于本届广交会闭幕后清退特装施工单位的保证金。现场申报改装展位及租用电箱的，由参展施工单位持《押金单》参照前述特装展位程序及时间办理相关签名确认手续，并于10月19日18：00至20日10：00（一期），11月4日18：00至6日11：00（三期）至进口展区参展商服务中心直接办理押金清退。

五、撤展分析

以广交会进口展区撤展为例，分析参展企业撤展工作的注意事项。

1. 撤展时间安排的注意事项

（1）撤展时间紧张。包括广交会在内的任何展会都要求不能提前撤展，同时也不能延后撤展，为了不影响下一期展览，主办方要求的撤展时间都比较紧张。例如，广交会10月19日18：00至10月20日10：00（一期），11月4日18：00至11月5日17：30（三期)。即便 10 月 19 日及 11 月 4 日晚展馆通宵开放，撤展也仅仅只有 16 个小时。因此，参展商参展前要与主办方确认，明确相关规定，提前做好撤展的相关安排。

（2）不可提前撤展。在展会最后一日，撤展时间提前两个小时即 16：00 左右，主办方安排物流承运商开始发放展品包装箱至各展位，回收相关设备，并要求各参展商应做好必要的撤展准备工作。但是在正式撤展时间即 18：00 之前参展商不得对展品进行打包、提前撤展；对提前打包、撤展又不听劝告的参展商，将被记入黑名单，下届广交会不受理其参展申请。

（3）不可延后撤展。广交会明确规定，延迟撤展行为将会给广交会造成损失，广交会保留向参展商或其委托的特装布展施工单位追讨赔偿的权利。

2．展品离馆的注意事项

（1）清关手续。广交会进口展区的参展商来自世界各国，展品存在进口手续是否办妥的问题。因此，主办方要求展品打完包后应留在展位内，参展商不得擅自将展品运出展馆，参展商应及时与进口展区展品承运商办理展品交付及委托回运出境等手续。已办妥进口手续的展品，可以运出展馆，但必须要有放行条。未办妥清关核销手续，需回运出境外、售出、赠送、放弃进口展品。我国企业海外参展时也应该特别注意各国关于展品入境清关的要求和规定。

（2）时间限制的不同。未办妥清关核销手续的展品的出馆时间提前于已办好相关手续的展品。广交会未办妥清关核销手续的展品在展期最后一日 20：00 前打包完毕并交付进口展区展品承运商，承运商应在第二天 6：00 前将展品统一清运至海关认可的监管地点。已办妥进口手续的展品应在展期最后一日 23：00 前搬运出展馆。

3．拆除展台的注意事项

（1）明确展位拆卸时间。拆卸展位并不是撤展的第一项任务，一般来说相关的展品和人员撤出后才开始，尤其是特装展位。广交会的撤展时间开始于 18：00，展位的拆卸工作在 23：00 后，相关布展施工单位撤展人员才开始进场拆卸展位，并于第二日 10：00 前将特装材料清理出馆。

（2）明确清理责任，注意安全。多数展会对清场都有明确的规定，参展商必须履行相关清理责任，以免押金无法退回。除了要将搭建的展台拆除之外，弃置的材料也应自行清理出馆，并不得弃置于展馆露天场地或周边道路范围。撤展过程中注意安全，一方面不能影响相邻展位或对相邻展位人员造成伤害；另一方面也不能堵塞公用通道而影响撤展，同时看管好自己的展品及施工工具材料。

4．人员和车辆进出的注意事项

（1）人员进出。为了安全和便于管理，广交会要求在撤展当日 23：00 前，除广交会工作人员、特装主场承建商工作人员、进口展区参展人员、进口展区展品承运商人员外，其他参展人员及撤展人员不得进入进口展区。

（2）车辆进出。撤展时间紧张，车辆要求按时进入，分批进入，按规定线路行驶，按指定地点临时停放，并服从交通管理人员的指挥，完成装卸任务后迅速离馆。对于进入展馆的车辆长度有所限制如不可以超过10米(含10米)，参展商用非货车及1吨以下的货车运货的请进入一层展馆的卡车通道使用电梯装运。

5. 及时办理确认手续

完成撤展工作后，要及时与主办方相关部门进行确认。如特装展位清场完毕的现场签名确认手续，电箱回收和电话机回收的现场签名确认手续。前述手续办理及时并齐备的，展会闭幕后才可清退施工单位的保证金。

本章小结

参展现场主要是指主办方启用的场馆，包括其他运输装卸的场地。参展现场管理指在进场布置的第一天到参展结束撤展离开的时段内，参展商需与主办方、搭建商、运输商等各类服务商在内的各实施单位在现场按既定计划进行有序的协调、监督和管理，并对在参展现场执行或实施展示的各个环节及人员进行管理，对观众在现场产生的一切需求进行协调服务和管理。参展现场管理是企业参展活动的最重要环节，要从现场活动管理、现场人员管理、展台现场管理、撤展几个方面做好现场管理工作。

其中，现场活动的主要形式有展品演示、发布会、娱乐项目、访问洽谈和研讨会等，需根据产品特点及设定的参展目标选择现场活动的类型并设计有效的活动方案。现场人员的管理主要包括现场人员工作安排、现场人员的知识和技能要求、现场人员激励措施等，有效的现场人员管理对参展目标的实现起到重要的作用。展台现场管理包括展台搭建和维护、展位使用、展品和宣传品管理、展位清洁和噪音控制以及安全管理和危机应对。撤展的相关工作包括展品的处理、展台拆卸和展位清理、参展物品出馆和物流对接以及与主办方交接工作。

第七章
外贸参展中的知识产权纠纷与化解

参加国际展会是企业最重要的营销方式之一,也是企业开辟国际新市场的首选方式。通过参加国际展会,供应商与用户可以迅速、全面地了解市场行情。许多企业通过国际展会的方式及时向国外客户试销新产品、推出新品牌,同时通过与世界各地的买家联系,了解谁是真正的客户、行业的发展趋势,最终达到推销产品、占领市场的目的。随着我国企业的产品质量日益提高,价格同欧洲公司相比又具有竞争力,致使很多国外企业把知识产权争端当作一种经营策略和经营手段,以排除来自中国的竞争,保住自己的市场。中外企业的知识产权争端越来越多,其中在国际展会上出现得最为频繁。[①] 面对中国企业在海外市场扩张的同时频繁遭遇的各类知识产权纠纷,使我们不得不认真思考如何化解此类难题。

第一节 知识产权

一、知识产权定义

知识产权(intellectual property)指的是人们根据自己的智力活动创造的成果和经营管理活动的标记、信誉依法享有的权利,它通常是以无形财产权的形式存在于有形事物中。拥有知识产权的权利人一旦享有某项产品的知识产权利益,就享有一定时间的产品独占权,在这段时间内其他任何人都不得无偿、任意地使用该知识产权,要使用的话必须在取得知识产权权利人的认可及通过有偿支付。

我国知识产权保护在国际上的地位已日渐凸显,虽然距其走向知识产权保护强国尚有很长一段路,但是随着我国加快转变经济发展方式,调整社会经济机构,已将知识产权保

---

① 杨平. 企业如何出国参展 [J]. 印刷杂志,2012(5):25-28.

护作为经济增长的内在驱动力。从国际角度来看，随着近年来知识产权被逐渐纳入世界贸易组织的管辖范围内，各国不断调整其战略，抢占各类产品知识产权的主动权。能够拥有知识产权的第一"发声"权往往就占有某些产品的世界营销垄断权，而在这方面，发展中国家由于经济发展和知识产权意识较弱，且对符合国际准则的相关条例不熟悉，造成被动地接受发达国家根据知识产权保护条例而对发展中国家的经济制裁和变相挟持。

二、知识产权的主要分类

知识产权包含版权和工业产权两部分，版权是指著作权人对其文学作品享有的署名、发表、使用以及许可他人使用和获得报酬等的权利；工业产权则是包括发明专利、实用新型专利、外观设计专利、商标、服务标记、厂商名称、货源名称或原产地名称等的独占权利。

三、知识产权保护的有关法律及公约

为了保护人类社会的共同财产，1474年3月19日，威尼斯共和国颁布了世界上第一部专利法，正式名称是《发明人法规》(Inventor By Laws)，这是世界上最早的专利成文法。1623年英国的《垄断法》（Statute of Monopolies）在欧美国家所产生的影响大大超过威尼斯专利法，因此，英国《垄断法》被认为是资本主义国家专利法的始祖，是世界专利制度发展史上的第二个里程碑。

中国的知识产权保护制度的筹备、酝酿，起始于20世纪70年代末期，是伴随着我国的改革开放而起步的。1982年出台的《中华人民共和国商标法》是我国内地的第一部知识产权法律，标志着我国的知识产权保护制度开始建立。随着1984年《中华人民共和国专利法》、1990年《中华人民共和国著作权法》的推出，标志着我国知识产权保护制度的初步形成。

我国现代的知识产权法律制度可包括两大部分，一部分是我国自行制定的知识产权法律法规，属于国内法；另一部分是国际法，主要包括我国参加的有关知识产权保护的国际公约以及签署的双边或多边知识产权保护协议。

第二节 展会中知识产权概述

一、展会知识产权概念

展会知识产权是指就展会的举办期间涉及的所有展品的知识产权保护，包括展会本身的知识产权，例如，展会的设计理念、展台搭建设计、展会的LOGO及名称等，还包括展会期间参展者与第三方的知识产权，涉及商标、专利和著作权等多个方面。随着我国境外参展企业数量的增加，其知识产权保护法律的缺失及企业知识产权意识的淡薄也愈加凸显，境外展会知识产权侵权案件不断发生。2006年10月，在法国举办世界制药原料展览会上，我国3家医药化工贸易企业交易的原料药利莫纳班被法国赛诺菲—安万特公司指控侵犯专利权，6名工作人员被扣押在当地。2007年9月的德国杜塞尔夫鞋展，我国鞋商被德国海关没收了343只涉嫌仿冒的鞋子，并有15个参展商被刑事立案侦查。大量境外展会知识产权问题的出现，不仅使参展企业自身的声誉和利益受到损害，也影响了我国知识产权保护的国际形象。

二、展会知识产权所涉及的主要法律

1. 国际法方面

会展业属于服务贸易行业。目前，涉及展会知识产权问题的国际法律文件主要有《服务贸易总协定》（GATS）、《与贸易有关的知识产权协定》（TRIPS）和《世界知识产权组织公约》等。这些文件对有关知识产权的效力、范围和利用标准作出了界定。内容涉及商标、工业品外观设计和纺织品设计等。

2. 国内法方面

目前，《中华人民共和国宪法》是我国的根本大法，在法律体系中具有最高的权威性。我国的知识产权法律制度是依据宪法的基本原则建立的，其涉及知识产权保护的法律法规主要有《中华人民共和国民法通则》《中华人民共和国商标法》《中华人民共和国专利法》《中华人民共和国著作权法》《中华人民共和国反不正当竞争法》和《计算机软件保护条例》等。由于对境外展会知识产权案件的重视，一些专门针对展会知识产权的法规和规范性文件相继出台。2006年3月1日颁布实施的《展会知识产权保护管理办法》，主要针对我国展会知识产权侵权问题，规定了展会参展单位或个人侵犯他人知识产权纠纷的处理程序和相关法律责任，规范了展会主办方义务，并要求在展会期间设立知识产权投诉机构，以提高会展期间专利、商标、版权管理部门的执法效率。2009年2月，国家知识产权局、外交部、工业和信息化部等九部门联合印发《关于加强企业境外参展知识产权工作的通知》，从预防、援助和协助企业自我维权三个方面提出了境外参展知识产权纠纷的10项应对措施。

三、展会中知识产权纠纷特点

外贸展会知识产权纠纷与普通知识产权纠纷相比有其独特性，主要表现在以下几方面：

1. 爆发突然

由于境外展会持续时间一般只有短短的 3～5 天，而现时国外知识产权权利人又很少事先发律师警告函，他们通常采取突然袭击手段。2009 年德国柏林国际消费电子展上，中国展商刚在开幕式上聆听德国总理热情洋溢的讲话，人还没有回到展位，展品已被德国警察扣押，展位已被德国警察查封。如果没有紧急预案的参展企业，要找到当地律师请教，要向驻外使领馆汇报，要研究商量应对策略，加上语言不通等被动因素，可能连举证、申诉的机会都没有，展会就结束了。

2. 发生集中

近年中国外贸企业参加欧洲展会，几乎每次都遭遇不同程度的冲击，知识产权纠纷尤其集中在德国、法国、意大利等世界著名展会上。国际行业著名展会是集中展示新产品、新技术、新理念的平台，也是各种信息高度透明、互相交流的场合，展会展示科技成果的前沿性凸显了高科技知识产权保护的超前性，展会的国际性和广泛传播性，使发达国家跨国企业为了维护自身权益不惜在此挥动大棒，死战一场，这是境外展会各类知识产权纠纷集中发生的重要原因。

3. 关系复杂

一方面，知识产权纠纷涉案中国企业已由开始时的数家发展到现时的数十家，由少数几个技术领域发展到多个技术领域，由普通品牌延伸到知名品牌，开始呈现群体性的特点，这些纠纷极大地影响了出口商品信誉，损害了外贸企业形象；另一方面，展会知识产权保护主体——参展商在错综复杂的过程中，往往具有受害者和侵权者双重身份，一些中国参展企业有时昨天刚去组委会投诉被人侵权，而第二天却成为知识产权侵权者，为此受到了组委会的限制和处罚。

第三节　展会中涉及知识产权侵权类型

一、展会本身所具有的知识产权

展会本身所具有的知识产权主要包括展会的名称、会徽和商业秘密。

1. 展会的名称

展会名称作为一种外化的知识产权保护对象，其真实反映的是对于一个展会的设计理念，包括展会的定位、展会的内容、招展的对象、选择的开展地点和时间，等等。但由于设计理念属于人的大脑活动,具有无形性及主观性的特点,并非知识产权保护的对象,因此我们在此只能将其归纳为"展会名称"。从国外展览业发展的现状来看,在市场经济发展十分成熟的发达国家,展览业是门槛非常高的行业,在绝大多数经济和产业领域中,其行业内就只有一两个大型展览。但在国内情形则完全不同,很多展会的组织者不对举办地经济基础、区域性市场和购买力进行严格的调研分析,也不将精力放在如何做好招展、办展,创建品牌展会上,而是习惯性地"搭便车",看到国内什么展会办得好,容易招揽客商就采取"拿来主义"生搬硬套,定位、内容、市场、题目完全一致,结果造成相同主题、名称的展会泛滥成灾,恶性竞争严重,好的展会被分流,差的展会被投诉,展会之间的无序竞争让参展商和观众无所适从,造成"展会泡沫"。以国际建筑装饰材料博览会为例,目前全国以"国际建筑装饰材料博览会"为名的展会有中国(广州)国际建筑装饰博览会、中国建筑装饰材料(昆明)博览会、大连国际建筑装饰材料博览会、中国郑州国际建筑装饰材料博览会、中国青岛国际建筑装饰材料博览会等十余个展会,至于那些"搭便车"在展会期间跟风而起的同类型小型展会就更无法统计了。展会名称类似于商号权,具有很强的地域性。但遗憾的是,目前我国尚不支持对展会的名称申请知识产权予以保护。

2. 展会的会徽

由于目前我国的展会名称尚不能申请知识产权,因此实践中有些展会的主办方就展会专门设计了会徽,然后就会徽申请商标注册,或者进行版权登记。例如,2010年上海世博会、中国进出口商品交易会、江西景德镇的"瓷博会"、中山(国际)电子信息产品与技术展览会、中国绿化博览会等展会都专门设计了会徽,并申请相关知识产权的保护。由于会徽的显著性要较展会名称强,并且在招展过程中通常并不为参展商所注意,因此国内的展会到目前为止还没有出现展会会徽侵权的事件。

3. 展会的商业秘密

如何能吸引更多的参展商参展,吸引更多的观众参观,是每一个展会主办方所关心的事情。在长期的办展过程中,不少展会主办方积累了丰富的办展经验和相关信息,例如,通过掌握大量的客户信息而获得稳定的客源、完善的展会流程和组织安排、独具匠心的展馆布置和巧妙开闭幕式的创意设计,等等。这些都会为展会带来巨大的经济利益,因此很多展会主办方将这些信息作为商业秘密予以保护,特别是对客户信息,更是每一个展会主办方特别注意保护的对象。

二、参展项目所具有的知识产权

参展项目知识产权侵权从知识产权保护的客体来说,主要包括参展项目涉及商标侵权、专利侵权、著作权侵权。从中国进出口商品交易会近几年知识产权保护的数据来看，所有的侵权投诉全部集中在这三类上。而参展项目知识产权侵权从参展项目的内容来说，可以分为参展产品侵权、产品宣传页及展板侵权、软件侵权、展位设计侵权和展具侵权。

1. 商标侵权

商标侵权是境外展会表现较为明显的一类侵权行为。目前我国企业商标侵权的原因主要为对商标使用地域及时间限制的忽视。一些商标仅申请了在某一国的使用权利，则在其他国家展会中使用可能非法。此外，每种商标获得的使用期限在不同的国家不尽相同，对使用期限的忽视，可能导致超期限使用该商标的商品被诉侵权。例如，2001年德国家电展时，我国国内的一家企业——南昌奇洛瓦公司就遇到了这个问题。由于南昌奇洛瓦公司使用的商标超过意大利奇洛瓦公司授权的期限，被起诉侵权，致使公司损失惨重。如今随着大多数企业知识产权意识的逐渐提高，商标侵权行为正在逐渐减少，但仍有一些企业因为知识产权知识缺乏，在无意识中作出上述商标侵权行为。而为防范参展商的商标被人使用或抢注，参展商需要在展会中对使用的商标进行商标注册，该程序大约需要2～3年的时间。已经取得商标注册的，若需要获得知识产权强制程序的保护，须取得商标注册证明，该程序大约需要3个月。

2. 专利侵权

专利产品具有专有性，专利是经过法定程序认定的，受法律保护，专利所有权人对专利享有排他性的权利，未经专利所有权人许可，任何人不得为生产经营目的擅自使用、生产、销售或进出口专利产品，否则就构成专利侵权。专利侵权行为在近几年我国企业参加的境外展会中出现的比例较高，主要包括外观设计专利侵权、发明专利侵权和实用新型专利侵权。

（1）外观设计专利侵权。外观设计专利产品是指某种产品的外观设计与获得专利的外观设计相同或者相似，而且该产品与外观设计被授权时指定使用的产品类别相同或者相类似。判断被控侵权产品是否属于外观设计专利产品，不仅要看该产品的外观设计与权利人获得专利的外观设计是否相同或者相近似，而且要看该产品与权利人获得专利的外观设计被指定使用的产品类别是否相同或者相类似。在外观设计专利侵权判定中，应当首先审查被控侵权产品与专利产品是否属于相同或相类似的产品，不属于相同或相类似的产品的，则不构成侵权，只有在被控侵权产品与外观设计专利产品是相同或者相类似产品的情况下，才有必要进行下一步的判断。

（2）发明专利侵权。专利法所称发明是指对产品、方法或者其改进所提出的新的技术方案。其特点首先是发明为一项新的技术方案，是利用自然规律解决生产、科研、实验中各种问题的技术解决方案，一般由若干技术特征组成。其次，发明专利是保护实现某项产品或方法的技术方案，因此可分为产品发明和方法发明。产品发明包括所有由人创造出来的物品；方法发明包括所有利用自然规律通过发明创造产生的方法。方法发明又可以分成制造方法和操作使用方法两种类型。发明专利要求的技术含量较高，特别是对新颖性、创造性的要求较高，因此存在一定的授权难度，但授权后的权利稳定性更高。发明专利申请要经过受理、初步审查、公布、实质审查和授权/驳回五个阶段，因此，授权/驳回时间相对较长，一般均需要至少 1.5 年以上。

（3）实用新型专利侵权。《中华人民共和国专利法》实施细则规定："实用新型是指对产品的形状、构造或者其结合所提出的适于实用的新的技术方案。"可见，实用新型也是技术方案。这与发明有相同之处，但在其他方面有着重要的区别。首先，实用新型只保护产品，该产品应是经过工业方法制造的具有一定空间的实体，但该产品的制造方法、用途和使用方法不属于实用新型专利的保护范围。在实际申请中，若申请的专利名称虽然是一种产品，而在其权利要求书中的独立权利要求写入的全部技术特征是一种方法或实质上是一种方法；或者没有形状和构造上的特征，属于用不同的工艺方法制造的相同产品，这些都不是实用新型专利的保护范围。其次，实用新型必须具有一定形状或构造，或者是两者的结合。产品的形状是可以从外部观察到的确定的空间形状，不能是平面。而产品的构造是指其各组成部分所处的相应的位置和相互之间的连接方式以及它们的配合关系。

通常为防范参展商的技术被他人使用或申请专利，参展商需要为在展会中展示的技术申请专利。外观设计与实用新型授权大约需要 1 年，专利授权大约需要 2~3 年。申请发明、实用新型专利要具备新颖性、创造性和实用性三个条件，缺一不可。申请外观设计专利，只要具备新颖性，则可以申请，这里所指的新颖性，则应当同申请日以前在国内外出版物上公开发表或者国内外公开使用的外观设计不相同或者不相近似。由于展会本身具有流动性、短暂性的特征，加之会展业在中国还是个相对不成熟的新兴行业，所以，目前我国的展会知识产权保护制度不健全，尚有诸多问题值得商榷。

3. 著作权侵权

著作权的保护范围较广，主要体现在会展企业沿用其他展会的设计理念、产品说明书以及参展手册等；参展照搬其他参展企业的展台设计和搭建、广告宣传方案、宣传标志、现场舞美灯光的方案、展会中的标识（会徽、LOGO、吉祥物、纪念品、会展指示牌等）以及计算机软件等。众所周知，2010 年上海世博会的吉祥物"海宝"，就在世博会举办期间被大量的仿制进行生产销售，这实际上就侵犯了展会主办方的标识权益。因为，伴随着展会的品牌效益提高，知名度不断地扩大，展会标识作为其主办方的一种无形资产的价值也在稳步的提高，是受法律保护的。而现场以演示为目的的计算机软件以及背景音乐处理不当，这些皆会侵犯他人的著作权。中国的著作权不需登记，作品完成之日起自动受到保护，但是若想以展会上的著作权申请强制保护，则需进行著作权登记，该程序需要一个月的时间。

4. 参展产品侵权

从展会知识产权保护的对象来说，知识产权最为集中于参展产品。参展商往往会将最新、最好的产品带到展会上，而这些产品正是众多知识产权的载体。例如，一台用于木工切割的精密机床，可能包含了若干个发明专利或者实用新型专利；一套造型独特的茶具，可能已经申请了外观设计专利，也可能获得了版权登记；一个打印在产品上的简单图标，可能代表的就是一个社会认知度很高的商标。一旦有人复制、抄袭了这些产品，或者商标，就构成了对相关知识产权的侵犯。其中，较为特殊的是产品颜色侵权。部分外商可能会在某一地区注册商品的颜色，其他厂商的商品进入该地区就不能使用这种颜色。例如，在美国的伊利诺伊斯州，出口到该地区的扳手就不能使用红颜色。

5. 产品宣传页及展板侵权

受限于展会展位的规模，参展企业往往不可能将其所有的产品全部在展会上进行展示，而为了更好地对产品进行说明，为客商提供翔实的资料介绍，几乎每一个参展商都会印制产品宣传页或者设计产品介绍的展板。而这些产品宣传页及展板，往往有可能侵犯他人的知识产权或者成为被侵权的对象。例如，2000年德国科隆五金展期间，参展中国企业与当地警察发生严重冲突，起因就源于一家中国企业的样本图片侵犯了国外公司的外观设计专利。

6. 软件侵权

软件侵权，并非指将软件直接作为产品用于展销的行为，而是表现为现场以演示为目的的电脑使用了盗版软件或者展品本身使用了盗版软件。目前，已经有部分展会看到了展会中出现的软件侵权问题并加以重视，例如，在北京举办的"广告四新展"中，展会的组织者就非常重视展会中的软件侵权问题，展会举办前就在媒体上进行大量宣传报道，并在北京电视台作反盗版专题节目，邀请参展商美国奥多比公司中国区总经理皮卓丁先生介绍公司的业务和防盗版的活动，产生良好的社会影响。

7. 展位设计和展具侵权

展位设计和展具是展会知识产权保护中比较特殊的两个对象，它们与之前所列的各种参展项目有所不同，其仅仅是参展项目的载体，用于展示和表现参展项目，并不是真正意义上的参展项目。如何更好地突出企业形象和企业及产品文化，起到积极的广告累积效应为各个参展商所关注。因此，许多参展商耗费心机，甚至聘请专人对自己的展位进行精心设计，通过对声、光、电以及各种特殊展饰材料的组合和设计，在张扬个性的同时起到了良好的广告宣传效应。这种设计包含了力学、美学、建筑学等知识和艺术，从知识产权保护的客体来说，展位设计凝结了设计人的智慧劳动，理应成为一项智力成果而受到法律的保护。展具是指展会中用于展示产品的各种展板、展架、展台、展柜、桌椅、帐篷、舞台音响等专业设施。这些展具往往也蕴含了众多的知识产权，尤其涉及商标和专利。随着展具设计专利申请的增加，展会中的展具设计侵权就成为必然，虽然目前此类侵权投诉并不多见，但已有发生，在广交会的知识产权维权工作中，投诉机构就曾经就一种旋转展示架的专利侵权投诉进行过处理，所涉及被投诉对象均是该展示架的使用者。

扩展阅读

国外参展注意知识产权使用

知识产权的侵权主要分为四种类型：

第一种类型是商标侵权，这种行为是我们最不愿意看到的，因为这是最明目张胆的一类侵权行为，在1998年以前这种侵权事件发生得比较多，最近几年随着大多数企业知识产权意识的提高已经逐渐减少。

但企业仍然要注意商标使用过程中的地域和时间问题。一些商标的使用是有地区限制的，比如，某种产品的商标可以在美国使用，但在意大利却不行，因为在某一地区使用一种商标需要商标所有者的授权。另外，还有商标的期限规定。一种商标的规定期限可能是10年或20年，超过这个期限仍然使用的就有可能被诉侵权。比如，在2001年德国家电展时，我国国内的一家企业南昌齐洛瓦公司就遇到了这个问题。由于南昌齐洛瓦公司使用的商标超过意大利齐洛瓦公司授权的期限，被起诉侵权，该公司在此次展览上精心布置的展品在开展之前全部被当地警察没收，损失相当惨重。

第二种类型的侵权行为是抄袭别人的外形、结构、原理等。这种侵权行为是近年来发生最多的，占到整个侵权案件的80%。

第三种类型的侵权是我们很少注意到的，其是商品的颜色、包装及卡具。说到商品的颜色，可能有人会有疑虑，难道颜色也能构成侵权，但事实上确实存在这样的事情。有些外商很狡猾，它可能会在某一地区注册商品的颜色，其他厂商的商品进入该地区就不能使用这种颜色。例如，在美国的伊利诺伊斯州，出口到该地区的扳手就不能使用红颜色。还有的厂家仿造他人的包装、样本也会引起知识产权纠纷。另外，还有一种最容易被忽略的侵权行为是展览商品的卡具侵权。所谓卡具就是固定参展商品的一种附件，参展企业如不注意也会构成侵权，因为在展览期间，所有的产品都具有商业行为。

第四种类型是样本侵权。在历次的展览中，样本侵权发生得还是比较多的，占到全部侵权的20%。在今年意大利米兰卫浴展时就发生了这样的事情。中国展团中有一家公司，其参展商品并没有涉嫌侵权，但他们在展位上张贴的图片中有一个污水处理泵被意大利的一家厂商指控侵权，结果该公司的所有参展商品及样本图片都被抄走。2000年德国科隆五金展期间，参展中国企业与当地警察发生严重冲突，起因就源于一家中国企业的样本图片侵权。因此，在参加出境展览时，参展企业不仅要注意审查参展商品，还要注意展出的图片和样本。

资料来源：摘自中国外贸通网，http://china.53trade.com/waimao/view_news.asp?id=3416.

第四节　我国企业境外参展知识产权纠纷探究

一、我国企业境外参展常遇知识产权纠纷的原因

境外展会特别是国际著名行业性展会知识产权纠纷的多发是有其深刻的背景和原因的。会展行业是一个比较容易遭受知识产权侵权困扰的行业。一方面，展会活动本身作为一种"知识型"和"服务型"产品，其价值更多地体现在名称、品牌、举办历史等无形资产方面；另一方面，从参展角度，在展会上亮相的几乎全是最新的产品或技术，如果这些产品和技术得不到有效保护，企业的损失将相当惨重。因此，只有对展会侵权事件产生的原因做深入的分析，才能提出相应的解决策略。以下从内外两个方面对我国企业境外参展所面临的知识产权问题产生的原因进行分析。

1. 跨国公司经营模式转变所致

在经济全球化趋势下，外部加工已成为国际化生产经营的主要方式，许多跨国公司只保留对国际生产网络的经营掌控权，成为没有加工车间的"虚拟公司"，依靠数量庞大的知识产权和高超的资本运作技术获取超额利润。随着"MADE IN CHINA"的全球崛起，中国外贸企业凌厉的出口势头不断挑战跨国公司在各个领域中的王者地位，而且相当部分中国产品正通过技术升级向中高档延伸，从而形成了与发达国家同行产品更加激烈的市场竞争。倍感危机和恐慌的跨国公司坐不住了，处心积虑地对中国出口企业开始"围剿"和"追杀"，而知识产权则充当他们手中试图"一剑封喉"的利器。

2. 贸易保护主义和打击竞争对手的手段

境外展会向来是中国外贸企业走向世界的跳板，尽管目前欧盟法院对于知识产权的判决还无法在中国强制执行，但只要中国企业到欧洲参展，他们就在家门口实施保卫战，限制中国产品进入当地乃至欧洲市场。金融危机后全球经济复苏乏力，全球贸易保护主义回潮，继反补贴、反倾销、特保措施、标准壁垒之后，展会知识产权纠纷已经成为新形势下中国和发达国家之间双边贸易往来中又一个不可忽视的问题。

知识产权虽常以正义的面目出现，但无数经验证明，知识产权可能只是一种竞争手段。很多侵权投诉人并不是真正被侵权，只是出于商务目的打击竞争对手，破坏对手正常的展览行为。为何别的国家出口商品出现问题的比率高于中国，却未被国外媒体抓住不放，而"中国制造"一出问题就被无限"放大"？其一，知识产权具有垄断性。知识产权制度常被誉为推动经济增长和技术创新的进步动力，然而创新的根本动力来自竞争，相反知识产权保护本质上是一种垄断。为了遏制竞争对手，某些企业利用苛刻的知识产权保护制度给竞争对手设置障碍，使竞争对手无法通过创新而赢得竞争优势，一些市场主体甚至利用知

识产权保护进行讹诈，如层出不穷的商标抢注，甚至连西门子这样驰名世界的大公司也未能免俗，其抢注海信商标的行为使意欲开拓欧洲市场的中国海信公司几乎被拒之德国市场门外。其二，知识产权具有隐蔽性。发达国家结合国际贸易保护政策，利用知识产权的隐蔽性特点对发展中国家进行掠夺，其市场行为在知识产权的掩护下显得合理合法。美国便是其中的典型，常常利用知识产权来保护自己，打击对手。

3. 中国外贸企业自主知识产权意识有待提高

在国际会展上，我国的知识产权问题层出不穷。一方面，作为发展中国家，我国的知识产权问题长期被忽略，其意识也非常薄弱，相当多的产品，从软件到家用电器，使用的核心技术基本都是外国企业的专利。另一方面，我们还有一些企业知识产权意识淡薄，看到好的产品就惯性地想仿制、借鉴或参考，根本没有想到是否侵权；部分企业为了追求利益、明知故犯、铤而走险。同时不容回避的是，尽管我们已经有了物权法，但物权法中对非物质产权的保护还是有所欠缺，知识产权制度的相关法律仍亟待完善。

改革开放 30 多年来，我国外贸逐渐发展壮大，尤其在加入世贸组织之后，出口增长迅速，这在世界外贸史上都是很少见的。然而在这个进程中，由于缺乏自己的专利和商标，虽出口数量很大但利润微薄，还引发了许多贸易争端，展会知识产权纠纷就是其中一个缩影。据国家知识产权局调查，国内拥有自主知识产权核心技术的企业仅为万分之三，目前我国专利申请数量仅为美国的 4.9%、日本的 8.2%，而跨国公司出国门申请专利的更是鲜见，前些年上海为了鼓励外贸企业去境外进行专利"跑马圈地"，市财政专项拨款、计划资助 100 项获权国际专利，到最后申请的不足 5 项，很多企业处于有制造无创造或有产权无知识的状态，甚至还有个别企业靠仿造和假冒生存。

4. 外贸企业内部运营机制存在问题

我国外贸企业境外注册商标数量本来就不多，即便是中国最具有价值的 500 个品牌中，竟然还有近 50% 尚未在境外注册，内地已有 15% 商标在海外遭恶意抢注。近年来一些国有外贸公司境外商标注册数量还在逐年下降，这类企业很少有自己的工厂，出口多为"搬砖头"状态，缺乏培育自主知识产权的动力，如果把专利和品牌比作毛，那么出口产品和境外通路就是赖以生存的皮，皮之不存，毛将焉附？另外，很多外贸企业都实行独立核算、分灶吃饭的分配机制，所有费用开销都落实到具体部门甚至外销员身上，如果把申请专利、创建品牌的费用分摊给部门和员工，要求企业为了远期目标和明天收益影响当年盈利指标的完成，影响主要业务骨干的分配收入，实在是件勉为其难的事情。

5. 部分外贸企业从业人员的业务素质不高

现在有些外贸业务员缺乏知识产权相关知识，更不了解展会侵权的后果和风险，他们法律意识淡薄，征集展品时把工厂代理的商品"拿到篮里就是菜"，既不要求厂方提供相关证明文书，也不进行专利商标查询审核，以其昏昏，使人昭昭；有的企业曾为境外品牌做过定牌,业务员为了展示其生产能力,直接把样品放在展台上;还有些业务员明知产品有仿冒仿制等问题,却怀着侥幸心理,以为不一定会被发现,而在展会现场被查扣时又惊慌失措,个别业务员甚至撤掉展台、一走了之,不顾企业上黑名单、被迫退出市场的后果。

二、我国展会知识产权保护存在的主要缺陷

就展会知识产权保护存在的缺陷来说,除了展会的流动性和临时性给展会的知识产权管理造成了困难外,还主要表现在以下几个方面:

1. 政府管理层面

首先,政府相关部门对知识产权侵权问题的重视度和认识度不够。其次,地方政府对展会知识产权工作的政策也不够到位,与国家立法机关制定的有关知识产权保护的法律法规不够配套。最后,展会知识产权管理部门过于分散,权责不一,出现了"九龙治水"的局面。会展产业管理机制的问题可以说是我国特有的现象,目前,我国的会展业还没有统一的权威管理部门,各级政府部门、展馆、行业协会、金融机构都具有展会审批权,存在严重的多头审批、重复办展现象。当不同的主办单位举办同一或相似主题的展览会,又经不同的部门审批后,就可能出现重复办展,分散了有限的会展资源,导致会展质量降低。例如,对于"国际展",外经贸部、科技部、贸促会三家都具有各自的审批权。另外,按照国际惯例,侵权事件并非由展会的组织者去解决,而是由法庭和律师来处理。但我国的会展业有其特殊性,所以多个行政部门如何及时、公平、有效率地解决侵权事件,这也是值得执法者深思的问题。

目前,我国的会展知识产权保护主要依据的是四部委《展会知识产权保护办法》《中华人民共和国专利法》《中华人民共和国商标法》《中华人民共和国著作权法》中的相关内容。但是,随着会展知识产权侵权问题的日益复杂,这些法律在实际运用中出现了很多与实际脱节的地方,应当引起我们的重视进而加以完善。

首先,就《展会知识产权保护办法》而言,第一,其保护范围过窄。依据该法第二条规定,仅将专利权、商标权和版权纳入保护范围,这是明显欠妥的。随着科技的发展,各种新型知识产权不断出现,如植物新品种权、集成电路布图设计权、地理标志权等。这些新型权利因其创造性和获益性而被公认为是新型的知识产权并被相关法律加以保护,如《中华人民共和国专利法》《中华人民共和国著作权法》等。但是《展会知识产权保护办法》却没有将它们纳入保护范围,这是值得商榷的。第二,其规定的现场投诉处理机构组成过于复杂,如第七条规定投诉机构由会展主办方、会展管理部门、专利、商标、版权等知识产权行政管理部门的人员组成,这就给各部门的协调处理带来了困难。此外,该办法对会展主办方权利义务的规定以及侵权人的权利保障等方面也存在问题。其次,就《中华人民共和国专利法》《中华人民共和国商标法》《中华人民共和国著作权法》

中有关会展知识产权侵权的诉前禁令和诉前证据保全而言，在实际运用中也缺乏一定的可操作性，应用率和应用效果不理想。

从行政法的角度上说，《中华人民共和国专利法》已经规定了专利行政管理部门对专利侵权案件的管辖权，自然也就包括对展会中发生的专利侵权案件的管辖权，但实践中专利行政管理部门却往往没有运用行政手段来处理展会中的专利侵权纠纷，甚至还曾因此作为了行政诉讼的被告：

📖 案例

交易会上的侵权纠纷

2003年4月18日第93届中国出口商品交易会上，深圳市峡电实业有限公司发现在广交会上参展的两企业的展台上，摆放了涉嫌侵犯峡电公司外观设计专利的产品，便按照广交会《第93届中国出口商品交易会参展手册》上的指引，来到大会设立的投诉站（有广州市知识产权局的工作人员在内）对涉嫌侵权厂商进行投诉，并提供相关的权利证明材料。投诉站对涉嫌侵权的参展商的产品进行了先暂扣后放行的处理。峡电公司对投诉站的工作不满，并认为广州市知识产权局当时派驻了工作人员在广交会投诉站，却没有以行政程序对该专利侵权行为作出处理，遂以广州市知识产权局行政不作为为由告到了天河区法院。广州市天河区人民法院经过审理做出了一审判决，以原告向投诉站投诉不能视为向广州市知识产权局递交了投诉请求书为由驳回了峡电公司的诉讼请求。

就该案例进行分析，进驻广交会的专利行政管理部门，并不是以其执法人员的身份，而仅仅是以"广交会聘请的专家"名义进驻。其在广交会中也不以行政手段处理展会中发生的专利侵权纠纷，而仅为广交会设立的投诉站提供技术"鉴定"和"法律咨询"服务，对广交会期间发生的专利侵权案件进行处理的主体是代表广交会的投诉站，而不是专利行政管理部门。由此，也就出现了峡电公司向投诉站投诉不能视为向广州市知识产权局递交了投诉请求书的结果。

为什么会出现这样的情况，一方面是由于广交会知识产权保护采用的是"广交会模式"，也就是"家法治会"模式；另一方面也因为专利行政管理部门如果以行政处理的方式接受专利权人侵权处理请求，会遇到诸多问题，其分析如下：

（1）展会持续时间短与处理侵权程序需要时间长存在矛盾。展会具有短暂性的特点，通常一个展会的持续时间为三天左右，即使是广交会一期也只有六天，给予专利行政管理部门处理纠纷的时间就非常有限。按照一般行政程序处理专利侵权案件，《专利行政执法办法》（2001年12月17日颁布实施）第九条规定"管理专利工作的部门应当在立案之日起七日内将请求书及其附件的副本通过邮寄、直接送交或者其他方式送达被请求人，要求其在收到之日起15日内提交答辩书一式两份。被请求人逾期不提交答辩书的，不影响管理专利工作的部门进行处理。被请求人提交答辩书的，管理专利工作的部门应当在收到之日起七日内将答辩书副本通过邮寄、直接送交或者其他方式送达请求人"。即被请求人在收到处理请求后有15天的答辩期限，而对于展会来说，如果完全按照此规定进行操作，答辩期还没有满，展会便早已结束，投诉人旨在制止被请求人在展会中侵权的目的根本无法实现。而专利行政管理部门却要面对展会结束后，案件当事人各奔东西，行政处理程序所涉及的送达、口审、调解、作出处理决定等工作难以进行。

为了应对这一问题，四部委颁布了《展会知识产权保护办法》（以下简称《办法》），并于2006年3月1日正式实施。《办法》第十一条规定"展会知识产权投诉机构在收到符合本办法第八条规定的投诉材料后，应24小时内将其移交有关知识产权行政管理部门"；第十三条规定"在处理侵犯知识产权的投诉或者请求程序中，地方知识产权行政管理部门可以根据展会的展期指定被请求人或者被请求人的答辩期限"；第十四条规定"被请求人或者被请求人提交答辩书后，除非有必要作进一步调查，地方知识产权行政管理部门应当及时作出决定并送交双方当事人。被请求人或者被请求人逾期未提交答辩书的，不影响地方知识产权行政管理部门作出决定"。这实际是设定了一种展会知识产权保护的简易程序。《专利行政执法办法》与四部委《办法》相比，前者属于部门规范性文件，而后者属于部门规章；前者属于一般规定，后者属于特殊规定。因此在其他上位法没有做出规定的情况下，根据两者的法律效力等级以及特殊优于一般的规定，在展会中适用后者限定被请求人答辩期限的做法是有法律依据的。

但四部委《办法》在执行过程中，有很多当事人对四部委《办法》的合理性提出质疑，他们认为四部委《办法》限定被请求人极短的答辩期限，实际是剥夺了被请求人的答辩权利。实践中也确实发生过这样的案例：在第八届中国（广州）国际建筑装饰博览会上，专利权人就某几种铝型材的专利投诉展会中的另一家展销相同产品的参展商。根据被投诉人答辩，该种型材的专利请求人是在2005年3月底申请的，而被请求人早在2002年就对该产品开模生产，并且在2005年3月初的北京国际门窗幕墙博览会就已经向客户展销了该款产品，并且将产品刊登在了该届博览会的会刊上。为此，被请求人还找到了正在展馆中为下一届北京国际门窗幕墙博览会招展的组委会人员，并请作证。该组委会人员表示，确有此事，并且愿意提供该届博览会的会刊。由于该会刊并未随身携带，又恰逢周末无法请人协助提交。最后，该被请求人只能将所有涉嫌侵权产品撤出展位。在将展品撤离展位时该被请求人表示，如果一早知道对方就此申请了专利，他一定会备齐抗辩的资料。

从知识产权纠纷的性质来看，专利权侵权纠纷是完全平等的民事主体之间的私权纠纷，为了保护专利权人的权利而牺牲被请求人的答辩权利既有违程序正义，也有违实体正义，除非被请求人早有准备，否则在极短的答辩期限内，被请求人即使有充分的不侵权抗辩的理由及证据也难以提交。

（2）展会中涉嫌侵权产品是否侵权举证困难，鉴定难度大。展会的特性除了给处理程序带来的难题外，给知识产权权利人完成举证责任，专利行政管理部门判断涉嫌侵权产品是否侵权也带来了难度。展会具有前沿性与科学性的特点，往往展示的是最新的商品、技术、项目，其所涉知识产权范围广、内容多，如实用新型专利和发明专利，要在展会中的短时间内作出是否侵权的判断是非常困难的。尤其是当涉嫌侵权产品涉及的是大型或精密机械设备和化学配方产品等展品时，就更加难以判断。按照《中华人民共和国专利法》的相关规定，对于专利侵权的举证责任分为两种：一种是由请求人承担证明涉嫌侵权产品落入了专利权的保护范围的证明责任；另一种是针对新产品的生产方法发明专利采取举证责任倒置，由被请求人承担证明不侵权的责任。实践中，展会作为一种特殊的产品展示平台，知识产权权利人难以从被控侵权的参展者处取得有效的证据向专利行政管理部门提起处理请求，因此举证责任难以完成。由于缺乏证据支持其诉求，专利权人在向专利行政管理部门提出处理请求时通常会提出"侵权产品就在现场，你们去了就看见了"的现场勘验要求。这相当于将本来应当由专利权人完成的举证责任推给了专利行政管理部门，这显然与专利侵权诉讼谁主张谁举证的原则相违背。而且，即使专利行政管理部门同意先到被控侵权的展位进行现场勘验，也常常会发生没有发现涉嫌侵权产品，或者涉嫌侵权产品难以判断是否落入专利权保护范围的情况，特别是所涉专利为实用新型专利或者发明专利的时候，情况更是如此。因为实用新型专利或者发明专利往往涉及产品的内部结构，甚至是产品的配方、组分、生产方法等，要将这些与专利权利要求进行对比，仅仅凭借展会短短的几天时间和工作人员现场的比较是不可能完成的，有时甚至需要专业鉴定机构运用专门的仪器设备才能做出判断。例如，在广州（锦汉）家居用品及礼品展览会上，投诉站曾经接到专利权人投诉称，一些展位上正在展示的一种药物香皂侵犯了其发明专利，而其发明专利的权利要求主要是由皂基及某几种中草药组成，并且对中草药在香皂中所占的比例也有明确的规定。对于这样一个处理请求，专利权人虽然称被请求人说展示的药物香皂与其配方完全相同，但除非是能够拿到涉嫌侵权产品的鉴定报告或者能够说明其产品配方的产品说明书，否则即使去到被控侵权者的展位进行勘验，也不能立刻认定落入了专利权的保护范围。

（3）展会知识产权保护中存在专利权滥用。展会知识产权行政保护是一把双刃剑，一方面可以保护专利权人的合法权益，但是另一方面可能会成为参展商滥用专利权，进行不正当竞争，打压排挤同行的手段。实践中，在处理展会专利侵权纠纷的过程中，常常遇到这样的问题，很多被控侵权的参展商在遇到专利侵权投诉时反映，一些专利所反映的技术内容根本不具有新颖性、创造性，甚至是行业内已经生产了多年的产品。更有甚者，在广交会中曾经遇到这样的案例，专利权人向大会投诉站投诉多家企业侵犯其实用新型专利，投诉站工作人员在处理过程中却发现被投诉的一家企业在投诉人申请专利前就已经申请了内容完全相同的实用新型专利，并且获得了授权，真正是"李逵遇到李鬼"；还有一个非常典型的案例：浙江安吉竹产品展会专利侵权案。安吉是中国第一大竹乡，其县内一半的居民收入靠竹制品贸易，其他省份更有数百万农民、数以千计的中小企业依靠安吉竹子企业求得生存。但连续几年的展会中都有专利权人就安吉竹产品提出专利侵权投诉，涉及近20个外观设计及实用新型专利，覆盖了安吉70%以上的竹产品，导致安吉竹产品不得不从广交会等大型展会中撤出展台，为此，安吉县的竹产品加工企业失去了大量的国内外订单，安吉农村地区，家家开厂加工竹制品的情景已经消失，大批的安吉农民丧失了唯一的副业收入来源。而据安吉县参展的厂家声称，这些用于打击安吉县竹产品的很多专利技术其实是安吉县农民长期以来就已经在使用的编织方法和花色品种，现在居然被人用来申请了专利，他们想不通。于是，在第97届广交会中，就安吉竹产品事件，浙江展团专门与广交会知识产权投诉机构进行协商，安吉县的竹产品加工企业也联名上书，要求广交会对投诉人针对安吉县竹产品的专利侵权投诉不予受理。事件后，安吉县就所涉案的多项专利向国家知识产权局提交了专利无效宣告申请，并且成功地将其中部分专利无效。然而，之前由于展会中被投诉而失去的众多订单却不可能被挽回。

造成展会专利权保护出现的这种尴尬原因在于我国的专利审查制度对于外观设计专利和实用新型专利不进行实质审查，大量不具有专利性质的申请也获得了授权，甚至还存在不少重复授权的现象。在正常的专利侵权诉讼或者行政处理过程中，被请求人完全可以通过启动专利无效程序去将涉案专利宣告无效，并且在宣告无效过程中还可以申请人民法院或者专利行政管理部门中止案件的审理，抑或通过寻找公知技术来进行抗辩。但对于展会这种时间非常仓促的场合，被请求人难以收集抗辩证据，更不要说提出专利无效宣告申请。而一些参展商正是看准了展会知识产权保护存在的这一问题，恶意申请一些不具有新颖性或者创造性的专利，目的就在于在展会中排挤竞争对手。多数被投诉的参展商因此而丧失参展和订货的机会，即使会后最终能够证明不侵权，或者最终能够将该专利无效，但恶意投诉者不正当竞争的目的已经达到。

2. 参展商的角度

改革开放以来，虽然我国出口贸易的规模和商品结构都已经发生了巨大的变化，但技术进步带来的贸易成果却并不明显：出口竞争优势长期停滞在劳动密集型产品，属于全球产业链分工的低端。国内企业数量众多，质量参差不齐。部分企业急功近利，不在产品的研发上下功夫，而是投机取巧，用侵犯别人的专利权等不正当手段进行生产，导致知识产权问题屡禁不止。另外，参展商运用知识产权制度的水平不高。由于缺乏知识产权保护的法律意识，很多参展商在参加会展时并不了解自己展品知识产权的保护范围和保护方法，直到自己的参展产品被别人侵权时才意识到会展知识产权保护的重要性，导致其很难对侵权行为进行投诉。同时，参展商法律意识的淡薄以及缺乏相应的专门人才来应对有关知识产权问题的纠纷也造成了一些不法分子肆无忌惮地侵犯他人的知识产权。

3. 展会主办方

由于展会主办方资质和所办展会规模的不同以及展会主办方内部管理制度的规范和对于知识产权保护的重视程度的不同，使展会的知识产权保护水平参差不齐。

随着展会经济的发展，国内展会必然要进一步提高档次，进而办成国际性的展会，而缺乏展会知识产权保护方面的相关制度却严重制约了展会经济的发展，因为对展会的知识产权保护不力，国外展商对国内展会缺乏信任，不敢将其展品带入国内参展，展会缺乏国外展商的参加，自然不能成为国际性的大展会并达到预期的理想效果。除此之外，由于缺乏展会知识产权保护，参展商因知识产权纠纷在展会中发生争执的现象越来越多，甚至有的为此上演了"全武行"。如2004年5月在广州举办的"第93届中国日用百货商品交易会暨广东现代家庭用品展览会"上，两家参展公司就因为产品侵权问题发生纠纷，继而在展馆内发生十余人的斗殴，双方大打出手还有人为此受伤，致使数百名展商和客商纷纷躲避，展会秩序大受影响。这种结果出乎展会主办方的意料之外，本以为处理展会中的知识产权纠纷是找麻烦，影响展会秩序，孰知不建立展会知识产权处理规程，不及时解决纠纷将会引来更大的麻烦。

随着广交会知识产权保护模式的逐渐建立、成熟，也随着部分省市出台展会知识产权保护方面的意见或指引，在展会经济发达的地区，越来越多的展会主办方开始重视知识产权，在招展时与参展商签订带有知识产权条款的招展合同，制定针对本展会的知识产权保护办法或者在参展商须知中专门列明知识产权保护事项。例如，中国进出口商品交易会的《广交会参展展品管理规定》和《涉嫌侵犯知识产权的投诉及处理办法》、上海国际工业博览会的《"工博会"产品技术专利保护暂行办法》、深圳国际钟表珠宝礼品展览会的《深圳国际钟表珠宝礼品展览会保护知识产权规则》、广州国际家具博览会《广州国际家具博览会保护知识产权规定》、上海华东进出口商品交易会的《华交会涉嫌侵犯知识产权处理办法》等。2006年1月11日，就展会知识产权保护问题，在广州召开的第二届中国国际展会经济合作论坛上，中国贸促会联合全国会展行业从业单位发布了《中国会展行业保护知识产权联合行动宣言》，宣言由贸促会发起，并联合943家中国展会行业从业单位共同签署，宣言签署单位宣布将在所举办展会上杜绝剽窃、假冒、伪造、盗版等侵犯知识产权的行为。此外，中国贸促会还与国际展览管理协会签署了《中美会展业知识产权保护的共同声明》，该声明指出，国际展览管理协会与中国贸促会共同关注对知识产权进行剽窃、伪造、盗版的行为，绝不允许这些侵权行为损害展会和其他类似活动的名誉和信誉。国际展览管理协会与中国贸促会支持对参展商参展期间知识产权的合理保护。国际展览管理协会与中国贸促会将分别向各自的组展商、参展商、政府官员、法律部门等强调知识产权保护的重大而深远的意义。

总体来说，我国展会主办方对展会知识产权的保护大多借鉴了广交会的模式，无论是自律模式还是实行仲裁模式,都脱胎于广交会的大会投诉站处理展会知识产权纠纷的模式。而比较展会对知识产权的保护,又与意大利展会的"知识和工业产权服务规定",与瑞士巴塞尔国际钟表与珠宝展的"专家组"仲裁,与香港贸发局展览会保护知识产权措施有诸多相似之处。这是因为广交会在制定其《广交会参展展品管理规定》和《涉嫌侵犯知识产权的投诉及处理办法》时就充分借鉴了国外及地区展会在知识产权保护方面的成功经验。

然而,虽然目前国内很多展会主办方都效仿广交会制定了展会内部的知识产权保护规定,但真正能够切实做到对展会知识产权保护的仍然只有广交会一家。究其原因,还是本书在之前提到的广交会的展位属于稀缺资源,千金难求,并且广交会的背后是国家商务部,其主办方明显处于强势地位,参展商不得不遵守其确立的一切规则,听从其进行"家法治会"。而目前,除广交会外的一切展会,尚没有哪个展会有足够的勇气和魄力对其邀请来参加展会的参展商说不,像广交会那样将侵权的参展商拒之门外,充其量只是对纠纷双方进行调解,调解不成功也就作罢。因此,除了广交会外,我国展会主办方对展会知识产权的保护与国外展会相比,还只是形似神不似,不能真正地对知识产权权利人起到保护作用。

第五节 外贸参展知识产权纠纷的化解措施

一、政府相关部门的监管

根据当前会展业发展粗犷的特点,我国应当学习德国等会展业发达国家的理念。德国联邦政府并不对会展业直接管理,而是设置国家级的管理机构——德国展览委员会在德国发生展会知识产权纠纷企业常用的维权手段是向被告方发出警告函,向法院申请发放临时禁令,而后是收尾函和民事诉讼。其中,临时禁令和民事诉讼可强制执行,这也是我国最值得借鉴的地方。由于我国管理体制的多头性,常造成侵权问题解决时间滞后,各方利益没有得到及时的保护。另外,政府的宏观调控还要体现在政策上,一方面,要继续完善全国性的相关法律法规;另一方面,引入行业自律模式,成立由政府部门、行业协会和律师组成的展会知识产权保护委员会,建立投诉的快速处理机制。

在我国企业境外参展知识产权工作的管理方面,我国政府相关部门已经出台了一系列法规和管理规定,其中由国家知识产权局、外交部、工业和信息化部、司法部、商务部、国家工商行政管理总局、中华人民共和国国家版权局、国务院新闻办公室和中国国际贸易促进委员会共同发布的《知识产权局、外交部、工业和信息化部、司法部、商务部、工商总局、版权局、新闻办、贸促会关于加强企业境外参展知识产权工作的通知》可以作为政府相关部门的监管的纲领性文件，该文件集监管和服务于一身，统筹协调境外参展知识产权有关的工作。

知识链接

知识产权局、外交部、工业和信息化部、司法部、商务部、工商总局、版权局、新闻办、贸促会关于加强企业境外参展知识产权工作的通知

各省、自治区、直辖市、计划单列市及新疆生产建设兵团知识产权局、外事办公室、工业和信息化主管部门、司法厅（局）、商务主管部门、工商局、版权局、新闻办、贸促分会：

近年来，随着对外开放的不断深入和"走出去"战略的实施，越来越多的企业到境外展会参展，向世界展示我国企业的产品和品牌、形象，对增强我国企业国际竞争力、扩大产品出口发挥了积极作用。同时，由于个别参展企业知识产权意识不强以及一些发达国家以知识产权执法为手段加强贸易保护等原因，我国企业在境外参展遭遇知识产权纠纷甚至被以涉嫌知识产权侵权名义查抄的现象时有发生，严重影响了我国产品的信誉，损害了我国企业和国家的形象。为加强企业境外参展知识产权管理工作，树立我国企业保护知识产权的良好形象，维护我国企业合法权益，促进我国产品出口平稳健康发展，经国务院同意，现将有关事项通知如下：

1. 引导企业加强境外参展知识产权管理

行业主管部门、知识产权行政管理等有关部门（单位）要通过多种途径，引导企业增强知识产权意识和诚信守法意识；指导企业加强境外参展知识产权管理，了解展会所在国边境知识产权保护、展会知识产权保护等相关法律法规；督促企业加强境外参展产品知识产权的自我审核，对是否侵犯他人知识产权进行充分检索，降低境外参展知识产权纠纷风险。

2. 指导组展单位加强对企业参展项目知识产权状况审查

出境参展管理、行业主管等有关部门（单位）要加强对组展单位的管理和服务，指导组展单位对参展企业展品的知识产权状况加强审核把关，要求企业慎重选择出境展品，做出相关承诺，避免境外参展发生知识产权纠纷。要指导组展单位建立境外参展企业知识产权相关情况信用档案，对信用记录不良的企业参加境外展会从严把关。

3. 积极提供境外展会知识产权法律服务

知识产权行政管理等有关部门（单位）要根据企业申请，委托专业机构对出境展品进行知识产权风险评估，指导企业做好展前准备工作，备齐必要的证明文件。要组织进行境外展会知识产权预警监测，加强专业化知识产权文献数据库和信息平台建设，为有关行业

提供知识产权公共信息服务。对易发生知识产权纠纷的境外展会，商务部门要会同司法行政部门、贸促会等有关部门（单位）组织或指导聘请熟悉境外展会知识产权业务的专家、律师提供现场法律服务，帮助和指导参展企业妥善处理知识产权纠纷。

4. 加强与境外展会主办方的沟通和协调

出境参展管理等有关部门（单位）要协助组展单位与知识产权纠纷多发的境外展会主办方建立沟通渠道，深入了解展会主办国知识产权法律法规和展会执法等情况，及时反映我国参展企业的要求。对易发生知识产权纠纷的展品，协助组展单位将有关知识产权权利证明文件、不侵犯知识产权鉴定等材料在参展前提交给展会主办方及其所在地法院，尽可能避免根据知识产权权利人单方面诉求而引发知识产权执法措施。要协助组展单位和参展企业制定知识产权纠纷应对预案，指导企业妥善应对知识产权纠纷，维护我国企业合法权益。

5. 加大对知识产权滥用的对外交涉力度

商务部门要会同知识产权行政管理等有关部门（单位）充分利用知识产权双边磋商机制等渠道，针对境外展会滥用知识产权的行为，加强与展会所在国相关政府部门的沟通和交涉。同时，要加强与有关国家相关非政府组织的联系，及时掌握有关国家知识产权发展动态，研究制定符合我国实际的知识产权海外维权机制和争端解决机制。对经常发生知识产权滥用行为的展会，要委托相关机构发布预警信息，提示国内企业谨慎参展。

6. 鼓励企业申请、注册和购买境外知识产权

知识产权行政管理等有关部门要采取多种有效措施，鼓励和协助企业在主要贸易目的国申请、注册和购买知识产权，指导国内企业做好知识产权分析工作，以合作共赢为目标，加强与境外企业的沟通和交流，增加知识产权交叉许可和合作机会，从源头上避免或减少知识产权纠纷。

7. 引导企业建立知识产权合作机制

要充分发挥有关行业协会、知识产权专业机构的积极作用，引导企业建立知识产权合作机制，共享知识产权成果。加强行业协会在应对知识产权诉讼中的组织作用，集中行业力量共同应对知识产权纠纷，降低风险，分摊成本；统筹利用国内企业、研究机构等有关方面知识产权资源，增强集体谈判优势，提高企业应对涉外知识产权纠纷的能力。

8. 加大对企业知识产权管理能力的培训

出境参展管理以及司法、知识产权行政管理等有关部门（单位）要通过多种方式组织专家、律师对参展企业进行针对性培训，增强企业预防和应对知识产权纠纷的能力。力争用两年左右时间，将我境外参展重点企业轮训一遍。要组织收集整理国内外知识产权纠纷典型案例，结合世界知名展会知识产权法律法规和相关规定，编写通俗易懂的宣传资料，向参展企业免费发放。

9. 积极宣传我国知识产权保护成就

知识产权行政管理、商务和贸促会等有关部门（单位）要选择我国出口行业中具有自主知识产权的龙头企业加强正面宣传，树立我国企业的良好形象。要协助宣传、外事部门以多种形式和渠道大力宣传我国在知识产权保护立法、执法、打击侵权犯罪等方面取得的成就。

10. 加强对境外参展知识产权有关工作的统筹协调

知识产权行政管理部门要加强境外参展知识产权有关工作的统筹协调，组织研究应对境外知识产权纠纷突出问题，建立部门间信息通报和合作机制。要会同商务部门、贸促会等有关部门（单位）跟踪国际知识产权发展趋势，积极参与知识产权国际规则的制定；及时掌握企业遇到的知识产权问题，主动通报有关政策措施、境外展会的有关情况，积极主动为企业服务。

资料来源：中华人民共和国国家知识产权局网站，http://www.sipo.gov.cn/tz/gz/200902/t20090224_442102.html。

知识产权行政管理部门及展会管理部门加强对展会知识产权的检查、指导、监督与协调是促进会展业健康持续发展的重要保证。会展业较发达的省市地方政府也可适时出台本区域内展会知识产权保护的专门规定，并设立展会知识产权投诉机构。根据《展会知识产权保护办法》的规定，展会时间在三天以上的，展会管理部门认为有必要的，主办方应在展会期间设立知识产权投诉机构，投诉机构的组成人员应包括展会所在地的知识产权行政管理部门人员、展会管理部门人员及展会主办方人员。投诉机构主要负责接收知识产权权利人的投诉，暂停涉嫌侵犯知识产权的展品在展会期间展出，并将有关的投诉资料移交相关知识产权行政管理部门。投诉机构的设立能够及时有效地制止展会知识产权侵权行为。展会若未设立投诉机构，则主办方应将举办地的相关知识产权行政管理部门的联系方式在展会场馆的显著位置予以公示。

二、展会主办方的责任

在保护展会的知识产权方面，主办方的作用十分重要。主办方若能采取一些积极有效的办法，就可防患于未然，将侵犯展会知识产权的行为消除于萌芽状态。

首先，主办方可在展会前公告保护展会知识产权的规定，建议参展商在展会前将自己已经使用或准备使用的商标申请注册、将符合专利条件的产品申请专利、将可能被侵权的作品或软件进行著作权登记。并且要求参展商在展会期间随身携带能证明其知识产权权属的文件或许可使用授权书，或者法院已做出关于参展产品的知识产权纠纷的判决等。其次，主办方可在开展前与参展商签订的合同中约定知识产权保护条款，内容可包括参展商应当承诺其所有的参展项目不侵犯他人的知识产权；参展项目如经展会主办方认为涉嫌侵权，参展商又不能提供未侵权的有效证据的，参展商应当立即采取遮盖或撤展等措施；参展项目已由人民法院作出侵权判决或由知识产权行政管理部门作出侵权处理决定并已发生法律效力的，参展商若仍拒绝采取遮盖或撤展等措施时，展会主办方可以取消参展商当届的参展资格。再次，主办方往往会设立展会咨询服务机构，为更好地保护展会的知识产权，咨询服务机构组成人员应包括知识产权法律专业人员，专门为咨询者提供展会知识产权保护方面的法律咨询。未设立咨询服务机构的，主办方可将当地知识产权事务所的联系方式刊印在参展商手册上分发给各参展商，以方便参展商，尤其是异地参展商能及时有效地获得专业人员的帮助。聘请现场法律顾问解决侵权争端，对有侵权嫌疑的展品进行及时取证。最后，对易出现展品侵权的展会，主办方应采取展览现场不得擅自拍照，并有权没收并销毁现场拍照者底片及数码资料等措施，防范侵权。此外，主办方在招展时应加强对参展项目的知识产权状况的审查，可提前将本届展会参展商的知识产权进行备案和公示，或将历届展会的知识产权信息进行汇总，建立相关数据库，方便管理与查询，展会结束后应及时进行通报并为投诉人出具证明材料。虽然这在一定程度上加重了主办方的工作量，但从长远来看，这对于维护展会的声誉，吸引更多优质参展商，树立展会品牌，可起到推动作用。

三、参展商的自律

参展商在参展前应主动将自己已经使用或准备使用的商标申请注册，将符合专利条件的产品申请专利，或将重要作品及软件进行著作权登记，并且开展前应当按主办方的要求签订知识产权保护协议（条款），准备好相应的知识产权权利证明材料以备不时之需。参展期间，一方面可以了解其他参展商有无侵犯己方知识产权的行为，若发现存在侵权行为，应当抓住展会这一有利时机，积极取证，及时投诉，最好聘请当地律师或知识产权专业代理机构处理展会知识产权事宜；另一方面，若被投诉侵犯他人的知识产权时，也应当配合有关部门的调查，对于以打击竞争对手为目的的其他参展商的虚假投诉，应当积极应诉，提交未侵权证据，并应当服从有关部门的决定或裁定。另外，《中华人民共和国专利法》中规定，申请专利的发明创造在申请日以前六个月内在中国政府主办或者承认的国际展览会上首次展出是不丧失新颖性的情况之一，因此，参展商若未能在此类展会开展前申请专利，在展出后六个月之内应当尽快申请专利，以免因为丧失新颖性而无法获得专利权。根据《中华人民共和国商标法》的规定，商标在中国政府主办的或者承认的国际展览会展出的商品上首次使用的，自该商品展出之日起六个月内，该商标的注册申请人可以享有优先权，符合此条件的参展商也应尽快申请注册商标。此外，发挥行业协会的协调与自律作用，通过媒体宣传监督以及开展行之有效的知识产权普法教育，对推动展会的知识产权保护也可起到积极作用。

第六节　外贸展会知识产权纠纷应对实务

一、采取预防措施

展会知识产权纠纷并非不可避免，外贸企业可以分析问题产生的原因，并针对产生原因采取预防措施，将隐患消灭在形成过程中。为此，应努力建立一套机制。

面对境外展会知识产权纠纷的严峻形势，近年无论政府层面还是企业层面都在探索一种长效机制，从根本上消除知识产权侵权隐患，支持企业实施"走出去"战略。

1. 出台维权法规措施

2006年3月，由商务部、国家工商总局、国家版权局、国家知识产权局共同制定的《展会知识产权保护办法》正式实施；政府连续颁布《保护知识产权行动计划》，还配套出台了涉及立法、司法、为权利人服务等10个领域、717项具体措施，许多地方知识产权局也颁布了境外参展知识产权指引，实际操作性都非常强，这些管理规定和措施一方面提出要全方位维护我国企业的合法权益，另一方面严禁参展企业将冒用他人知识产权或知识产权归属不清的展品带入境外展销；2009年2月，国家知识产权局、外交部等九部委联合下发《关于加强企业境外参展知识产权工作的通知》，从国家层面提出应对境外展会知识产权纠纷的10项措施。

2. 组织专业交流培训

近年商务部、国家知识产权局等管理机构陆续在杭州、西宁等地召开会议，给境外参展企业提供了一个互相交流、研讨的平台，让部分参展企业及时总结知识产权工作实践，通过沟通信息、分析案例，让更多参展企业从别人身上吸取经验教训，提高应对涉外知识产权纠纷的能力；管理机构还准备有计划、有针对性地邀请组织一些专家学者，讲授欧美知识产权保护环境、技术创新和专利保护、专利获取与管理、企业知识产权战略设计、企业专利申请实务、知识产权资产评估、建立专利预警机制等内容，在此基础上推广普及保护自己、防止侵权的相关知识，降低企业参展侵权风险。

3. 增加相关法律意识

参展外贸企业是境外展会知识产权侵权保护或侵权的主体，首先应该增强这方面的意识。参展企业应认真学习领会政府出台的相关法律法规，知晓吃透政策和措施，在参展前可以寻求多方面的法律咨询和服务，在展会现场如遇突发事件则要及时争取专业人士的帮助和指导；参展企业还应该了解和熟悉欧美主要工业国家保护知识产权的相关法律法规以及《巴黎公约》、《马德里协定》、《伯尔尼公约》、《世界版权公约》、《专利合作公约》等这些我国已经参加的国际公约。要对这些法律的基本精神和内容有一个常识化的了解，既约束自己不做错事，又不允许他人把过错强加在自己头上，在此基础上争取专业法律人士的帮助以应对境外展会各种知识产权纠纷。

4. 开发自主知识产权

为了从根本上避免在境外展会上遭遇知识产权纠纷，中国外贸企业必须大力开发具有自主知识产权的关键技术，选择含有自主知识产权的展品参展。真正核心技术是花钱买不来的，只有靠我们自己开发，才能提高国际竞争力。而增强自主创新是一项系统工程，在目前情况下应该把原始创新、集成创新和引进消化、吸收、二次创新有机结合起来，对短期内无法拥有的核心专利技术，可以通过实施专利"包围"，开发出一批围绕原核心专利的应用型技术专利、组合专利、外围专利，最终向发达国家支付基础专利费的同时，向他们收取使用专利使用费，以取得发展空间。在产品进入国际市场前，应该兵马未动、粮草先行，首先考虑在拟出口、潜在出口，特别是将要重点发展业务的国别地区，通过申请专利、注册商标等手段实施知识产权先行保护。另外，开发自主知识产权要注重独创性。如果企业真的想走出国门，从长远来说，与那些知名品牌的差异越大越好，这样才可以避免许多因为商标涉嫌近似而产生的知识产权纠纷。

5. 设置专职机构人员

参展企业无论规模大小都应该设置知识产权管理机构，配备各种专业人员，落实有效的外包服务。有些参展企业让业务部门各自为政，以部门直接管理展会涉及的知识产权事务，实践证明这种做法既不利于企业总体策略，也不利于应对突发事件。大型外贸集团或出口企业宜设置独立的知识产权管理部门，配备专利、商标、计算机软件等专业法律人员，制定企业知识产权方针、策略、规划、各项规章制度，实施专利、商标、版权等申请、注册和保护，提出侵权诉讼、开展专业培训等职能。中小型外贸企业没有条件设置专职知识产权机构的，可以在总经理办公室、综合业务部或法律事务部中设置相关职能，视需要配备一定数量的知识产权专业管理人员；可以在业务部门设立知识产权工作联络员，定期召开会议，了解基层知识产权工作情况，并通过联络员将知识产权工作和要求落实到各业务板块和每个工作环节中去；另外，还必须与社会专利律师、商标代理、法律顾问建立关系，必要时获得他们的帮助和支持；中小外贸企业更应该重视培养本企业熟悉相关法律、懂得企业管理、掌握行业专业技术的复合型人才。

二、参展过程中参展商的知识产权纠纷应对措施

外贸展会，包括展会、展销会、博览会、交易会、展示会等，是参展商围绕某一主题，

在特定时间和区域内向相关公众或潜在客户集中展示自己优势产品或服务的活动。参展商为吸引订单，树立或强化品牌形象，往往会将自己最好、最新、最具市场竞争力的产品拿到展会上来，因此展会就成为品牌和最新成果的集大成者。正因如此，一些动机不纯的人将目光瞄准了展会，企图利用展会"零距离"亲密接触他人的知识产权，为其实施不法行为创造条件。利用展会侵犯他人知识产权的行为，极大地挫伤了权利人参展的积极性，也影响了展会的形象和信誉。参展企业在展示产品的同时，应注意保护自己的知识产权。

1. 在我国外贸展会上参展商的知识产权纠纷应对措施

2006年3月1日实施的《展会知识产权保护办法》，虽然很大程度上保护了参展商的知识产权，但利用展会侵犯他人知识产权的行为仍时有发生，"展会知识产权保护问题在中国目前比较严重"的观念仍然存在。作为参展商，在展会上有效展示自己的新产品的同时应注意知识产权的保护。

（1）与展会举办方订立知识产权保护条款。通过合同形式，明确展会举办方保护参展商知识产权的义务，促使举办方有效行使保护职责。比如，可以约定展会举办方有义务保护参展商的知识产权，一旦接到权利人的投诉，对涉嫌侵权的参展商要暂停其展出，移交相关知识产权行政管理部门处理，对确定侵权的，应要求侵权人撤展；展会举办方应当对参展商的身份、参展项目和内容进行备案，在参展商提出合理要求时，为其出具相关事实证明；对涉嫌侵权的参展项目，展会举办方应协助权利人进行证据保全等。

（2）熟悉知识产权侵权投诉机制。熟悉展会举办方制定的知识产权保护管理规定，了解举办方设立的投诉机构、投诉程序、举办方的查处职责、查处措施等规定。展会时间在三天以上的，展会举办方一般会在展会期间设立知识产权投诉机构。如果举办方没有制定知识产权保护管理规定，也没有设立投诉机构，权利人可以事先了解一下展会举办地相关知识产权行政管理部门（主要是地方知识产权局、工商管理局和版权局）的联系方式、所在位置等，一旦发现侵权行为，可以立即投诉。一些地方还专门设立了知识产权举报投诉中心，开通了投诉电话"12312"，权利人也可以直接拨打这一电话进行投诉。权利人最好携带知识产权的权利证书及其他有关证明材料一同参展，一旦发现侵权行为，可以及时有效地投诉。

（3）通过检索举办方提供的知识产权目录查找涉嫌侵权的参展商。一些展会举办方会在展会开始前向参展商公布本届备案的知识产权保护目录。参展商可以通过检索目录，重点查找相同或类似行业中是否有参展商提供的展品与自己的产品相同或类似，其展品的外观、功能、原理、工艺、技术等是否相同或近似，其产品名称、商标、企业名称是否相同或近似。如果自己的产品商标是驰名商标，则可以查找相关行业和不同行业中是否有商标、企业名称、产品名称与驰名商标相同或相似。如果通过目录即可判断其涉嫌侵权，可以立即向展会举办方或相关知识产权行政管理部门投诉；如果仅看目录不能确认，可以通过展会现场进一步证实。

（4）尽量不将还没有申请专利的产品拿去参展。虽然《中华人民共和国专利法》规定，在中国政府主办或者承办的国际展会上首次展出的发明创造，在六个月内申请专利仍不丧失其新颖性，但在展会上展出未申请专利的产品犹如免疫力低下的孩子，随时可能成为侵权目标。如果不得已确实需要拿去参展的，应注意以下几点：①展会必须是中国政府主办或承办的具有国际性质的展会。②必须向展会举办方详细备案，备案内容包括新产品的名称、外观、功能、原理、技术、发明人、实物图片等，并要求展会举办方对详细的备案内容进行保密。③要求展会举办方对该新展品参展出具相关事实证明。

（5）对未上市的新产品尽量不作公开展示。未上市的新产品和未申请专利的产品一样，都是侵权者猎取的目标。为了取得参展效果，参展商可以将新产品拍成照片或者录像在展会上展示。对确有诚意的客户，在核实并登记其身份资料、联系方式后，可以向其出示产品实物，但应禁止其拍摄、摄像。与客户订立相关合同时，应在合同中将新产品进行详细描述，并将产品图片作为合同附件。

（6）按照规定标注知识产权标记。对于已申请专利的产品，可以在产品、产品包装、说明书、宣传资料上标明专利标记和专利号；已注册商标的，应在产品、包装、说明书、宣传资料上印制商标，并标明"注册商标"或注册标记。对于享有著作权的作品，可以标明著作权人名称，办理了著作权登记的，可以标明著作权登记标号。通过对知识产权进行标记的，既起到宣传效果，又对不法分子起到了警示作用。

（7）发现侵权行为后及时进行证据保全。展会时间一般比较短，而对知识产权侵权行为的认定又需要比较长的时间，多数侵权案件难以在展会期间得到解决。一些侵权纠纷，可能还需要通过司法途径解决，因此权利人有必要在发现侵权行为后立即进行证据保全。权利人可以申请展会举办方对涉嫌侵权的参展项目拍摄取证，也可以邀请公证机构到现场保全证据，为制止侵权行为提供有力的证据支持。

2. 在国际外贸展会上参展商的知识产权纠纷应对措施

我国外贸企业在参加国际外贸类展会的时候，应高度重视知识产权问题。由于本国企业知识产权意识比较薄弱从而常常使自己处于被动的局面，为了避免这一问题，除了参展国内外贸展会知识产权纠纷应对的一些措施外，还应特别注意以下几个方面：

（1）及时注册知识产权。当前，参加境外的国际展示设计活动是我国企业从事出口贸易最常见的形式之一，但很少有企业就该展品在展出国家或者地区进行知识产权的注册，这很可能导致该产品的知识产权被抢注。我国企业在参展时也要对那些详细了解其产品的国外参展者提高警惕，防止他们借助该国际展会了解我国产品的实际情况，利用我国企业的疏忽抢注相应的知识产权。

（2）提前对产品相关知识产权予以检索。参展商在参加展会前，应对竞争者在相关领域具有的知识产权进行检索，提前得知参展产品是否存在侵权的可能性，将那些侵权的产品排除在参展范围之外，降低参展可能导致的法律风险，这也可防止因侵权产品的展出导致非侵权产品也被采取遮蔽或者撤离等处罚。

专利检索分析一般包括以下步骤：①确定参展商品的检索主题词。②确定参展商品的 IPC 分类。③用主题词结合 IPC 分类检索展出国专利。④将参展商品与检索到的专利权利范围对比分析。⑤结合展出国当地的法律状态综合判断。为了方便此类检索，近来已有一个叫 Prior Smart 免费的专业国际通用专利搜索引擎，能通过一个简单的界面搜索 60 个国家（或组织）的专利数据库，另外，为了解决语言障碍，世界知识产权组织正考虑实施"补充国际专利检索制度"，比如，可以要求美国专利局提供规定的国际检索报告，还可以同时要求中国知识产权局提供一份补充检索报告。

商标权方面，对尚未展出过注册的品牌展品，应利用现有的商标信息搜索资源进行商标检索，与当地注册在先商标，特别是行业内知名品牌进行分析比较，看商标图案，包括产品、包装设计是否有趋同现象，是否造成消费者的误认，确认该品牌商品并不违反当地商标法、反不正当竞争法等相关法律再参展。

（3）样品运输要考虑周全。在重要展会开展之前，各国海关与知识产权所有者会一起检查进口的产品。而我国很多参展企业知识产权意识不强，准备不充分，样品在运输过程中经常出现被海关扣押问题。欧洲海关数据表明，海关扣押的依据主要集中在：商标 90%，专利 8%，外观设计和版权分别为 1%；海关扣押的途径主要集中在：航空 43%，邮包 43%，道路运输 10%，海运 4%；海关扣押的价值和进口途径的配比分析：海运 74%，航空 16%，道路运输 8%，邮包 2%；被扣押货物的来源主要集中在：中国大陆、泰国、土耳其和中国香港；被扣押货物的种类主要集中在：服装、箱包、手表、珠宝、电子产品、软件光盘和玩具等；扣押货物活跃的地区主要集中在：法兰克福（机场和展会上）、汉堡（港口）和鹿特丹（港口）等。根据以上数据的分析与总结，参展企业要充分准备，考虑周全，结合自身公司的产品特点，选择适合本公司自身条件的运输方式和运输途径，提前预留出相应的运输时间来运输展品，以减少由于海关扣押，导致展品无法按时运到展会的被动局面出现。

（4）备齐和携带相关知识产权材料。参展商参展时，一定要带好企业的营业执照，产品的相关书面材料以及展品的权利证明等文件。如在欧洲参展时，对安全性能要求高的产品则必须有 CE（符合欧洲产品标准要求）的证书。假使该产品在之前发生过类似的知识产权纠纷，最终被法院或者权威机构认定其并未构成侵权，则企业在参展时必须携带该类证明材料。这些证明材料于企业再次面临知识产权纠纷时会起到很大的作用。例如，2007 年 3 月 15 日，爱国者的展品之所以在德国展会中被查扣，就是因为疏忽而未携带相关的知识产权证明文件所致。

有些非制造商的外贸企业，对自己代理的参展商品知识产权情况不甚了解，出展前在查询、分析对比的基础上，通常还会要求供货工厂出具相关担保，包括发生知识产权纠纷后承担各种损失。这样做并不是为了推卸纠纷发生后的法律责任、经济责任，而主要是为了引起供方的注意和重视，大家都领先一步、把好审核关，防止境外展会发生知识产权侵权纠纷。

（5）冷静应对律师侵权警告信。律师出具的警告信内容包括对侵权行为的具体描述、要求对方发表限期停止侵权的声明、惩罚条款等，还常常附有律师费用账单。参展商接到诸如此类的警告信时，宜按照以下步骤操作：①要求来人出示委托公司营业执照和授权委托书，以核实来人身份并判别其是否有权提出维权主张。②要求对方出示相关知识产权证明和记载权利范围的法律文件（专利说明书），仔细看文件是否真实有效。③对技术特征进行逐一比对，审视自己的展品是否存在侵权现象。④审视对方经济方面的要求，衡量其提出的标的额是否过高。

确认弄清情况后，可分别采用三种不同的策略：①如确认自己没有侵权，对方是一种无理取闹，或者是一种商业策略，就不要在警告信上签字，同时要及时向当地法院提交保护文本，还可以考虑提出反警告，甚至基于警告信所受到的损失而提出民事法律诉讼。②如的确存在侵权行为，可以考虑对具体条件讨价还价后签署警告信。这样做有两点好处：第一，可以避免进入冗长的法律诉讼程序；第二，可以向法院证明颁布"临时禁令"是没有必要的，从而保证其他非侵权展品得以继续参展。③在不确定侵权与否的情况下，不要轻易在警告信上签字，因为签字了就意味承认侵权，事后再也无法采取其他补救措施。此时应立即向律师咨询请教，迅速对警告信做出分析研究，权衡利弊得失后，再做出决定。

（6）冷静应对"临时禁令"。"临时禁令"具有强制执行力，如果被申请人拒绝执行，申请人可以要求警方协助。参展商收到"临时禁令"时要冷静按照以下方法处理：①要配合执法人员的工作，不要发生语言和肢体冲突，但不要随便在承诺停止侵权声明之类的文件上签字；如执行人员强行没收"涉嫌"侵权展品，可向其索取收据并仔细查看是否与实际被没收的展品吻合，以作为今后提出诉讼的依据。②对"临时禁令"提出的侵权依据，参展企业也应该审核其是否属于展出国家合法有效的知识产权。③对已颁布的"临时禁令"，如参展企业确认自己没有侵权，或认为复议有较大取胜把握，可以委托律师向法院提出复议。如对复议结果不认同还可以向上一级法院提出诉讼。切不可对"临时禁令"不理不睬，后果将是被永久禁止参展。④如参展企业对复议没有胜算把握，还可以委托律师要求"临时禁令"申请人限期提出诉讼，如对方提出诉讼，法院在听取双方意见和审查双方证据材料后将作出相关争议有约束力的判决；如对方超过期限仍不提起诉讼，被申请人有权向法院要求取消"临时禁令"，退还被没收的展品，并且可以要求对方赔偿自己因"临时禁令"的执行而遭受的损失；如对相关民事诉讼有信心，还可以就"临时禁令"提出民事诉讼。

（7）向法院预先提交保护令，获取答辩的权利。法院在签发"临时禁令"前，一般情况下会听取被申请人的答辩意见，但如情况紧急，则法院可以在不听取申请人意见基础上签发该禁令，即"临时禁令"。在存在"临时禁令"的展览国家，如果担心某些竞争者对手展会期间会请求当地法院发出"临时禁令"，查抄摊位和展品，可以事先向当地法院提交"保护性备忘录"，一般应包含三项内容：一是可能纠纷的双方当事人；二是可能纠纷涉及的专利；三是不适合发出"临时禁令"的理由（通常说明可能发生的纠纷并不具备紧急性且案件技术复杂，或涉及专利无效及参展产品不构成侵权等理由）。以德国为例，参展商在展示产品前可向法院提交保护令。提交保护令的目的在于，法院在收悉申请人的"临时禁令"请求时，将对保护令中包含的反驳理由进行考量，且在一般情形下，法院未经事前口头庭审程序，不会对参展商签发"临时禁令"，参展商可以继续展出产品。被申请人在口头听证程序中则可以"非侵权"或申请人的知识产权"无效性"为由进行反驳。当然，参展商需对提交保护令的法院进行考虑，如我国参展商在德国并无法定的居住地或分支机构，且其唯一可能发生的侵权纠纷地即为德国的展会举办地，则该参展商仅需对该展示设计活动所在地具有管辖权的法院递交一份保护令请求。若该商品并不限于在某个展会上展示，而是在德国普遍的做广告宣传，以专利为例，则该保护令需向德国全境内的所有专利纠纷法庭递交。

三、参展过程中参展商的知识产权维权措施

正确处理境外展会知识产权纠纷通常包含两个方面的工作：一是防止侵犯他人权益；二是保护自己的权益不受他人侵害。在展会上，参展企业要时刻准备防止被侵权，维护自己的权益。可以做好以下几个方面的工作：

1. 展前做好充分准备

境外展会知识产权维权工作也应打有准备之仗，重点要做好三项准备：

（1）熟悉相关法规。参展企业首先要熟悉了解相关国际公约，《巴黎公约》、《马德里协定》、《世界版权公约》、《专利合作公约》等是国际通用的保护知识产权的法律依据。其次参展企业还必须熟悉掌握展会所在国保护知识产权的法律法规，包括一些独有的知识产权保护规定和司法解释，只有详尽了解，才能有效保护。最后在维权操作中也有许多必须关注的细节，比如，境外取证一定要符合当地法律规定，有些在中国是合法的取证手段，在境外就可能被看作是非法，如果取证手段、程序非法，即便证据能有效证明事实，法院亦不予采纳。

（2）携带有效证明。境外维权投诉，不能口说无凭，维权人必须出示各种合法有效的知识产权权属证明，如涉及专利的专利证书、专利公告文本、专利权人身份证明、专利法律状态证明；涉及商标的商标注册证书、商标权利人身份证明；涉及版权的著作权权利

人证明、著作权人身份证明等。此外，还应备妥知识产权权利人的营业执照（复印件），如果委托代理人投诉还必须事先准备好届时填上投诉对象和内容即可使用的授权委托书。

（3）寻求法律援助。参展企业可以聘请熟悉当地法律的顾问提供展会应急法律援助，一旦发现他人侵犯我们的知识产权，就可委托当地律师全权处理，包括取证和投诉，这样做不仅快捷有效，还可避免许多不必要的麻烦。欧美工业国家知识产权体系中有众多官方和民间的法律咨询服务机构，比如，德国专利商标局、德国工商业法律保护中心、欧洲专利局、欧盟商标与外观设计保护局等，参展企业要信任当地机构，善于利用这些机构提供咨询、检索等法律援助，在关键时刻利用这些机构维权。

2. 展中采取果断措施

展会是知识产权侵权高发地，一旦发现侵权现象，参展企业应果断采取措施。

（1）及时取证。遭遇展会知识产权侵权，无论是当场投诉还是日后起诉，都必须要有证据证明侵权事实存在，所以取证就成了打击仿冒的关键，取证时应当注意：①展会布展完毕即可安排专人在展会现场进行巡视，以便及时发现其他参展商对本企业的侵权嫌疑。②应当在侵权人发觉之前拿到证据，否则证据很可能被藏匿或销毁。③取证过程尽可能悄悄进行，更不要与侵权人发生直接冲突，最好用特殊手段摄像，这些音像资料都可成为有力证据。④有可能的话借助外力，让律师或专利代理人陪同前往，有些投诉人还带了公证机构工作人员到现场取证。

（2）主动投诉。取证后应立即投诉，可向展会现场侵权投诉中心投诉，可以向当地知识产权局、专利局等行政管理部门投诉，也可以直接在当地法院起诉。投诉时必须递交的材料：①投诉文件至少应对侵权行为进行简单描述，提出具体投诉要求，留下联系方式。②递交已收集到的侵权人侵权证据。③递交自己享有该知识产权的合法有效的权属证明。④递交其他材料，包括公司营业执照（复印件）、授权委托书等。

（3）严肃处理。如被投诉方未能在规定时间内提供有效证据材料，经展会侵权投诉中心检查，确认对方侵权，参展企业要监督对方立即采取实际行动，将侵权产品遮盖，并尽快撤离展会现场，同时可依法向侵权者提出进一步的法律及经济要求。

3. 展后实施侵权跟踪

展会时间只有短暂几天，侵权案件处理一般不可能在几天之内结束，对侵权人的处理以及索赔的要求更不可能在展会期间得到解决，因此展会结束之后，参展企业必须实施侵权跟踪。侵权跟踪可根据不同目标采取相应措施：

（1）仅在展会维权。以仅在展会维权为目标，可督促展会侵权投诉中心尽快对侵权行为作出结论，要求侵权人承诺今后展会不再重犯，同时决定是否起诉以及向侵权人提出赔偿。

（2）在当地市场维权。以在当地市场维权为目标，除了采取上述措施之外，还应当与当地工商、海关等部门取得联系,将侵权人侵权事实予以报告,将侵权结论予以备案,以防止侵权商品仍在当地销售及再次进入市场。

(3)大范围综合维权。以大范围综合维权为目标,除了采取上述措施外,需要在该知识产权所有已经注册的地区同时采取维权行动,特别要重视侵权人所在国别地区的源头打击。

案例

"王致和"案

"王致和"老字号,创于清康熙八年(公元1669年),至今已有338年的历史。2006年7月,出于拓展德国市场的需要,王致和公司准备在德国注册"王致和"商标时,却被意外告知,"王致和"腐乳、调味品、销售服务三类商标已经被德国OKAI Import Export GmbH(以下简称"欧凯公司")于2005年11月21日申请注册,并于2006年3月24日起开始公示。按照德国商标法的规定,商标初审公告期为3个月,如果在3个月内商标局未收到第三人提出异议,则予以核准注册。据此规定,此时"王致和"商标已经落入欧凯公司手中。随即,王致和公司的代理律师向欧凯公司发出律师函,并积极与对方进行协商。在与对方协商未果后,王致和公司委托由中方、德方律师共同组成的律师团,根据德国反不正当竞争法和商标法等相关法律,向德国慕尼黑地方法院提起诉讼,要求欧凯公司无偿归还商标,依其使用"王致和"商标获利情况对王致和公司进行赔偿,并要求对该公司的恶意抢注行为进行处罚。

2009年4月23日,慕尼黑高等法院作出终审判决:裁决"王致和"商标侵权案中方胜诉,德国欧凯公司停止使用"王致和"商标,并撤回其在德国专利商标局注册的"王致和"商标。至此,这起被誉为"中华老字号企业海外诉讼第一案"的纠纷终于以"王致和"商标物归原主而告终。

【案例评析】

(1)"兵马未动,粮草先行":商标应该成为中国企业"走出去"的先头部队。商标权是知识产权的重要组成部分,跨国企业普遍对此予以高度重视。相比之下,我国企业的商标权意识比较薄弱,因而更容易在"走出去"的过程中遭遇商标抢注纠纷。商标一旦在国外被抢注,我国的企业产品要进入被抢注国家或地区,就得以重金买回本该属于自己的商标或"改名换姓",这两种方法都需要付出高昂的代价。因而企业应事先在潜在海外市场进行商标注册,将商标作为海外市场战略的排头兵,为自己的产品开山铺路,占地圈营。这是一种成熟的商业战略,也是最经济、最简单、最有效的自我保护方式。

(2)"眼观六路,耳听八方":中国企业建立商标侵权监测预警系统刻不容缓。

2006年7月，王致和公司被德国专利商标局告知"王致和"商标被欧凯公司注册时，其实欧凯公司获得德国专利商标局核准尚不超过1个月的时间。欧凯公司在2006年1月提出注册申请后，德国专利商标局对其申请自2006年3月24日起开始公示，按照德国商标法的规定，商标初审公告期为3个月，这3个月为异议期，如果有第三人在此期间向商标局提出此项注册申请侵犯其权利的异议，那么欧凯公司很有可能不能获得注册。因此，如果王致和公司提前1个月发现被抢注的事实，然后向德国专利商标局提出证据确凿的异议，德国专利商标局可能将会驳回欧凯公司的注册，从而避免日后旷日持久的诉讼大战。因此，建立商标与品牌的侵权监测预警系统对于我国企业防范海外侵权风险，扫清潜在的市场障碍具有不可替代的作用。

商标与品牌预警的目的就是及时发现商标在国内外所受到的侵权风险并果断地采取措施予以制止，将维权成本降至最低。在侵权人抢注商标尚未成功之前，维权费用是非常低的，而一旦抢注成功，则意味着必须通过诉讼或者赎金等方式解决纠纷，维权的成本将非常高。并且，诉讼期间许多国家禁止争议商标的使用，对产品的销售极为不利。

（3）"知己知彼，百战不殆"：熟悉外国法律与国际条约，采用正确的诉讼策略。王致和公司之所以能够打赢这场跨国诉讼，排除其他因素，很大程度上是因为采取了正确的诉讼策略和技巧。王致和公司主要在三个方面向欧凯公司提出诉讼，即恶意抢注、侵犯商标图案的著作权和不正当竞争。我国企业在"走出去"之前，必须认真研习国际知识产权条约与规则以及目标国家与地区的相关法律法规。许多跨国公司将我国企业拖入诉讼，正是希望利用我们不懂外国法律与语言逼迫中国企业就范。欲与之同台竞技，必与其共悉规则。此外，在跨国诉讼中选择中方律师与外国律师共同组成律师团，也有利于我们变被动为主动，更好地在国外进行诉讼。

竞争手段：查抄

2008年的CeBIT上，被查抄的中国展台数量创了历史新高。查抄"罪名"涉及技术、外观、商标侵权等方面，产品涵盖MP3播放器、GPS导航仪、音箱、手机等电子消费品。CeBIT上主要有四家公司大规模地通过申请查抄保护自己的专利权，它们是意大利的专利管理公司Sisvel、飞利浦、索尼爱立信和瑞士军刀，分别针对MP3、DVD、手机和U盘侵权行为。检举方提供的资料十分全面，检察院在听取单方面意见后便可紧急判定被检举方是否侵权。一旦证据在手，法院便签发"临时禁令"，警方随后采取查抄行动。德国法院的决定具有强制性，企业如不交出展品、缴纳罚款，将面临人身拘留（如表7-1所示）。

表7—1　中国企业在境外参展有关专利查抄典型事件一览表

时间	地点	企业	备注
2008年8月	德国（柏林国际消费电子展IFA）	海信、华旗、魅族、纽曼等	德国海关以"可能侵犯专利权"为由，突袭了包括中国企业在内的69家企业展位。德国海关公布的数据显示，有69个展台的170款电视、140款MP3、21款手机和57款DVD录像机被没收。其中大多数是来自亚洲的参展商
2008年3月	德国（汉诺威CeBIT大展）	魅族、技嘉、倚天资讯、兆赫电子等	目前CeBIT上主要有四家公司大规模地通过申请查抄保护自己的专利权，它们是意大利的专利管理公司Sisvel、飞利浦、索尼爱立信和瑞士军刀，分别针对MP3、DVD、手机和U盘侵权行为。涉案的51家参展商中，24家来自中国内地，3家来自中国香港地区，12家来自中国台湾
2007年3月	德国（汉诺威CeBIT大展）	华旗、纽曼、迈乐数码、深圳超人、台积电等	在展会期间，有多家中国内地和台湾地区厂商的数码产品因涉嫌"侵犯专利权"被查抄，部分展品被德国警方没收，主要产品为MP3和MP4
2006年10月	法国巴黎（世界制药原料展览会）	无锡金丽洁公司、南京砭蔚化工公司等	"赛诺菲—安万特"集团指控中国3家企业专利侵权，法国内政部有关部门对这3家企业的6名参展代表进行了扣押，并展开司法调查。这导致当时参展的中国医药企业全部"弃柜"回国。这一事件被称为中国医药行业的"巴黎门"
2006年7月	欧盟当地海关	不详	美国MP3芯片厂商SigmaTel宣布在欧洲申请边境查封措施，任何侵犯了其专利的中国产MP3播放器在进入欧洲市场时，都可以被欧盟国家海关没收
2005年11月	英国（格拉斯哥农作物科学与技术展览会）	安徽华星化工公司、河北威远生化公司	20家中国企业被亮"涉嫌侵犯专利"红牌，其中，两家中国企业被逐出展会
2002年1~2月	欧盟海关	深圳普迪公司、惠州德赛视听科技有限公司	1月9日，深圳普迪公司出口到英国的3864台DVD机被飞利浦公司通过当地海关扣押，原因是侵犯知识产权，没有缴纳专利费。2月21日，惠州德赛视听科技有限公司出口到德国的3900台DVD也被德国海关扣押

查抄其实是一种竞争手段，多数企业被查抄，虽然最后没有被判定侵权，但大批量订单都在旷日持久的诉讼中流失了，其损失甚多。微软、苹果、三星都曾在CeBIT遇到过类似的专利纠纷。近年来，由于中国电子产品大量出口欧洲，对国外厂商构成竞争，因此某些厂商便试图借控制专利权的游戏规则打压对手。这种游戏规则，被查抄的中国展商并非不知。就MP3专利来说，许多中国展方都曾与意大利MP3专利代理公司Sisvel接触过。但中国公司认为，Sisvel的专利许可条件过于苛刻：申请专利者不仅需要缴纳15万美元保证金，还要补交公司以往产品的专利费，但Sisvel又不相信中国公司给出的数据；而没

有销售记录的新公司,拿到专利许可就更难了。

面对查抄,我国企业该如何解决?

首先,要了解展会知识产权的处理流程(如图7-1所示)。其次,被查抄的企业有四条出路:向法院申请终止刑事调查程序;对搜查令提出抗辩,进入法律程序;要求德国当局取消搜查令,返还展品;请当地大使馆出面协调。但实际上,被查抄的中国企业无一例外地选择匆忙撤展、息事宁人。中方"不作为"势必造成更多恶劣后果:德方今后将更无顾忌地签署"临时禁令";检举方也会继续挥舞这支"毫无成本的大棒"打压对手。为使企业不再处于被动地位,企业加强自主创新是避免查抄再次发生的根本出路。但短期来讲,中国企业应该联合起来与专利所属公司谈判。

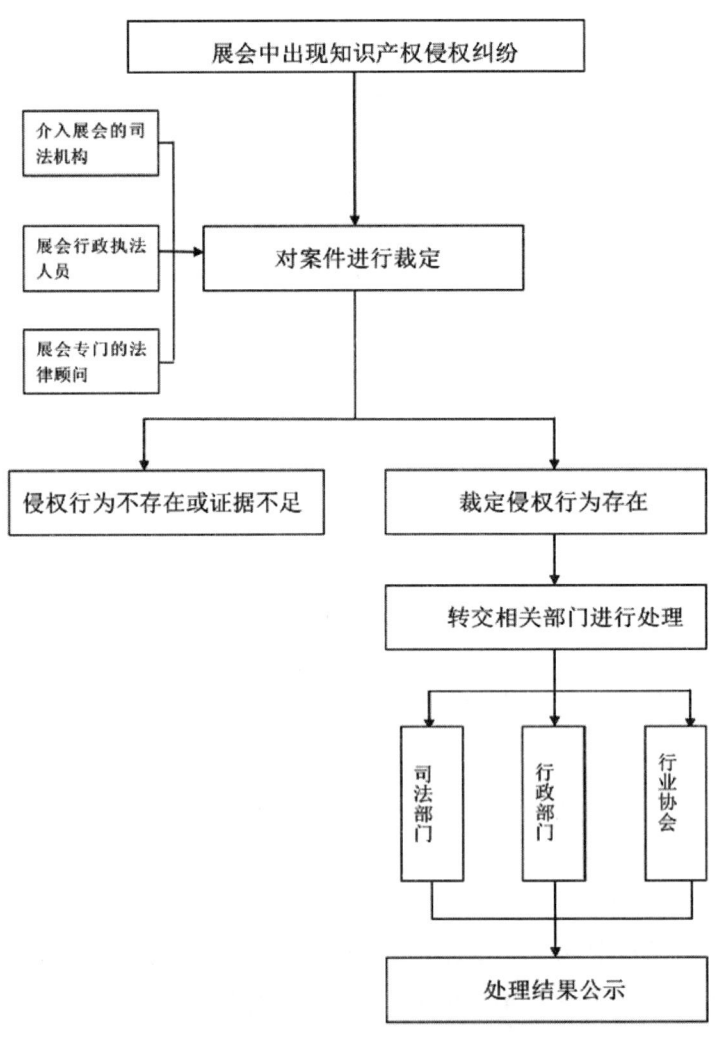

图7-1 展会知识产权纠纷的处理流程

巴塞尔钟表展的知识产权案

2008年4月，天津海鸥手表集团公司赴瑞士参加一年一度的巴塞尔钟表展。这已是海鸥第十二次竞技"国际表坛奥林匹克"。与往年不同的是，海鸥参展的高端产品在本届展会上受到了瑞士一线独立制表人的"特别关注"。这位业界"大腕"向展会组委会提出申诉，认为天津海鸥参展的一款双陀飞轮手表侵犯了他所拥有的专利权，违反了（瑞士）联邦专利保护法，并要求海鸥公司立即交出双陀飞轮机械表展品并由组委会带走检查。因此，双方就这一款双陀飞轮手表展开了紧张的"知识产权之争"。

如果败诉后果是严重的。首先，产品撤出展会场，缴纳约8万多元的诉讼费，对方在一年内保留进一步诉讼的权利，而专利侵权很可能面临一大笔赔偿。其次，企业的声誉会大受影响，按照展会规定，两年之内失去参加巴塞尔表展的机会。面对瑞士斯沃琪集团法律顾问携带组委会知识产权委员会律师的来势汹汹，天津海鸥集团总经理吕军临时赶赴巴塞尔，面对此景，吕军毫无惧色。要求对方出示控告海鸥侵权的依据，同时叫来了"我们的律师"欧米茄公司拿出了他们的注册商标与资料。吕军迅速意识到两点：①以"CO-AXIAL"一词指控，说明我们的产品在技术上、外观上，对方已挑不出问题。②"CO-AXIAL"一词不是欧米茄创造的，任何字典都能查到这个词。构成欧米茄商标的，是"CO-AXIAL"一词与很多元素的组合，所以，海鸥不可能侵犯对方商标权。尽管很有信心获胜，但海鸥还是慎之又慎，要求天津传真了很多补充材料，一旦判决不利，将作进一步申诉准备。最终海鸥凭过硬的核心技术与专利保护赢得了此次裁决的胜利，成为在瑞士表业胜诉的第一家中国企业。组委会瑞士籍主审专家对争议手表进行鉴定后，称赞海鸥"十几年走了瑞士百年的路"。

【案例评析】

（1）展会中知识产权被侵权怎么办。海鸥的解决办法：首先，临危不惧，坚决不让对方把双陀飞轮表带走，不但是对自己产品的一种保护，更是在为维护企业的形象与声誉据理力争。其次，及时找到了专业的知识产权律师。而最主要的原因是因为他们拥有自主核心技术的专利权。可见，出国参展，自身产权的问题应得到特别的重视。

（2）海鸥已竞技"国际表坛奥林匹克"十余次，为什么还是遭遇了知识产权纠纷问题？

其实，这个问题的答案并不仅仅是因为海鸥企业没有做好预防措施，而是中国企业"严重抄袭"的现象已影响了海外人士对中国企业诚信度的怀疑。海外展会中，中国企业中招屡见不鲜。特别是在赴德国、美国、意大利、法国、英国等重要展出国家参展的过程中，频繁发生知识产权纠纷。尤其在国际性的大型展览会上，我国展品往往成为外国企业收集中国企业侵权证据的"集中营"。因此，努力提升企业诚信指数的问题也迫在眉睫。

（3）此次巴塞尔期间"海鸥表"诉讼事件，以某种角度看，是对海鸥表业在"自主知识产权"及其保护体系方面建设的一个考验，那么如何建立展会知识产权全方位的保护体系。首先,在进入相关市场之前就应对竞争对手的知识产权战略进行分析。其次,对法律环境做好充分的调查。只有充分准备有效的预警机制,才会尽量避免陷入侵权的陷阱。企业要想在经济全球化的浪潮中壮大成长,就应加强对知识产权的研究,学会利用"游戏规则",做到完善技术、依法经营、增强自我保护意识、多申报技术专利。

完善技术:现在中国钟表企业用的机芯大多是来自瑞士或日本,且很多产品已被推向市场一段时间之后才卖给我们。而机芯又限制了钟表的外观设计,所以只有完善技术、自主创新,才能完全拥有自己的钟表机芯。

依法经营:知识产权作为一项法律制度而存在,是一种利益平衡机制,是每个企业都要遵守的。企业不应只追求短期效益,轻视知识产权法律制度的存在,一旦遭到侵权指控,不仅会遭受经济损失,更有损企业品牌形象。

增强自我保护意识、多申报技术专利:加入世界贸易组织后,我国要与国际接轨、公平竞争,要想在世界的游戏规则中始终处于有利地位,增强知识产权的保护意识刻不容缓。

外贸企业遭遇涉外知识产权纠纷(临时禁令案例)

一家中国公司于2004年开发出一款有1500瓦的电动摩托车。开发成功之后,中国公司在阿里巴巴网上宣传此产品广告。一家奥地利公司看到广告后,与中国公司联系,并且向其订了几辆摩托车。双方开始合作时,奥地利公司让中国公司签了一个合同,上面写着奥地利公司是生产商,提供技术资料,且负责产品的申请认证,而中国公司负责生产。双方合作两三年后,业务量不断增加。2008年,中国公司决定参加科隆国际摩托车展,并且在展会上展出了卖给奥地利公司的两款摩托车。

为此,奥地利公司在科隆中级法院申请诉前临时禁令。申请书的法律依据是《反不正当竞争法》第4条第9款的反仿冒条款。此款要求权利人必须是生产商,而这一点也是双方争议的焦点,中国公司对诉前临时禁令提出异议。奥地利公司在临时禁令的申请书上以宣誓声明的方式称,这两款电动摩托车的所有技术和设计都是他们提供的,中国公司同样在宣誓声明中声称,这两款车是他们自己开发生产的,与奥地利公司没有关系。作为证据,中国公司提供了在中国申请的外观设计证书,还有合作零配件生产商提供的宣誓声明,声明相关零配件与欧洲公司没有任何关系。开庭审判时法官称,在临时禁令程序中,因为双方的宣誓声明内容完全相反,他们重点看有没有其他证据。对中国公司非常不利的是,合作开始签的合同上明明白白地写着奥地利公司是生产商。所以法院认为,临时禁令是合理的,既然签了合同,就必须承担后果。

【案例评析】

(1)请及时申请注册自己开发的新产品。很多中国企业,特别是江浙一带的中小型企业,通过贴牌加工向国外企业销售产品。改革开放30多年,我国贴牌加工的具体形式也发生了实质性变化。最初,中国企业没有自己的技术和设计,主要靠国外的委托公司提供;而现在,很多中国工厂已经具备开发新产品的能力,在与国外客户的合作中,许多中国企业能够提供自己的技术和设计,但是因为缺乏相应的法律知识,不知道保护自己的权利,往往把自己的相关知识产权拱手相让。笔者已经多次遇到欧洲购买商将中国工厂开发的新产品作为自己的外观设计或者发明专利申请注册的情况。

(2)合作之初,签订任何合同之前,一定要对合同的内容有清楚详细的了解。此中国公司负责人不懂英文,认为签了合同就能有订单,这种理解很危险!这也显示了法律咨询的重要性。对于长期合作的合同,应该事先通过律师审查,对每项条款可能带来的后果进行咨询,必要时与对方谈判,对合同进行修改。只有这样,才能保证不会出现此中国公司遭遇的情况。

(3)合作过程中,中国公司不断提高产品质量,将开发出的部分零配件安装到销往欧洲的产品中。如果此中国公司将自己开发出的零配件在欧盟申请注册,那么中国公司不会因为反不正当竞争陷入尴尬境地。

需要注意的是,如果开发出自己的新产品,应该及时申请注册专利。这是保护自己、防止意外的方法。因为一旦中国公司要自己开发欧洲市场,那么过去的合作伙伴就会变成竞争对手。

(4)积极应对临时禁令。本案例中,法院单一地以合同为准维持临时禁令,对中国公司而言是一个打击。至今,收到临时禁令的企业大多采取回避的态度,只有极少数公司提出异议,也只有少数公司会委托律师采取必要措施。从法律角度看,反仿冒条款在修改之后是否仍然适用,中级法院的临时禁令是否能经得起高级法院的审查,都是值得商榷的。从费用的角度看,不理不睬的后果是严重的。在德国,败诉的一方要承担所有法律规定的合理诉讼费用。如果在收到临时禁令之后及时委托律师采取必要措施,可以把费用控制在最小范围。如果不理不睬,拖到法院下达缺席审判,此被告需要支付的费用可以增加到原来的2~3倍,再加上将所有法律文件递送到中国的大额翻译费,最后被告需要支付的费用很有可能是及时委托律师采取措施的费用的三四倍或者更高。

本章小结

展会知识产权保护是指就展会的举办所涉及的知识产权的保护,既包括对展会本身所具有知识产权的保护,也包括对展会期间各参展项目所涉及的知识产权的保护。展会知识产权的保护对我国展会业健康发展至关重要。本章从介绍知识产权的概念入手,进而分析了展会中的知识产权的概念和所涉及的相关法律,重点介绍了展会中知识产权侵权类型和我国企业境外参展经常遭遇知识产权纠纷的原因,最后提出外贸展会知识产权纠纷的化解措施,认为政府相关部门、展会主办方和参展商应该共同努力预防和化解该类问题。

第八章
展会观众信息管理

由于展会具有的专业性，使行业内最活跃的两方面，即参展商和观众，能够最广泛地聚集在一起进行贸易活动。参展商和观众的组成可能是生产商和经销商、生产商和终端客户、经销商和终端客户，双方往往重视直接的经济利益，期望在展会上达成更多的交易。实际上，展会在提供贸易机会的同时，也提供了信息交流的平台。展会中的观众，尤其是专业观众，具有不可忽略的商业价值。收集和挖掘观众信息，拓展潜在的客户资源，实现展览项目的长远利益，使展会收益最大化，这便是展会观众信息管理的工作、目标和价值所在。

第一节 观众信息收集

一、观众信息收集的目的

观众信息收集是形成其数据库的一个过程，是观众信息管理的基石，目的是分析和应用，因此，观众信息收集应该以实际应用为导向。从观众信息收集伊始就应该充分考虑如何便于信息分析、如何提取重点信息、如何有效分类信息、如何有利于实际应用等问题。围绕这些要素进行观众信息收集，所建立的数据库才能为后续工作打下坚实的基础。

二、观众信息收集的准备工作

在收集观众信息之前，不妨先问一下自己：我们需要哪些观众信息？这应该是观众信息收集的第一步，也是最重要的一步。

我们把所需要的观众信息称为观众信息参数。在参展前应该预先确定观众信息参数，因为在实际情况中，观众信息管理的各个环节是由不同的人或者部门来完成的，收集观众信息的人并不一定真的了解分析和应用观众信息的需求,这就可能造成收集来的信息是无效的、不完整的、描述不清的结果。所以,从展会准备的伊始,展会组织者就必须加强内部的纵向沟通,充分掌握产品特性、营销渠道、客户特征、行业规律等多维度的信息。以此明确且准确地找出所需要收集的观众信息参数,清楚地定义各项观众信息参数的重要程度以及确定其中重要的观众信息参数所需要收集的深度。

在确定完成所需的观众信息参数之后,我们就有了一个收集清单。但是,清单的形式并不能很好地满足信息收集的需求。所以,要把清单转变成一张列表,并对列表里的各项参数做出定义。这样做有两个好处:一是为后续建立数据库搭建框架;二是便于对收集到的信息做初步检查。这里有一个小建议,可以事先把这张信息收集的列表打印出来,以观众的角度尝试填写一下里面的参数,检查参数设置得是否合理。

📖 案例

观众信息对不同参展商的不同作用

在展会入场前,主办方往往会要求观众填写一张简单的观众信息卡,主办方以入场登记的方式收集观众信息,并且把这些信息传递给各个参展商。如果你是参展商,你会关注这张观众信息卡上的什么内容呢?见表8-1。

表8-1 观众登记卡

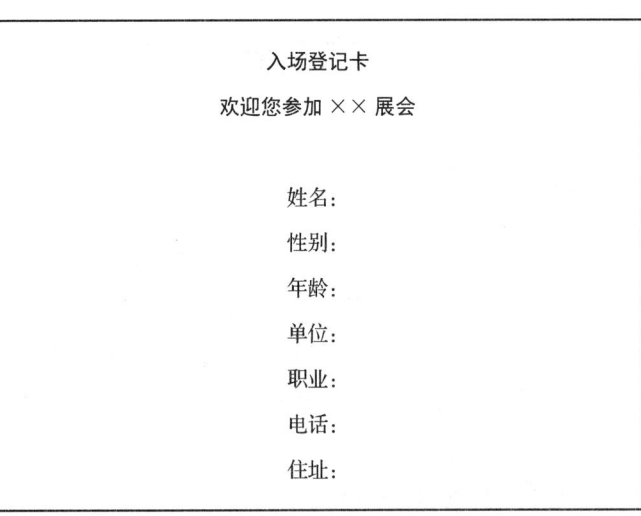

【案例评析】

即便是最简单的观众信息卡,不同行业的参展商关注的重点也是不同的。如果是化妆品行业的参展商,它可以从性别、年龄和职业上读取到观众对化妆品的使用需求;如果参展的是乘用车经销商，则更关注单位、职业和住址，因为其中可能隐含着观众的消费能力，对购买汽车这样的高价值耐用消费品起着决定作用；如果是工业品的展会，最有价值的信息是观众的单位，因为每家参展商都希望能在众多观众中发掘行业内的大客户并取得联系。

观众信息参数清单

某家公司准备参加一起区域性的行业展会，本次参展的主要目的是在当地招募经销商。在参展前，参展公司内部先制定了一份观众信息参数清单（如表8-2所示），要求参展人员按照清单上的参数来收集信息。

表8-2 观众信息参数

信息类别	观众信息参数	收集渠道	说明备注
观众信息	姓名	入场登记、名片	
	职位	入场登记、名片	
	联系方式	入场登记、名片	
公司背景	公司名称	入场登记、名片	
	公司地址	名片	
	经营范围	商务洽谈	销售哪些产品或代理哪些品牌
	注册资金	商务洽谈	
	年销售额	商务洽谈	
招商情况	合作意向	商务洽谈	1-强烈；2-较强；3-一般；4-较弱。
	代理产品	商务洽谈	对我公司的哪些产品感兴趣
	销量目标	商务洽谈	预估代理我公司产品的年销量
	反馈意见	商务洽谈	

【案例评析】

在参展前设定好需要收集的观众信息参数，把这些参数罗列在一张表格里，并附上相关的收集渠道、参数说明等信息。对于参展组织者而言，这是非常必要且有效的工作，一方面明确了观众信息收集的范围、渠道等问题；另一方面也有利于向其他参与展会的同事传达观众信息收集的目的、思路和方法，使得整体工作安排更加有序。在案例中我们可以看到，所需收集的观众信息并不多，但是目的性明确，都是围绕着招商为目的的。除了基本的观众信息外，参展组织者希望通过商务洽谈的方式，更多地了解到意向代理商的公司背景、公司实力、合作意愿、合作前景等信息，以便于展会后对意向代理商进行评估、筛选和跟进。

三、观众信息收集的渠道

观众信息收集的渠道主要来自两个方面:一是展会主办方对参加展会所有观众的信息收集,一般是通过观众参展前注册或是观众入场登记的形式;二是参展商对到访其展位的观众的信息收集,一般是通过观众参观其展位时的会谈记录。

展会主办方和参展商都会对观众信息进行收集,如何避免信息收集的重复和效率低下的问题,同时又满足不同的参展商对观众信息的差异化需求,这是建立一个好的观众信息收集渠道的关键。

在国外一些成熟的展会中,很早就开发和应用了展会现场的信息管理系统,国内这两年也在这方面有了一定的突破,在应用了先进的信息管理系统的展会上,观众只需在入口处提交一次名片或做参展信息登记,就可以得到一张 ID 卡,在随后的参观和访问中其信息无须再做登记;由展会主办方收集到的观众信息可以被无数参展商共享、查询和分析。从展览活动现场对观众信息的获取与管理角度,其信息管理系统结构如图 8-1 所示。

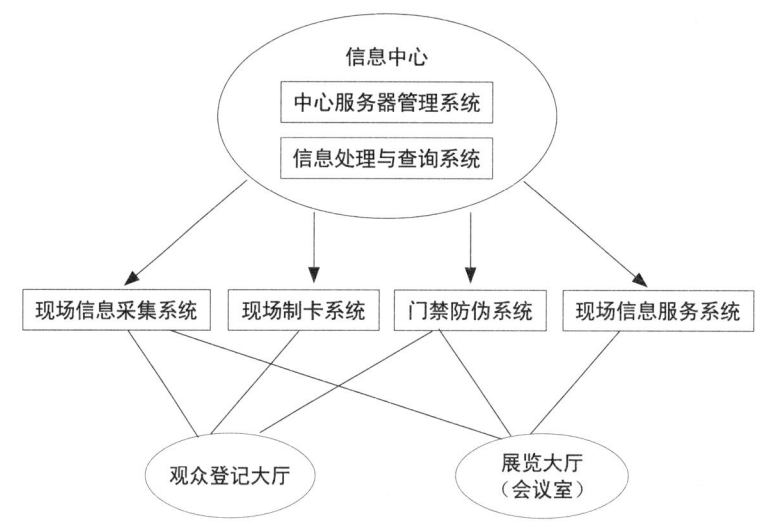

图 8—1 展会信息管理系统结构

由图 8—1 可以看出,展览会现场的三个主要场所,即信息中心、观众登记大厅和展览大厅(包括会议室),其在信息采集和应用方面使用信息管理系统。我们可以把观众登记大厅和展览大厅统称为信息系统应用的前台,这些系统是直接面向系统用户的,包括观众、参展商和展会主办方等;把信息中心称为信息系统应用的后台,其要有专门的人员进行管理,它是前台系统正常运行的保证,也是为展览组织者提供数据报告的依据和方法,同时也是展会主办方服务参展商和观众以及各方进行信息交流的后台支持。

通过先进的信息管理系统,展会主办方和参展商可以做到高效的信息共享,帮助参展商收集整理简单而又繁杂的观众信息。但这些观众信息很难完全满足参展商的需求，对于观众的购买意向、产品需求等复杂的专业信息就必须通过参展商与观众的直接沟通来获取。

在展会中，获取观众信息是参展商的一项重要工作。在技术人员向观众进行产品介绍的时候，就可以了解到观众对产品的需求；在业务人员与观众进行商务接触的时候，就可以了解到观众的购买意向、商务模式等；在双方初步达成合作意向的时候，就可能涉及商务条件的谈判以及签订框架性的合作协议（如图8-2所示）。很多时候，我们接收到这些有用的专业信息，但是没有记录下来，展会过后就抛之脑后了。因此，把有用的专业信息记录在事前准备的观众信息收集表上，整合各环节工作人员收集到的信息，并把专业信息和展会主办方提供的一般观众信息关联起来。不要忽视专业信息的重要性，这些信息是参展商把专业观众从一般观众中区别开来的重要依据，也是促成订单交易的关键线索。

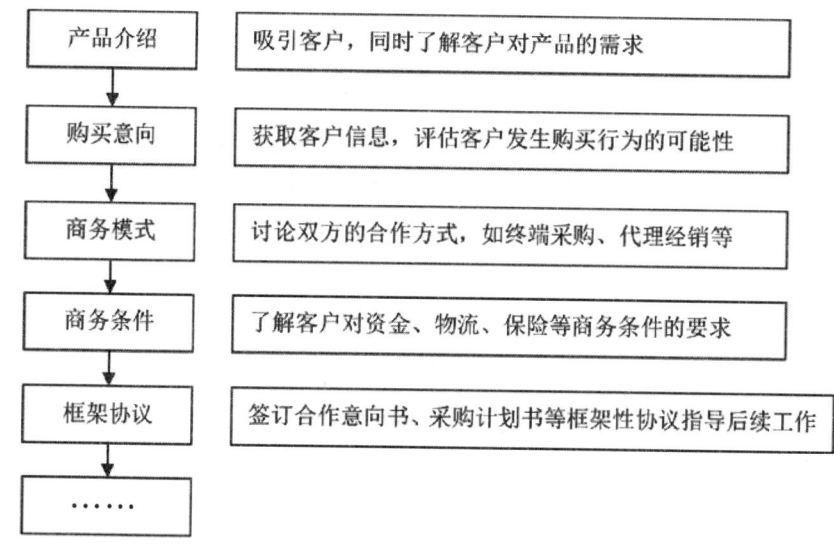

图8-2 获取观众信息流程

在展会观众和参展商工作人员的接触过程中，参展商工作人员能收集到足够多的信息来完善观众信息收集表。但是，这些信息不是在同一时间就能收集齐的，其贯穿在与观众接触的每一个环节里；这些信息也不局限于简单的你问我答，它们散落在与观众接触的每一个细节里，可能需要旁敲侧击，甚至是察言观色的判断。因此，建立完善的观众信息渠道不仅要依靠先进的信息收集系统，人的因素以及周密的准备、高效的组织和训练有素的工作人员都是至关重要的。

四、观众信息数据库的建立

在展会之后，从各种渠道收集回来的信息多是以表单的形式呈现。例如，展会主办方通过信息系统收集到的观众登记信息、观众参观记录，参展商工作人员记录下的观众问询表，双方签订的合作意向书等。这些表单都是相互关联但又互相独立的，单独来看，能获取的信息十分有限，既不利于信息储存，也不利于数据分析。试想一下，如果依靠一张张表单来储存信息，既杂乱无章，时间久了也很难查找到需要的信息，更难对信息做出筛选。如果是分析数据，不同数据源的表单分析的结果可能是截然相反的，因为信息源之间在各说各话，缺少互相印证。如果我们能把不同表单上的信息串联起来，使它们不再是一张张独立的表单，而是一个完整的观众信息数据库，那么这个数据库能够带给我们更多、更复杂也更有效的信息。

在建立观众信息数据库的时候，我们要关注以下几个要点：

1. 信息的全面完整

观众信息数据库要尽可能涵盖所有的信息，把所有收集到的表单信息都归纳到数据库内。信息的全面性意味着要覆盖从观众登记进入展馆开始到观众参观完毕离开展馆期间涉及的所有信息；信息的完整性要求信息的内容尽可能完整，特别是一些关键信息不能缺失。受客观条件的限制，想收集到每一位观众、每一个行为的信息当然是不可能的，但是我们不能放松对信息全面完整的要求。反复地核对数据库与原始表单之间的差异，检查是否有遗漏的信息没有被涵盖在数据库之内，力求做到信息的相对全面完整。

此外，特别要提出的是在建立数据库的时候，我们很难判断哪些信息是有用的，哪些信息是用不上的，所以把所有信息都放在数据库里是有必要的。剔除无用的信息是在建立完数据库之后的筛选工作中，不要在一开始就考虑筛选的问题。

2. 信息的相互关联

从不同渠道收集到的表单，虽然是相互独立的，但也是相互关联的。建立观众信息数据库，不是把所有表单都简单地堆砌在一起，而是把它们紧密地关联在一起。例如，一位观众在进入会场的时候会登记一次姓名、电话、住址等基础信息，当其到了某一个展台处，展台的工作人员会在问询的时候记录下他的姓名、电话、住址等基础信息。于是一位观众的基础信息会通过两个不同的渠道被收集到数据库里，如果简单堆砌信息就会在一个数据库里有两条同一观众的信息，造成信息的重复，甚至是前后矛盾。所以，信息的相互关联是一项很重要的工作。

如何把观众信息关联起来并确保数据库里信息的唯一性呢？最好的办法是给每位观众设定一个数字ID。观众的ID是从观众进入展会的时候就设定好的，可以发放带ID和姓名的参观牌，这样不管走到哪个展台都可以被识别，并轻易地记录下来。所有信息收集的表单通过观众ID关联起来，而观众ID也作为数据库的关键词来确保数据的唯一性。

📖 案例

整合多渠道信息资源，建立观众信息数据库

某电子消费品公司在展会上进行了新产品发布会，推出了公司最新款的智能手机。该公司的市场部需要在展会后对新产品发布会做出效果评估以及收集观众对新产品的反馈信息。为了完成这两项任务，市场部从各个渠道收集到了充足的信息，建立起观众信息数据库。基于观众信息数据库，市场部输出各项分析报告，如图8-3所示。

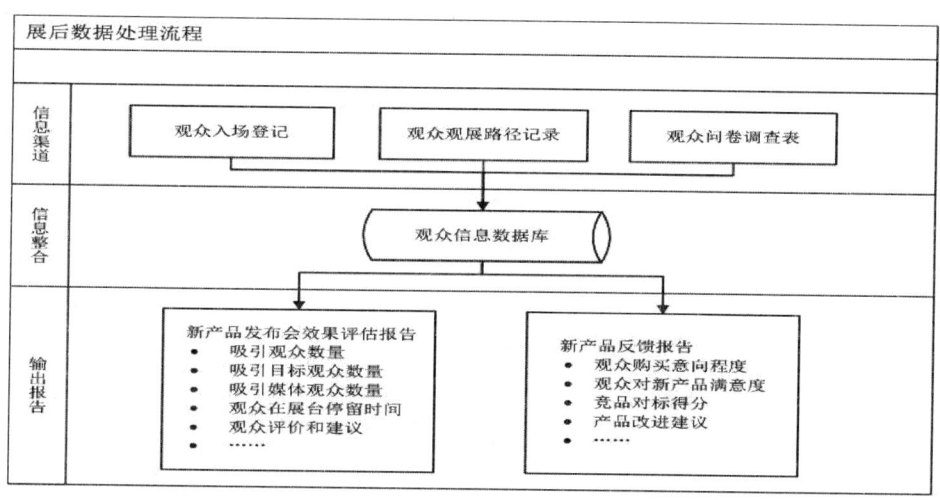

图8-3 观众信息分析报告

【案例评析】

在这个案例中，观众信息数据库是通过三个渠道建立起来的：一是观众入场登记，获取每位观众的基本信息；二是观众参展路径记录，准确记录了观众参观的展台及停留的时间；三是观众问卷调查表，展台工作人员会随机发放一些问卷调查表给观众，请观众对发布会和新产品给予评价。建立观众信息数据库的时候，要把这三个信息渠道衔接起来。衔接的方法很简单，一般在给观众发放的入场证上都有ID编号，ID编号与观众是一一对应的，通过检索ID编号把三个信息渠道里的观众信息整合在一起，以便后面的分析研究。

最后，基于观众信息数据库，输出分析报告，实现企业的管理目标。于是，我们就要在数据库里寻找可行的管理指标来评估发布会和新产品。例如，以吸引观众的数量、展台停留时间等指标来评价新产品发布会的效果；以观众购买意向程度、观众对新产品满意度等指标来评价新产品的优劣势。

在很多时候，我们会觉得信息太少，不足以达成分析目标。实际上，信息永远是充足的，但是散落的。我们需要去寻找不同的信息渠道，并把它们整合在一起，才能看到所有信息的全貌——这也是为什么我们要去建立观众信息数据库的原因。

3. 信息的准确有效

信息错误、失效都是建立数据库的常见问题，如果不加以甄别，这些信息必然会给后续的数据分析造成困扰。如何避免信息的错误和失效，将看似大海捞针的信息整理好，其实也是有章可循的。

首先，来自不同信息源的同类信息是可以相互印证的，对有冲突的信息进行甄别、修正。例如，在一个车展上，一位观众在进场时填写的意向产品是新能源电动车，而在展台处实际询问的都是常规能源车型，那么在录入其信息进入数据库的时候，推荐录入常规能源车型。因为我们倾向于用之后的信息来修正之前的信息，用具体的信息来修正简单的信息。

其次，对信息的内容作出明确的定义，避免信息因模糊不清而失效。例如，询问购买意向的时候，观众的答复可能是"感兴趣"、"很感兴趣"、"非常感兴趣"等，但不同的答复可能表达的是同一个意思。因此，我们更倾向于把观众的各种表述定义为几种购买意向等级：1—非常感兴趣；2—比较感兴趣；3—不感兴趣。可以看出，把购买意向等级统计进数据库，比模糊的观众表述更有意义，也更有利于统计分析。找到合适的定义方式，把信息不断地规范化，才能让数据更加有效。

总而言之，观众信息数据库的建立是一项承前启后的工作，极其烦琐而又十分重要。在数据库建立伊始，既困难重重，又看不到成效，不免会使人产生"劳而无功"的念头。如果在此时马虎了事，放弃对观众信息数据库的严格要求，那么之前信息收集的努力也就付诸东流，后续观众信息管理和展会客户跟进的效果也会大打折扣。

第二节　观众信息分类管理

一、观众信息分类管理的目的

对参展商来说，在挖掘展会价值中，观众信息无疑是最有价值的。在建立观众信息数据库之后，所有的观众信息一览无遗，但是如此多的观众信息是无法直接使用的。我们需要从庞大的数据库中提取有用的商业信息，从众多的观众群中筛选出有采购意向的专业观众，这些复杂的数据分析和管理决策都必须基于观众信息的分类管理。观众信息分类管理就好像一个个滤网，根据不同的需求过滤出有价值的观众信息。

二、观众信息分类管理的方法

观众信息可以按照不同的维度、不同的形式、不同的规则进行分类管理，通过不同的分类管理之间的配合，最终实现滤网的作用。

1. 信息内容分类

按照信息内容可以把观众信息分为基本信息、行为信息和需求信息三大类。

（1）基本信息。基本信息是以观众的名片信息为主的信息，主要是观众的姓名、单位、部门、职务信息和通过邮寄、电话、传真、Email、手机五种方式能联系该观众的必要数据。

（2）行为信息。行为信息是指观众在展会上进出各场馆、参加研讨会、访问各展台留下的数据。通过这些数据，能知道观众在展会上做了哪些事，如某位观众参加了展会、参观了哪个分场馆或展台、在分场馆或展台停留了多长时间、是否有重复到访参观，等等。

（3）需求信息。需求信息记录的是观众对产品、技术、服务、商务条件等方面的需求。需求信息能清楚地了解每位观众的观展目的和个人需求，从中发现有价值的观众。需求信息可以从展会入口填写调查表来收集得到，也可以通过工作人员在展台接待观众询问获取，前者的信息覆盖面更加广泛，而后者的信息则更加准确和详细。

2. 数据类型分类

按照数据类型可以把观众信息的数据项分为规范性数据和描述性数据。规范性数据是指按一定规则或标准进行定义分类的数据；描述性数据是指用描述性语言记录下来的数据。规范性数据更有利于数据的统计分析，但并不是所有数据都能被规范，所以我们需要描述性数据做补充，并记录下更详细的信息。在整理和筛选数据库的时候，要尽可能使用规范性数据，有时要将一个数据项拆分为多个数据项，用于区分统计规范性数据和描述性数据。

3. 规则分类

从信息横向分类的角度来说，可以根据某一数据项按照一定规则对每一位观众进行分类。分类规则是依统计分析的需求来设定的，与商业策略密切相关。例如，一家化妆品参展商要寻找的目标客户群是20~40岁的观众，那么就要筛选统计不同年龄段观众，就要根据观众生日的信息来做年龄段的分类。因此，规则分类的意义在于把分类规则、统计分析和商业策略紧密地联系在一起，实现利用观众信息数据库进行管理决策的目的。

与信息内容分类和数据类型分类不同的是，规则分类并不基于数据本身，没有可供参考的分类方法，完全体现的是数据库应用者的管理意图。也就是说，分类规则是处于某个管理意图来制定的，而不是先制定好分类规则再来试图实现某个管理意图。如果本末倒置，很可能就会导致数据的混乱和目标的偏差。

📖 案例

观众信息分类管理

某汽车品牌4S店参加车展,对有购车意向的观众进行分类,根据购车意向程度分为H、A、B和C四个级别,而购车意向程度是通过观众的观展行为来做出判断的,具体判断依据如下:

H级别:①不论展台停留时间长短,涉及议价、赠品、现车颜色、交付时间等任一环节者。②或展台停留30分钟以上,且满足以下任一条件者:试乘试驾;谈及二手车评估及置换业务;谈及对比车型;谈及金融按揭,或上牌、或保险业务。

A级别:在展台停留20~30分钟,且满足以下任一条件者:涉及报价;试乘试驾;谈及二手车评估及置换业务;谈及对比车型;谈及金融按揭,或上牌、或保险业务。

B级别:在展台停留10~20分钟,无试乘试驾,但满足以下任一条件者:涉及报价;产品介绍;车辆选择;促销信息;涉及对比车型;主动索取车型目录。

C级别:在展台停留10分钟以下,且满足以下任一条件者:接待客户;涉及报价;产品介绍;无明确意向车型。

根据上述分类,分析不同类别观众的购买特征,并制定相应的跟进策略(如表8-3所示)。

表8-3 顾客跟进策略

级别	预计购买时间	展后跟进周期(天)	要素	特征
H	7	1	需求、信心、购买力	购买意向很高的客户,需要在细微处关怀提升期望值,促成交易(如精品、保养等)
A	15	3	需求、信心、购买力	这一级别客户在几个核心点都不存在问题,可能需要有好的价格支持
B	30	7	需求、购买力	对需求品牌车型有一定了解和倾向性,在价格方面有顾虑,或者在对比一些品牌过程中,最终车型还没确定
C	90	15	动机、购买力	有购买动机,但需求不急切,在选择品牌、车型,了解一下市场行情过程中,为购买阶段做准备

【案例评析】

这个案例是一个品牌汽车4S店对意向观众的分类策略,分类策略是基于观众的观展行为做出的判断。观展行为是描述观众在观展过程中做了哪些事,如果仅是记录下来,它是一项描述性的数据,并不利于分析研究。要把这项描述性数据转换为规范性数据,于是4S店拿出了他们的经验判断,把观展行为与购买意向联系起来,根据展台停留时间、洽谈内容等信息做出意向观众的分类判断。意向客户的分类对于分析客户的购买特征、展后跟进频率和策略等都有重要意义。

打分量化

某厨卫用品生产企业希望在其行业展会上拓展渠道，开发新的经销商。他们收到了很多意向经销商的申请，并在展会上和他们进行了沟通交流。如何汇总意向经销商的申请以及总结展会沟通交流的结果，这是初步评估经销商的一个难题。最后，这家企业决定采取对意向经销商进行量化打分的评估方式，从中筛选出合适的经销商对象，表8—4就是意向经销商的打分评估表。

表8—4 意向经销商打分评估表

维度	项目	定义					权重	得分
		10分	8分	6分	4分	2分		
市场力	市场容量（年销售额）	5亿以上	1亿~5亿	5千万~1亿	1千万~5千万	1千万以下	10%	
	市场潜力（年增量）	100%以上	50%~100%	20%~50%	0~20%	负增长	5%	
资金力	注册资本	1000万以上	500万~1000万	200万~500万	50万~200万	50万以下	10%	
	年均销售额	5000万以上	1000万~5000万	500万~1000万	100万~500万	100万以下	15%	
经营力	员工数量	500人以上	100人~500人	50人~100人	10人~50人	10人以下	10%	
	门店数量	100家以上	50~100家	20~50家	5~20家	5家以下	10%	
	专业能力	很强	较强	一般	较弱	基本无经验	10%	
合作意愿	合作意向	很强	较强	一般	较弱	基本无意向	5%	
	代理品牌数量	独家代理	2~3个	4~5个	6~8个	9个以上	10%	
	销量目标	2000万以上	500万~2000万	200万~500万	50万~200万	50万以下	15%	
							总分	

【案例评析】

评估意向经销商是一项很复杂的工作，在展会上接触意向经销商的时候，我们会了解到很多信息，如对方的背景、实力、经营能力、合作意向等。把这些信息一一记录下来，虽然信息会很全面细致，但是对于评估筛选工作来说，意义甚微。因为描述性数据是无法横向比较的，加之多维度的信息重叠在一起，数据分析起来更是难上加难。运用打分量化的方式，整合多维度的描述性数据，使之转化为规范性数据。在这个案例中，我们要注意到两点：一是打分评估表对每一项数据都做了清晰的定义，能尽快减少主观判断的影响；二是为了整合不同维度的信息，打分评估表根据数据的重要性做了加权计算，评估总分对于一个庞大数据库的筛选工作是直接高效的。

展会意向订单管理

某商用车企业成功地在展会上收集到了意向订单,并把这些意向订单整理进了展会观众信息数据库(如表8-5所示),通过观众信息分类来制定这些意向订单的展后跟进策略。

表8-5 展会观众信息收集表

观众(客户)	观众分类	需求产品	需求数量	订单进展
福州公交公司	关键客户	XMQ6127G	100台	一般意向
莆田公交公司	一般客户	XMQ6119G	10台	有效意向
福建运输集团	关键客户	XMQ6129Y	20台	有效意向
友谊车辆租赁	个体散户	XMQ6117Y	3台	一般意向

注:关键客户:该客户年均采购量大于100台,或车辆保有量大于1000台
一般客户:该客户年均采购量为大于10台,或车辆保有量大于100台,但不满足关键客户的条件
个体散户:该客户年均采购量小于10台,且车辆保有量小于100台
有效意向:该订单需求明确,在三个月内会执行采购
一般意向:该订单需求尚不明确,在三个月内还不会执行采购

展后跟进策略的流程如图8-4所示(以关键客户为例)。

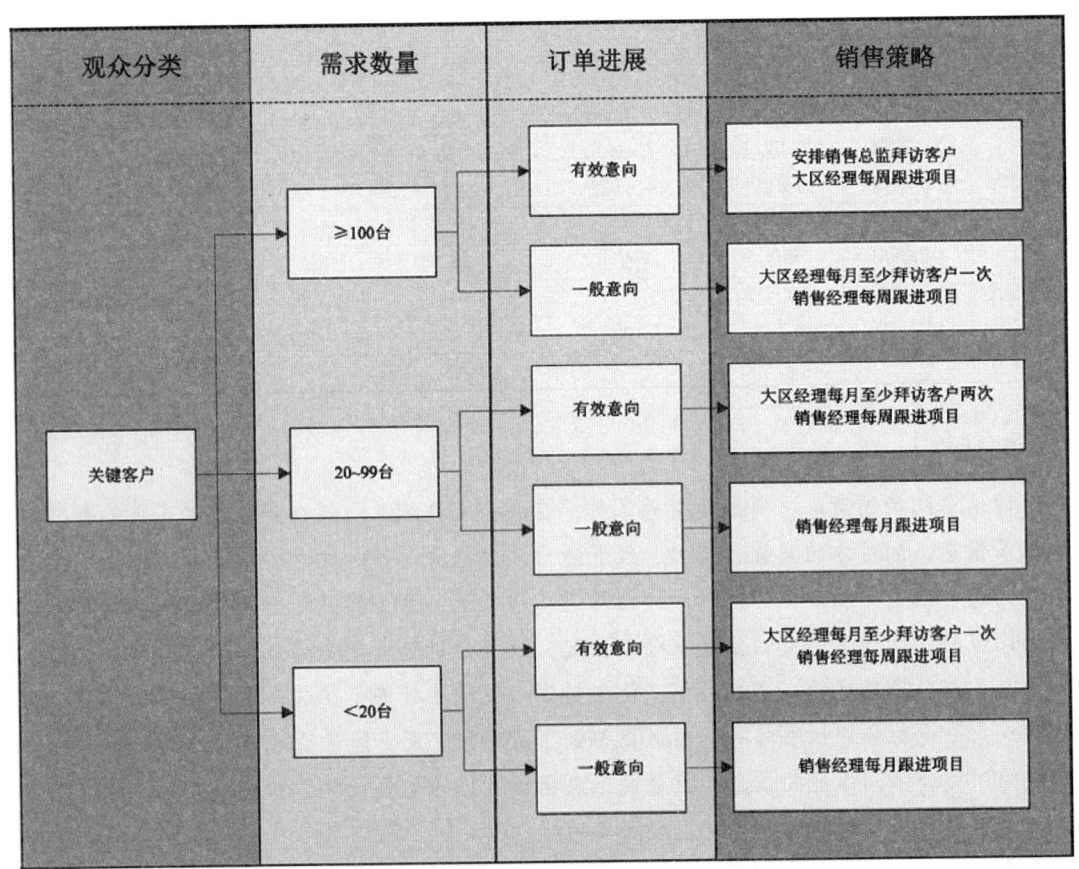

图8-4 关键客户跟进策略

【案例评析】

这个案例展示了如何应用观众信息管理来实现管理目的。在展会观众信息收集表中，观众分类、需求数量、订单进展等信息被有效地定义和分类；而在展后跟进策略的流程图中，根据合理的分类规则和数据筛选流程来制定相应的展后跟进策略。不管是观众信息的定义、分类，还是数据筛选流程，其目的都是为了实现更积极、更高效的展后跟进策略。因此，不忘初心，方得始终，任何信息数据都是为企业管理服务的。

三、观众信息分类管理的应用

观众信息分类管理是为实际应用服务的，不管是信息内容分类、数据类型分类，还是规则分类，都有它们的应用对象和目的。在应用的过程中，信息内容分类是把数据项进行分类，目的是更好地查找所需的数据项；数据类型分类是指整理和规范数据库，使之具有更全面、更准确、更完善的筛选功能，就好像数据库有了一张张滤网；规则分类则是在定义数据库里的每个滤网，使筛选功能实现其制定规则的意图。

观众信息分类管理的应用，关键在于理解观众信息分类的目的和用途。观众信息为什么要这样分类，如何使用这些分类信息，理解之后才能应用得游刃有余。如果把观众信息管理比作管理一个图书馆，信息内容分类就好像往每本书上贴标签，数据类型分类就好像在规范每个标签上所写的内容，而规则分类就好像一台检索图书的电脑，于是一个偌大的图书馆也能井井有条。

第三节 展后客户跟进

一、展后客户跟进的难点

如何把展会上的潜在客户转化为展会后的采购订单？这是困扰很多参展商的难题。之所以展后客户跟进会如此困难，总结有以下几点原因：

1. 信息传递不畅

因为参加展会的工作人员毕竟是少数，而且其可能也不负责展后的客户跟进，所以展会收集到的客户信息经常被遗弃在办公室的某个角落，而不能很好地传递到业务部门。

2. 信息杂乱无章

如果业务部门拿到的是未经加工处理的原始表单，就会无从下手。例如，业务员拿到所有观众的登记信息，相信他一定会直接抛之脑后，提不起兴趣去逐一打电话；业务员只拿到了意向客户的名片，而不知道展会上谈了什么，从头工作的效果一定也很差。

3. 展后客户跟进缺乏有效的工作计划和监督机制

即使业务部门拿到了不少潜在客户的信息，也不能确保跟进工作就能被很好地开展起来。因为大家常常会忽视这些信息的重要性，甚至对跟进这些信息的成效还心存疑虑。由此制订严肃的跟进计划和考核机制都是非常有必要的，确保展后客户跟进工作有组织、有目标、有效率。

为了解决上面提到的三个难点，我们要导入展会观众信息数据库，让前期辛苦积累的数据发挥其作用。因为它是一个重要的平台，既是把信息从展会传递到展后的信息平台，又是指导展后客户跟进的工作平台。

二、展后客户跟进的流程

基于展会观众信息数据库，制定展后客户跟进的工作流程，这是不可或缺的步骤，也是数据库发挥重要作用的关键。在制定流程时，要同时关注到业务流和信息流的传递。业务流包括工作如何分工、工作如何推进、业务如何汇报、绩效如何考核，等等；信息流包括客户信息如何获取、跟进过程如何记录和反馈、跟进结果如何筛选和统计，等等。

从展后客户跟进流程图8-5中我们可以看出，业务流涉及工作流程和责任部门，而信息流依靠观众信息数据库的操作来实现数据库信息和现实信息的交互通信。很重要的一点是，展后客户跟进管理的全过程都是基于观众信息数据库的，必须确保数据库信息和现实信息之间的传递顺畅和及时同步。

下面我们分阶段来看各项流程是如何推动展后客户跟进工作的：

1. 观众信息收集和整理

在进行展后客户跟进之前，通过对观众信息的收集和整理，建立观众信息数据库，这是必不可少的过程，我们在前文中已详细说明了它的重要性和构建方法。通常来说，展会前后的相关工作都是由市场部来主导的，所以，观众信息收集和整理，直到输出观众信息数据库的工作，都应该由市场部来负责。

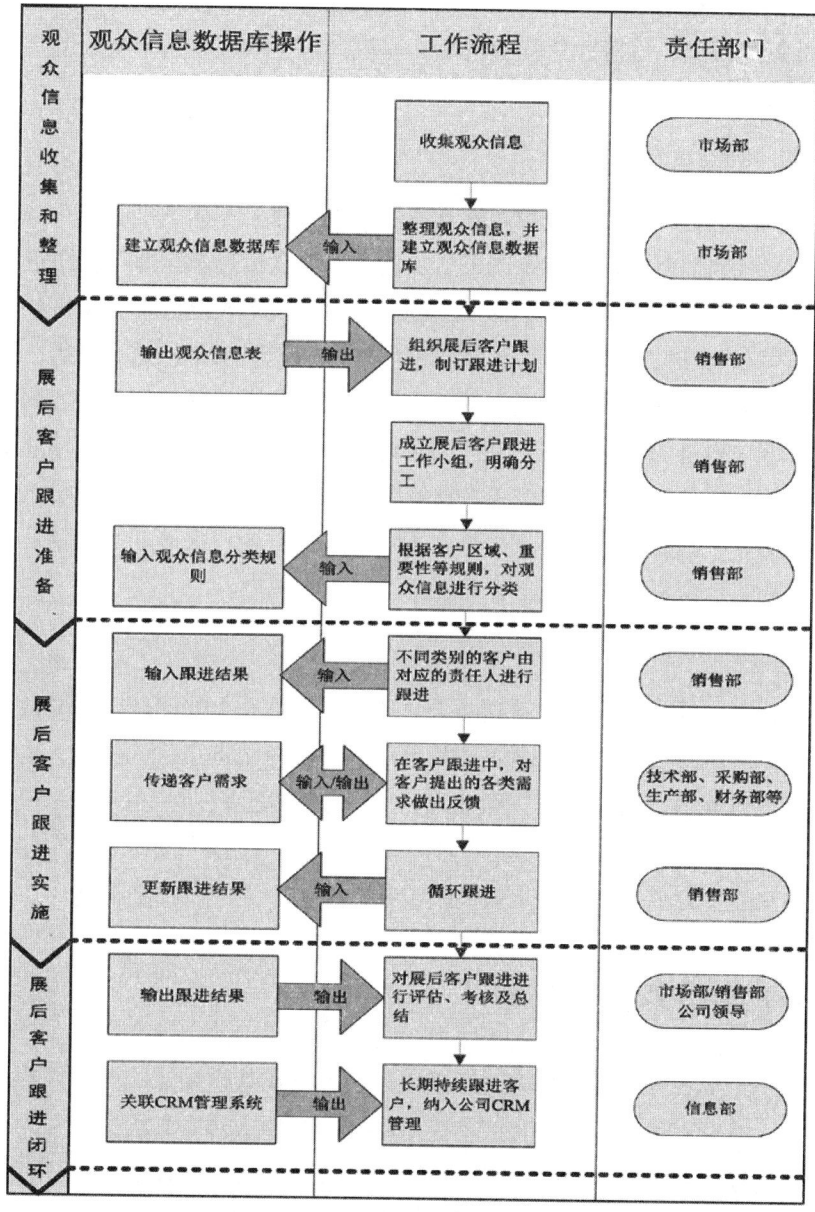

图 8-5 展后客户跟进流程

2. 展后客户跟进准备

在形成观众信息数据库之后,其应传递到销售部,他们是观众信息的应用部门,负责人根据观众信息制订相应的跟进计划。同时,为了提高工作效率,成立展后客户跟进工作小组是很有帮助的,可以明确每个人的职能和分工。接下来还要对观众信息进行分类,分类规则根据公司的实际情况来制定。例如,观众按所在区域来划分,分配给各个区域的销售负责人；或者按重要性来划分，资深销售员来跟进重要客户；或者按购买意向来分类，购买意向强的就先跟进；等等。这样就把每一项观众信息跟进任务分配到了具体的每一个人身上，使跟进工作更加有的放矢。

3. 展后客户跟进实施

在分配妥当跟进任务之后，开始实施具体的跟进工作。不同类别的客户由对应的责任人进行跟进，并且因地制宜地实施跟进策略。通过在观众信息数据库更新跟进结果，把客户的各种需求传递到公司内部的各个部门。例如，客户要求改进设计，销售员就把客户要求的设计方案填在跟进结果里，传递到技术部门，由技术员来审核是否可行，再把审核结果同样通过更新数据库的方式返回销售部，依靠观众信息数据库这个平台实现跨部门的信息交互。随着客户跟进的深入，客户会提出各种各样的要求，如价格折让传递给财务部，提前交货传递给生产部，延期质保传递给服务部，等等，在这样的反复沟通中，循环跟进，并不断更新数据库，直到订单落实或丢失。实际上，展后客户跟进的实施就是一个循环跟进的过程，考验的是销售持续作战和各部门协同合作的能力。

4. 展后客户跟进闭环

对展后客户跟进的闭环管理要做到两个闭环：一是管理上的闭环，即要做好展后客户跟进工作的评估、考核及总结。这项工作既是对展后客户跟进工作的鼓励，也是对展会效果的侧面评价，应该由市场部和销售部共同完成，并召开会议向公司领导汇报。二是业务上的闭环，把观众信息数据库与CRM管理系统相关联，把有价值的观众信息补充进公司的客户资源，形成客户关系管理的长效机制，我们将在下文中做详细描述。

三、客户分类跟进的策略

除了应用信息资源来管理展后客户跟进以外，实务操作也是影响展后客户跟进成败的重要因素之一。一位有经验的业务员能够面对不同情况的客户实施因地制宜的跟进策略，这样能大大提高客户跟进的成功率。根据展会上参展商与客户沟通的情况，可分为已签约客户、意向客户、有歧义客户、索要资料客户和目标观众客户五种客户类型，下面我们分别讨论它们的跟进策略：

1. 已签约客户——紧急跟进

已签约客户可以被划分为最优先级客户，是意向最明显的，所以回来后要马上按照客户的要求准备资料，安排收款，协议生产等。

不过，签约客户并不表示就一定会下采购订单，这是很普遍的现象。有些客户先和一家参展商签订了合同，但过后在其他参展商那里拿到了更好的价格或更好的交期，便会把实际的订单下给条件更优的参展商。或者参会结束后市场发生变化，决定发生改变而取消订单等。对客户来说，采购合同不具有完全的约束作用，只能算是意向订单。对于此类客户要小心沟通，一旦出现客户迟迟不开证或不汇定金的情况，要提高警戒，及时与其沟通，看是否出现什么问题，采取相应的措施。说不定及早通电话就能挽回一个订单、一个客户。

2. 意向客户——持续培养

意向客户在展会上可能会谈得比较投机，也会谈到很多细节问题，一般对产品与工厂细节问得越多，意向越显著。对于这部分客户回来后也要马上跟进，把展会上没解决的疑问及时回复，索要的样品尽快寄送，甚至可以邀请客户到厂参观等，一步步把订单落实下来。

意向客户也许最终没有下采购订单，但不能放弃，还要一直联络下去，作为潜在客户培养，有新产品面市、促销活动等信息时都及时向其推荐，保留合作的机会。

3. 有歧义客户——回旋

在展会上可能会跟一些买家在某些条款上产生歧义，比如价格、付款方式、商改设计等。如果在展会没有妥协，建议展会后也不要马上妥协，先用邮件或电话保持联系，打探客户的虚实，把自己不能妥协的利益点和原因再做陈述，如果有实例或同行比较能说服客户最好，实在行不通的情况下再考虑做出让步。

4. 索要资料客户（含仅询问）——判断

有些客户仅仅是索要产品图册或者价格单，并没有进一步交流。索要资料客户可能是正在了解市场行情，或是正在比价，距离下单采购还有一段距离。这部分客户虽然不是最优先级的，但展会后也要持续跟进，最主要的是要了解其索要资料的目的。如果是确实有潜在需求或任何购买的可能性，我们也要保留这部分潜在客户资源，定期跟踪，并提供专业方面的帮助。当他们要下单采购的时候，一定会优先考虑我们。不过也要防备这些客户有可能是一些同行或第三方调研公司在进行资料搜集。

5. 目标观众客户——主动跟进

在展会后，我们可以拿到展会主办方提供的观众信息。从中会检索到一些没有到过我们展台但有购买需求的观众，这些目标观众也是我们的潜在客户。我们要特别注意以下两种观众：

一种是参观了竞争对手展台的观众，说明他们也是有购买需求的。但为什么没有参观我们的展台，或许是对我们的产品不感兴趣，或许是不了解我们的企业，这就需要展后主动跟进，主动介绍企业和产品，听取他们的意见和反馈。如果能从竞争对手的"墙角"下挖到客户，那一定值得付出加倍的努力。

另一种是行业内的大客户。我们很容易在观众名单上发现那些大客户，他们是展会上众商家争夺的资源。有时候自身的实力和品牌还不足以吸引大客户，但是我们绝不能放弃对大客户的追逐。有了大客户的信息一定要保存下来，展后可以让更高层级的公司领导进行联系，定期维护客户关系。对于大客户的销售，不管他们是否购买我们的产品，都要保持良好的客户关系，深耕才会有收获。

四、展后客户跟进的其他技巧

参展商都会在展会上获得名片，但事后联系时常产生系统退信的现象。这可能是因为该国或该公司的服务器为了防止垃圾邮件对中国国内的服务器设置过滤的原因。如果因为收到退信而放弃对展会上沟通较好的客户的跟踪，那就可能会错失客户资源。建议使用不同的邮箱重试。另外，也可以使用网络传真、SKYPE 网络电话等方式与客户沟通，这部分的费用其实是非常低廉的，不必担心成本问题。

业务人员还可通过搜索引擎去判断一个客户的资信。方法很简单，把每一个客户的公司放到 YAHOO、GOOGLE 等网站上进行搜索，同时也可以加上一些产品、买家等关键词。如果能找到该公司的网站，就能更好地判断该客户。如果该客户在 MADE IN CHINA、ALIBABA 等 B2B 网站上有大量的发盘，可以从侧面说明他是活跃的买家，买家真实度相对较高，只是该类客户可能价格敏感度较高而做更多的比价。因此要主动出击，不让其有充裕的时间过分地把精力放在价格问题上。

第四节　展会观众信息管理与 CRM 的结合

CRM 即客户关系管理，它是一个不断加强与顾客交流，不断了解顾客需求，并不断对产品及服务进行改进和提高以满足顾客需求的连续过程。CRM 注重的是企业与客户的交流，倡导企业经营以客户为中心，满足不同价值客户的个性化需求，提高客户的忠诚度和保有率。CRM 的解决方案集合了先进的信息技术，包括互联网和电子商务、多媒体技术、数据仓库和数据挖掘、专家系统和人工智能、呼叫中心等。

相对 CRM 而言，展会观众信息管理则要简单得多。展会观众信息管理是以某一场展会为资源和基础，信息范围只覆盖这次展会的观众，时间跨度从展会开始到展后跟进的一段时期。但展会观众信息管理也有它的优势所在，例如，专业观众很可能成为新的客户资源，展会上的询盘有更强的购买意向，展会上收集到的信息有更好的时效性。

应该说，客户关系管理是一个长期的关系维护的过程，需要企业与客户在多渠道、多形式下保持不断的交流互动；而展会观众信息管理只是面向展会的，在展会前后一段时期内发挥作用的管理工具。因此，展会观众信息管理在经过跟进和梳理后，它的使命就告一段落，所有的展会观众信息都应该被归档管理；同时要提取有价值的客户信息，纳入企业整体的CRM，与其他渠道获取的客户信息放在一起，保持长期有效的管理。如此一来，低价值的一般观众信息被关闭归档，有价值的客户信息被纳入有序的日常管理中，这样就做到了展会观众信息的闭环管理。

展会观众信息闭环管理如图8-6所示。

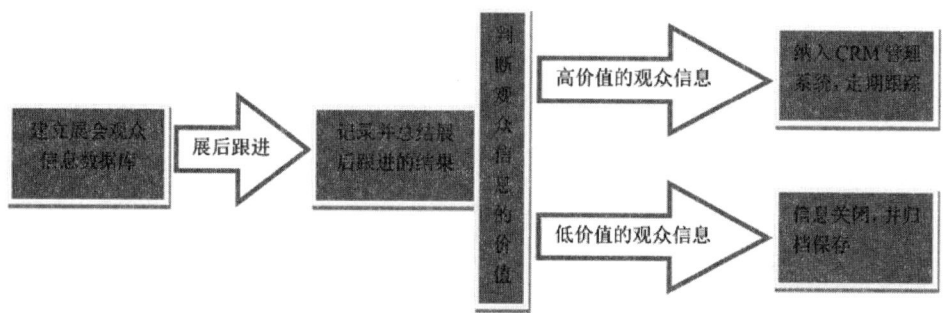

图8-6 展会观众信息闭环管理

本章小结

参展现场的展会信息收集工作和展后的信息管理工作十分重要。通过收集和挖掘参展客户信息，拓展潜在的客户资源，实现展览项目的长远利益，才能使展会收益最大化。

客户信息收集的渠道主要来自两个方面：一是展会主办方对参加展会所有观众的信息收集，一般是通过客户参展前注册或是观众入场登记的形式。二是参展商对到访其展位的客户的信息收集，一般是会谈记录或问卷调查表；信息收集后，需建立客户信息管理数据库，观众信息可以按照不同的维度、不同的形式、不同的规则进行分类管理；最后，基于观众信息数据库，输出分析报告，实现企业的管理目标。

第九章
参展绩效评估与工作总结

第一节 参展目标概述

参展绩效是与参展目标息息相关的,首先要重视参展目标,才能做出正确的绩效评估,并取得企业所需的参展绩效。帕瑞尼(Poorani,1996)的研究结论表明,可量化参展目标的制定与参展效益之间存在相关性,即缺少明确的、可考核的参展目的将导致展前规划的混乱和无力。凯特英(Kitzing,1991)认为,没有制定明确可量化的参展目标是导致参展效果不佳的因素之一,他的研究显示15%的企业没有明确参展目的。泰纳瑞(Tanner,2002)的研究结果表明,感知成功的参展商总是设定多维目标,那些只想利用展览会达成成交意愿、完成交易的参展商通常感知展会不成功。

参展企业一定希望在展会上能有所收获,而这里的收获不仅是采购订单,还有客户、渠道、品牌、行业信息,等等。参展商参展的目标有以下四个方面:

一、销售目标

销售目标关注的是展中和展后较短的一段时期内的销量变化,其目标简言之就是通过展会促销,赢取订单,提升销量。展会上形成的销量能较为直观地显示展会的短期直接经济效果,潜在客户的后期订单量能在一定程度上显现出参展的后续经济效益。

二、商务目标

商务目标侧重参展商与观众之间的商务沟通,而非直接的经济往来。参展商利用展会平台,发展人际关系,接触新客户,拓宽客户资源,联系老客户,增进客户关系。对于经销业务来说,商务目标也包括寻找分销网络和开发新的经销商。商务目标的核心是专业观众,只有吸引更多的专业观众才有可能进一步拓展未来的业务渠道和业务量。

三、宣传目标

宣传目标是指参展商在展会上进行产品或品牌的推广，提升产品或品牌的知名度和美誉度，激起观众对新产品的兴趣和购买欲，培养客户的品牌忠诚度。展会为众多企业提供了专业性强、集中度高的推广平台。在这样的环境下进行宣传推广，其重点与受众都比普通的推广方式更有效，同时，专业性的媒体对于展会的关注和传播效果也是最为高效的。

四、信息目标

展会是市场调研的好时机，因为展会聚集了业界同行、专业观众和专业性的媒体，还有各类研讨会和发布会可以网罗到最新的行业信息。参展商可以借展会来了解最新的客户需求、产品趋势、竞品价格等，把握整个行业的发展动态，挖掘新兴市场和空白的细分市场。

第二节 参展目标分析

企业参加展会，重点要思考的不是展会能带给参展商什么，而是参展商要从展会上获得什么。参展商要根据自身的行业特点选择展会，展会不是越大越好，要考虑行业、企业、产品、客户等多方面的因素来评估展会适不适合；更重要的是，参展商在展会上的表现，包括展示的内容、展示的形式、服务观众的水准等，否则即使有一个好的展会做平台，也无法使观众成为客户。

分析展会不如先分析企业自身。我们从各个行业的特点来分析消费者都有哪些购买习惯，企业需要什么样的展会营销方式以及企业想要达到什么样的营销目标。只有做好消费行为分析，明确了企业的参展目标，我们才能找到评估展会绩效的相应方法。

一、快速消费品

1. 行业特点

快速消费品的行业特点：①产品周转周期短。②渠道通路短而宽。③便利性很重要，消费者习惯就近购买。④冲动消费，视觉化影响消费者的购买决定。⑤品牌忠诚度不高，消费者很容易在同类产品中转换不同的品牌。

2. 典型行业

快速消费品的典型行业：化妆品、烟酒、食品。

3. 购买习惯

快速消费品的购买习惯：简单、迅速、冲动、感性。

4. 参展目标

参展目标分析：因为消费者是冲动型消费，所以在展会上要营造一个良好的促销氛围。借助价格优惠、赠送礼品、产品现场试用等促销手段，提高品牌和产品的知名度，提升展会现场的销量。同时，我们要认识到，展会促销是手段，不是目的，不是为了在展会上实现多少销量，但展会销量却是考核展会业绩的一个重要指标。展会促销的最终目的，首先是通过促销积累广大用户群，来培养产品的口碑和消费者的使用习惯，引导消费者的重复购买；其次，通过展会销售的情况，了解消费者对产品接受的程度、喜爱偏好等购买行为。最后，我们也建议在促销的同时，发放一些调查问卷表，以便更好地了解市场动态。

二、耐用消费品

1. 行业特点

耐用消费品的行业特点：①产品周转周期长。②长通路为主，短通路为辅。③消费者追求新产品、新技术。④消费者有售后服务的需求。⑤产品定位决定消费人群。⑥消费者购买决策相对复杂，经常货比三家。

2. 典型行业

耐用消费品的典型行业：房产、轿车、家电。

3. 购买习惯

耐用消费品的购买习惯：决策复杂、相对理性、看重品牌和性价比。

4. 参展目标

参展目标分析：消费者不可能直观地了解到一辆汽车的技术水平、质量好坏、售后服务等信息。这些全都是商家告诉消费者的，而消费者能否认可则完全取决于企业的品牌是否过硬。品牌不仅承载着企业信誉和产品信息，而且也决定了产品定位和消费人群。而展会就是展示品牌和产品的绝佳途径，从品牌活动到新产品发布，再到深层的企业文化与内涵，让消费者认可企业的品牌价值和产品形象比单纯的消费行为更为重要，也更影响深远。与此同时，也不能忽视展会给参展商带来的销售业绩。因为很多来参加展会的观众已经有了实际购买的需求，有众多企业参与的展会给了他们货比三家、可供挑选的机会。参展商也适时地推出各类促销活动，激起观众的购买热情。成功的展会必然带来供需两旺的局面，蕴藏着无限商机，能在短期内大幅提升参展商的销售业绩。

三、工业品

1. 行业特点

工业品的行业特点：①产品是生产资料，包括商品和服务。②注重价值导向，价格与价值紧密相连。③关注产品的价值链和全生命周期，包括技术、质量、使用、服务等。④供需双方关系密切，目标客户群体明确。⑤采购有计划、有预算。

2. 典型行业

工业品的典型行业：工程机械、零部件、原材料。

3. 购买习惯

工业品的购买习惯：谨慎决策、长期合作、专业化采购。

4. 参展目标

参展目标分析：工业品一般都有特定行业的展会，参加展会的也多是专业观众。这些专业观众对行业内主流产品了如指掌，要吸引他们的注意力不容易。如果不想庸庸碌碌，参展商必须要找到企业的核心概念，或是差异化的竞争力。例如，"某某行业领导者"，展示自身的行业地位和市场占有率；"某某制造专家"，展示企业的技术研发能力和拥有的专利数量。或是以差异化的技术、服务及商务条件作为核心竞争力，打动专业观众。在展示自我的同时，也要主动接触专业观众，收集意向订单信息。因为目标客户群体很明确，在专业观众中不难找到行业内的大客户或有实力的经销商的身影。展会是一个难得的好机会，了解这些大客户的潜在需求，再召开客户答谢会，沟通感情，增强信赖；吸引经销商前来洽谈，讨论双方的合作意向，寻找合作机会。工业品展会更像是一个朋友圈的宴会，不仅要在宴会上多结交新朋友，更要和重要的朋友增进友谊，而生意不过是水到渠成的事。

四、服务行业

1. 行业特点

服务业的行业特点：①为人服务，生活便利。②服务是无形的，服务的优劣是客户的主观感受。③服务难以标准化，服务人员的素质严重影响服务质量。④因为服务的不可贮存性，导致供需难以协调，也难以获得规模经济效益。

2. 典型行业

服务业的典型行业：餐饮业、旅游业、理发业。

3. 购买习惯

服务业的购买习惯：个性化需求、看重便利性、重复购买多。

4. 参展目标

参展目标分析：服务行业的核心是人。服务行业的展会不可能把服务产品搬到展会现场，即使做得到，收效也未必好。服务行业应该展示的是以人为本的服务理念，依靠高素质的服务团队、高技能的专业人才、高水准的服务标准来赢取客户。例如，一家高端餐饮企业，不会把美食搬到展会上让人品尝，因为美食要有优美的环境做伴；但它可以请餐厅的大厨来谈美食，推广餐饮品牌，让人心生向往。在促销上，发放一些到店消费的优惠券是一种不错的促销手段，也便于通过统计展会优惠券的方式来评估展会效果。同时别忘了做好市场调研的工作，充分了解客户需求，特别是个性化、区域化的需求，做到让客户满意是服务行业不变的制胜法则。

第三节 参展绩效考核体系

一、参展绩效考核的目的和流程

1. 绩效考核的目的

参展绩效是指参展企业参加某一次展会活动所获得的总收益与总支出之比，这里的总收益既包括财务指标的收益，也包括非财务指标的收益。建立参展绩效考核体系的目的是衡量企业参展投入与产出的效益比是否达到预期，评价企业是否科学、有效地配置了参展资源，为企业进行参展决策以及公司经营管理决策提供重要依据，也有助于提高企业的参展水平。

2. 绩效考核的流程

绩效考核的流程如图 9-1 所示。

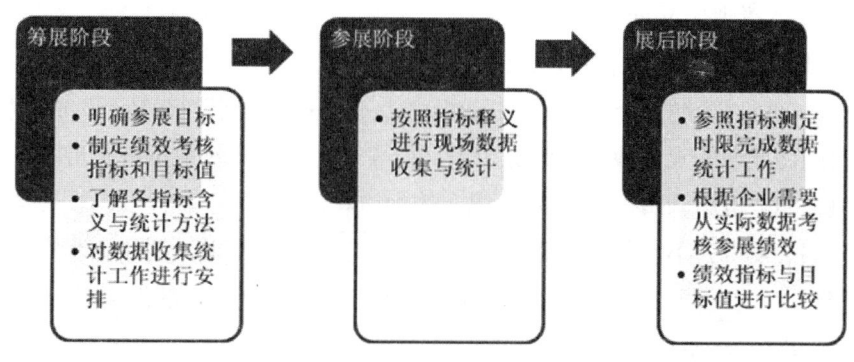

图 9-1 绩效考核流程

二、绩效考核的相关原则

1. 指标制定原则

建立绩效考核指标体系，要遵循以下六项基本原则：

（1）目标导向。绩效指标必须依据目标来确定。如果指标和目标不一致，就无异于缘木求鱼。这也是为什么我们在上文中花了大篇幅来讲述参展目标的原因。

（2）注重工作质量。工作质量是开展任何一项工作的保障，是核心竞争力，但又难以衡量。因此，对工作质量建立指标进行控制特别重要。

（3）可操作性。绩效考核指标必须从技术上保证指标的可操作性，对每一项指标都必须给予明确的定义，建立完善的信息收集渠道，确定统计口径和计算方式等。同时应简单明了，容易被执行人所理解和接受。

（4）目标的平衡性。有很多指标之间是相关的、交叉的、重叠的、对立的，指标不在于面面俱到，而在于聚焦、有效。直接参加展会的人不多，但展会涉及的部门会很多，绩效指标一定要关注到各个部门的需求，与相关部门协商讨论后确定。

（5）强调过程控制。绩效考核指标不能只看结果，也要重视过程，必须使绩效考核指标对工作开展的过程起到控制作用。

（6）具有控制力。被考核者应对绩效考核指标的达成具有相当的控制能力，即指标必须与被考核者的工作相关，且工作质量的好坏会直接影响指标的高低。只有这样，绩效考核指标才能起到指导和督促工作的作用。

2. 指标设计原则

针对每一项绩效考核指标的设计，要符合 SMART 原则：

（1）指标必须是具体的 (Specific)。要用具体的语言清楚地说明要达成的绩效考核指标，不要模棱两可。例如，指标是"向观众提供优质的展会服务"，这就是不具体的指标，展会服务包括展台接待、产品介绍、促销活动等，必须具体到某一项工作，并且它是可以被清晰定义的。

（2）指标必须是可以衡量的 (Measurable)。指标应该是可量化、有标准的，可量化指的是有一组数据可以说明这个指标，有标准指的是有一根准绳来判断是否达成目标。例如，指标是"向到访展台的大多数观众发放市场调研表"，大多数就是不可衡量的，应该改为具体的数值，如"市场调研表覆盖 90% 以上的到访观众"。

有时我们会发现并不是每一项指标都能马上得出量化的结果，例如，客户满意度要如何用数字来衡量。管理学大师彼得·德鲁克先生如是说：能量化的量化，不能量化的质化。也就是说，要找到统一的、标准的、清晰可度量的标尺。在调查表里将客户评价分为满意、一般和不满意，客户满意度即等于选择满意的客户数量除以给出评价的客户数量。

（3）指标必须是可以达到的(Attainable)。指标不能高不可攀，必须切实可行。指标不是拍脑袋想出来的，制定指标的时候要有参考数据，要和相关人员多做沟通。指标定低了会有懈怠，定高了会丧气，只有让人"垫垫脚"能够着的，才能充分调动人的积极性。

（4）指标必须具有相关性(Relevant)。绩效考核指标必须和目标、工作关联起来，因为指标既是为目标服务的，又是指导工作的。绩效考核指标既要实现具体的工作目标，也要关系到参展的整体目标；在指导工作上不要面面俱到，而要抓住主要工作。

（5）指标必须具有明确的截止期限(Time-based)。绩效考核指标的设置要具有时间限制，根据工作任务的权重、事情的轻重缓急，拟定出完成任务的时间要求。例如，我们要考核展会意向订单的执行率，即展会上签订的意向订单有多少被实际执行了，这就要有一个截止期限，而不能无限期地拖延下去。

三、参展绩效考核指标

参展绩效有很多考核指标，但并不是所有指标都适用于每一场展会，考核指标的设定应当根据参展目标来做出选择。先问为什么来参展，每个行业、每个企业都会有不同的目标，明确了参展目标之后再来讨论需要哪些绩效考核指标来评估目标是否达成。

1. 参展目标的选择

参展目标的选择根据行业不同而有所不同，如表9-1所示。

表9-1 不同行业的参展目标

行业	主要参展目标	参展预期效果
快速消费品	销售目标 信息目标	（1）展会促销，提高销量，积累用户群 （2）市场调研，了解消费者购买偏好
耐用消费品	宣传目标 销售目标	（1）推广品牌，提升品牌知名度和美誉度 （2）展示产品，特别是发布新产品和新技术 （3）吸引观众和媒体，提高关注度和曝光度 （4）展会促销，提高销量，追求收益最大化
工业品	商务目标 销售目标	（1）接触专业观众，发掘新客户 （2）客户关系维护，特别是行业内的大客户 （3）收集意向订单信息，促成销售 （4）拓展经销商，开发渠道资源
服务行业	宣传目标 信息目标	（1）推广品牌，提升品牌知名度和美誉度 （2）市场调研，了解市场需求，制定个性化、区域化的服务产品

2. 绩效考核指标的设定

绩效考核指标分为四种：销售目标、商务目标、宣传目标、信息目标，其具体的指标设定如表 9-2 所示。

表 9-2 绩效考核指标的设定

参展目标	绩效考核指标	指标解释
销售目标	展会期间总成交额	展期内成交总金额
	参展利润率	(展期内销售毛利 – 参展成本) / 展期内销售总额
	总成交额占年销售任务的比重	展期内成交总金额 / 全年销售任务
	参展销售业务量增幅	(展期日均业务量 – 平时日均业务) / 平时日均业务量
	潜在客户后期订单总额	展后三个月内潜在客户的订单总金额
商务目标	到访的专业观众数量	在展位有过业务咨询或接洽的观众数量
	有效新增客户数量	有购买动机的客户数量
	一般新增客户数量	留下联系方式的观众数量
	巩固老客户数量	到访过并在展后三个月内续约的客户数量
	展后回访数量	(展后一月内来电来访数量 – 月均来电来访数量) / 月均来电来访数量
	新增渠道数量	通过展会结识并建立业务往来的经销商数量
	新增销售渠道销售额	新开拓的经销渠道的预期销售总金额
	新增业务区域的数量	展会上新开拓的经销商覆盖到尚未实现销售或尚无渠道区域的数量
宣传目标	展台到访率	到访观众占参展观众的比率
	新产品推广效果	展期内对新产品咨询洽谈次数
	老产品推广效果	展期内对原有产品咨询洽谈次数
	品牌形象塑造程度	展期内公共媒体报道总量
	现场推广效果	展期内宣传册发放总量
	媒体关系程度	展期内接触的媒体数量
	观众记忆度	6~8 周后对企业有印象的观众比例
信息目标	同期参展商数量	展会上产品相同或类似的企业数量
	新技术 / 产品发掘数量	展内发掘的其他参展商的新技术或新产品数量
	有效竞争信息数量	通过展会获得的竞争者有效信息数量
	了解行业动态情况	参与展会配套论坛数量
	获取观众评价数量	收到观众对于产品评价反馈的数量
	获取客户信息数量	通过展会收集到的有效客户信息数量

有的管理者只顾经济效益，不看重其他指标；有的管理者喜欢面面俱到，把所有指标都纳入考核，这都是不可取的。因为指标少了，反映问题就会片面；指标多了，成了"胡子眉毛一把抓"。绩效考核指标要能抓住重点，反映关键问题，围绕参展目标做文章。如果偏离目标，即使指标再好，也不能说明问题，反而会误导管理者。

案例

某房地产企业参展绩效考核

某房地产集团企业，年销售额逾30亿元人民币，位于二线的沿海城市，主要从事城市综合体和高端住宅的开发业务。在参展经验方面，公司主要涉及企业主办的各类房地产推广或交易展览，参展经验在5年以上，并根据项目推进需求在高端商场或人流聚集的商业区进行企业巡展。

目前我国房地产行业的展会主要以交易目的为主，辅以品牌宣传和产品推广。房地产属于耐用消费品行业，这符合耐用消费品的主要参展目标，是以销售目标和宣传目标为主要参展导向的。因此，在绩效指标中，参展商重点选取了销售目标和宣传目标的绩效考核指标，设定了相关指标的目标值，并在展后做了完整的数据统计，如表9-3所示。

表9-3 某房地产商展会目标

绩效考核指标	单位	目标值	参展实际值
展会期间总成交额	万元	1610	1680
参展利润率	%	25	26.3
总成交额占年销售任务的比重	%	7	7.3
参展销售业务量增幅	%	100	120
潜在客户后期订单总额	万元	1200	1400
展台到访率	%	10	11.07
品牌形象塑造程度	次	10	7
现场推广效果	份	2000	2100
媒体关系程度	家	15	16
观众记忆度	%	80	72.38

【案例评析】

1.参展效果

本次展会总体上较好地完成了既定目标，特别是在销售目标上取得了很好的经济收益。不仅展会期间总成交额和潜在客户后期订单总额两项都超过了预期目标，而且在参展利润率上也有所提升。成功利用了展会这个平台进行促销，取得了量价齐升的双丰收。这说明参展的销售工作组织有序，销售业务人员出色地完成了销售任务。

在品牌宣传方面，展台到访率和现场推广效果都超出目标值，并与16家媒体建立了联系，但在品牌形象塑造程度和观众记忆度上都没有完成目标。这说明现场工作人员虽然非常努力，能吸引观众和媒体来到展台观展，但是展台在营销上缺乏亮点和创新，使媒体报道的关注度不高以及观众阅后即忘。

2. 存在的问题

在以往的展会上，参展的关注点往往是销量和利润，随着房地产行业的演变和房地产展会的进步，房地产展会将会越来越关注品牌宣传的长期效益。加之今年公司提出塑造高端品牌优势的战略目标，这也对展会品牌宣传提出了更高的要求。

这次展会没有达标的两项绩效为品牌形象塑造程度和观众记忆度，恰恰说明了品牌宣传的工作还有待提高。仔细分析失败的原因，总结为以下几点：

（1）品牌定位模糊。企业宣传的是高端商务居住项目，但是在展台布置和产品推荐上都没有体现出高端商务的特点。

（2）品牌缺乏辨识度。在行业竞争日趋激烈的当下，摆脱竞争对手的同质化，非常重要的是品牌辨识度。品牌辨识度不能仅有概念炒作，而且需要更多的企业文化和内涵，要植入每位参展员工的基因里，才能真正感染客户。

（3）缺少品牌活动。本次展会的品牌活动只局限于产品推介会、分发传单礼品等简单的活动，缺少和观众的互动。结果证明，观众对枯燥单调的活动并不买账，我们需要找到更好的方式方法来推广品牌。

3. 改进建议

（1）加强品牌宣传与参展工作的结合。从展会筹备伊始，到广告设计方案，再到现场展台布置，要把品牌形象融入展会的方方面面，这样才能在媒体和观众中塑造出企业的品牌形象。

（2）赋予品牌宣传更多的文化和内涵。品牌宣传不能只浮于表面，要去挖掘深层次的文化和内涵。例如，把环保的理念加入居住区，在品牌推广的时候，我们会宣传绿化率、太阳能供电、废水再利用等硬件设施，但是却忽略了一些环保习惯的宣教，应教会大家如何进行家庭垃圾分类、如何丢弃矿泉水瓶等环保行为，并将环保的居住文化作为品牌文化的内涵传递给观众。

（3）多种形式丰富品牌活动，特别是增加和观众的互动。展台的娱乐性对于吸引观众、留住观众和让观众记住是很重要的。常见的品牌活动有现场表演秀、互动小游戏、竞猜抽奖、公益活动等。同时，品牌活动也必须配合品牌宣传的需求，在娱乐中展现品牌文化。

第四节　参展工作总结

参展工作总结就是把参展期间所做的工作进行一次全面系统的总检查、总评价，进行一次具体的总分析、总研究。通过总结可以了解参展工作取得了哪些成绩，存在哪些问题和不足，并为管理层提供展会、市场、法规等方面的管理决策依据。参展工作是一项系统工程,需要把总结作为一项重要工作安排专人来负责。

一、参展工作总结的作用

1. 使企业全面了解参展工作

参展工作对企业而言是一项重要的工作,企业会投入大量的人力、物力和财力。工作总结可以使企业的管理层和各个部门全面了解参展工作的效率和效果。

2. 总结参展工作的成绩和问题

通过总结可以使企业了解参展工作中取得了哪些成绩,还存在哪些问题,寻找解决问题的方法,有利于未来参展工作的改进和展出效果的提高。

3. 提供管理决策依据

参展工作总结可以为企业管理者提供管理决策依据。总结可以帮助管理者判断参展决定是否合适、资源投入是否适量、参展有无收益;也可以帮助管理者了解到最新的市场趋势、行业动态、法律法规等。

二、参展工作总结的内容

参展工作总结应涵盖多方面的报告,尽可能全面覆盖参展过程中的各项工作,包括展览工作总结报告、财务总结报告、市场调研报告、评估总结报告和其他报告。

1. 展览工作总结报告

展览工作总结报告是展览情况、工作、效果和建议的全面反馈,是最基础的报告。它侧重于展览工作全过程的总结,包括筹展准备是否充分、布展是否满意、现场管理是否完善、展后跟进是否有效,等等。总结展览过程中的各项工作,分析解决存在的问题,为下次参展积累经验,提升展览展出的水平。

2. 财务总结报告

财务总结报告对企业经营管理有着非常重要的意义和作用。财务总结报告的内容除了有预算、决算等基本的统计以外,还应当有反映经营效益、效率、利润的计算和估算。对企业来说,效率、效益和利润是最为重要的。由于参展效果和效益需要比较长的时间才能反映出来,因此财务总结报告可以根据实际情况分为近期的收支报告和远期的效益报告。

3. 市场调研报告

展览的重要功能之一是进行市场调研,市场调研报告对展出者营销具有重要的参考价值。调研报告的精华部分大多数写入总结,提供给管理层和决策层。市场调研报告内容根据参展企业的经营需要制定,一般包括市场潜力、市场渠道、法律法规等。

4. 评估总结报告

评估总结报告是一份管理报告,不能仅是简单的工作总结,更重要的是对参展工作做出结论性的评估评价,从正反两方面反映参展工作、参展效益以及管理观点。评估报告的内容一般包括对有关参展目标和参展工作的简单描述,对参展成果整体的和分类的统计分析以及存在的问题、原因分析和解决建议。企业内部有关方面有时会急于要展览结果,为了满足这方面的需要,可以每天统计一份情况简报,并在展会结束时尽快提供小结报告给有关方面作为评估素材,但是这些不是最终的评估报告。参展的效果是长期的,完整的评估报告往往要在展会闭幕六个月以后,甚至是一年以后才能完成,因为直到此时,后续工作才大都完成,参展效果和效益也逐渐显露,才可以判断参展的支出是否有回报,所耗费的资源是否值得。虽然企业内部可能对展会的关注度已大为减弱,但是真实地反映参展长期结果和效益的评估报告仍应当提交管理层,因为能反映参展真实情况的评估报告对企业经营管理有着很大的参考价值。

5. 其他报告

参展总结报告还有许多其他种类,比如展台表现报告、观众观展情况报告、展会人员管理报告等。参展的各方面情况、各环节工作几乎都可以列为专题报告,但是否编写应根据企业需要和条件决定。专题报告大多是为了在某个领域内了解具体情况、解决具体问题而设的。

参展工作总结报告是参展工作的重要组成部分,是展会闭环管理过程的一个终结工作,也是长期展会工作中承上启下的环节。评估和总结的主要目的是发现问题、解决问题和总结经验,进一步提高参展工作效率和经济效益。因此,应当重视做好参展工作总结,并将结果应用到经营和管理工作中。

本章小结

参展绩效是指参展企业参加展会活动所获得的总收益与总支出之比。首先,建立参展绩效考核体系的目的是衡量企业参展投入与产出的效益比是否达到预期效果,以此来评价企业是否科学、有效地配置了参展资源,为企业进行参展决策以及公司经营管理决策提供重要依据,同时,也有助于提高企业的参展水平。其次,针对每一项绩效考核指标的设计,要符合SMART原则,同时根据目标选择来设定绩效考核指标。通过参展绩效评估,可有效评价和总结参展工作情况。通过总结可以了解参展工作取得了哪些成绩,存在哪些问题和不足,并为管理层提供展会、市场、法规等方面的管理决策依据。

附 录

附录1 展会知识产权保护办法

发文单位：商务部、国家工商总局、国家版权局、国家知识产权局
文　　号：商务部、国家工商总局、国家版权局、国家知识产权局2006年第1号令

经商务部、国家工商总局、国家版权局、国家知识产权局审议通过，现予公布，自二〇〇六年三月一日起施行。

商务部
国家工商总局
国家版权局
国家知识产权局
二〇〇六年一月十日

第一章　总则

第一条　为加强展会期间知识产权保护，维护展会业秩序，推动展会业的健康发展，根据《中华人民共和国对外贸易法》、《中华人民共和国专利法》、《中华人民共和国商标法》和《中华人民共和国著作权法》及相关行政法规等制定本办法。

第二条　本办法适用于在中华人民共和国境内举办的各类经济技术贸易展览会、展销会、博览会、交易会、展示会等活动中有关专利、商标、版权的保护。

第三条　展会管理部门应加强对展会期间知识产权保护的协调、监督、检查，维护展会的正常交易秩序。

第四条　展会主办方应当依法维护知识产权权利人的合法权益。展会主办方在招商招展时，应加强对参展方有关知识产权的保护和对参展项目（包括展品、展板及相关宣传资料等）的知识产权状况的审查。在展会期间，展会主办方应当积极配合知识产权行政管理部门的知识产权保护工作。

展会主办方可通过与参展方签订参展期间知识产权保护条款或合同的形式，加强展会知识产权保护工作。

第五条　参展方应当合法参展，不得侵犯他人知识产权，并应对知识产权行政管理部门或司法部门的调查予以配合。

第二章 投诉处理

第六条 展会时间在三天以上（含三天），展会管理部门认为有必要的，展会主办方应在展会期间设立知识产权投诉机构。设立投诉机构的，展会举办地知识产权行政管理部门应当派员进驻，并依法对侵权案件进行处理。

未设立投诉机构的，展会举办地知识产权行政管理部门应当加强对展会知识产权保护的指导、监督和有关案件的处理，展会主办方应当将展会举办地的相关知识产权行政管理部门的联系人、联系方式等在展会场馆的显著位置予以公示。

第七条 展会知识产权投诉机构应由展会主办方、展会管理部门、专利、商标、版权等知识产权行政管理部门的人员组成，其职责包括：

（一）接受知识产权权利人的投诉，暂停涉嫌侵犯知识产权的展品在展会期间展出。

（二）将有关投诉材料移交相关知识产权行政管理部门。

（三）协调和督促投诉的处理。

（四）对展会知识产权保护信息进行统计和分析。

（五）其他相关事项。

第八条 知识产权权利人可以向展会知识产权投诉机构投诉，也可直接向知识产权行政管理部门投诉。权利人向投诉机构投诉的，应当提交以下材料：

（一）合法有效的知识产权权属证明：涉及专利的，应当提交专利证书、专利公告文本、专利权人的身份证明、专利法律状态证明；涉及商标的，应当提交商标注册证明文件，并由投诉人签章确认，商标权利人身份证明；涉及著作权的，应当提交著作权权利证明、著作权人身份证明。

（二）涉嫌侵权当事人的基本信息。

（三）涉嫌侵权的理由和证据。

（四）委托代理人投诉的，应提交授权委托书。

第九条 不符合本办法第八条规定的，展会知识产权投诉机构应当及时通知投诉人或者请求人补充有关材料。未予补充的，不予接受。

第十条 投诉人提交虚假投诉材料或其他因投诉不实给被投诉人带来损失的，应当承担相应法律责任。

第十一条 展会知识产权投诉机构在收到符合本办法第八条规定的投诉材料后，应于24小时内将其移交有关知识产权行政管理部门。

第十二条 地方知识产权行政管理部门受理投诉或者处理请求的，应当通知展会主办方，并及时通知被投诉人或者被请求人。

第十三条 在处理侵犯知识产权的投诉或者请求程序中，地方知识产权行政管理部门可以根据展会的展期指定被投诉人或者被请求人的答辩期限。

第十四条　被投诉人或者被请求人提交答辩书后，除非有必要作进一步调查，地方知识产权行政管理部门应当及时作出决定并送交双方当事人。

被投诉人或者被请求人逾期未提交答辩书的，不影响地方知识产权行政管理部门作出决定。

第十五条　展会结束后，相关知识产权行政管理部门应当及时将有关处理结果通告展会主办方。展会主办方应当做好展会知识产权保护的统计分析工作，并将有关情况及时报展会管理部门。

第三章　展会期间专利保护

第十六条　展会投诉机构需要地方知识产权局协助的，地方知识产权局应当积极配合，参与展会知识产权保护工作。地方知识产权局在展会期间的工作包括：

（一）接受展会投诉机构移交的关于涉嫌侵犯专利权的投诉，依照专利法律法规的有关规定进行处理。

（二）受理展出项目涉嫌侵犯专利权的专利侵权纠纷处理请求，依照《专利法》第五十七条的规定进行处理。

（三）受理展出项目涉嫌假冒他人专利和冒充专利的举报，或者依职权查处展出项目中假冒他人专利和冒充专利的行为，依据《专利法》第五十八条和第五十九条的规定进行处罚。

第十七条　有下列情形之一的，地方知识产权局对侵犯专利权的投诉或者处理请求不予受理：

（一）投诉人或者请求人已经向人民法院提起专利侵权诉讼的。

（二）专利权正处于无效宣告请求程序之中的。

（三）专利权存在权属纠纷，正处于人民法院的审理程序或者管理专利工作的部门的调解程序之中的。

（四）专利权已经终止，专利权人正在办理权利恢复的。

第十八条　地方知识产权局在通知被投诉人或者被请求人时，可以即行调查取证，查阅、复制与案件有关的文件，询问当事人，采用拍照、摄像等方式进行现场勘验，也可以抽样取证。

地方知识产权局收集证据应当制作笔录，由承办人员、被调查取证的当事人签名盖章。被调查取证的当事人拒绝签名盖章的，应当在笔录上注明原因；有其他人在现场的，也可同时由其他人签名。

第四章 展会期间商标保护

第十九条 展会投诉机构需要地方工商行政管理部门协助的,地方工商行政管理部门应当积极配合,参与展会知识产权保护工作。地方工商行政管理部门在展会期间的工作包括:

(一)接受展会投诉机构移交的关于涉嫌侵犯商标权的投诉,依照商标法律法规的有关规定进行处理。

(二)受理符合《商标法》第五十二条规定的侵犯商标专用权的投诉。

(三)依职权查处商标违法案件。

第二十条 有下列情形之一的,地方工商行政管理部门对侵犯商标专用权的投诉或者处理请求不予受理:

(一)投诉人或者请求人已经向人民法院提起商标侵权诉讼的。

(二)商标权已经无效或者被撤销的。

第二十一条 地方工商行政管理部门决定受理后,可以根据商标法律法规等相关规定进行调查和处理。

第五章 展会期间著作权保护

第二十二条 展会投诉机构需要地方著作权行政管理部门协助的,地方著作权行政管理部门应当积极配合,参与展会知识产权保护工作。地方著作权行政管理部门在展会期间的工作包括:

(一)接受展会投诉机构移交的关于涉嫌侵犯著作权的投诉,依照著作权法律法规的有关规定进行处理。

(二)受理符合《著作权法》第四十七条规定的侵犯著作权的投诉,根据《著作权法》的有关规定进行处罚。

第二十三条 地方著作权行政管理部门在受理投诉或请求后,可以采取以下手段收集证据:

(一)查阅、复制与涉嫌侵权行为有关的文件档案、账簿和其他书面材料。

(二)对涉嫌侵权复制品进行抽样取证。

(三)对涉嫌侵权复制品进行登记保存。

第六章 法律责任

第二十四条 对涉嫌侵犯知识产权的投诉,地方知识产权行政管理部门认定侵权成立的，应会同展会管理部门依法对参展方进行处理。

第二十五条　对涉嫌侵犯发明或者实用新型专利权的处理请求，地方知识产权局认定侵权成立的，应当依据《专利法》第十一条第一款关于禁止许诺销售行为的规定以及《专利法》第五十七条关于责令侵权人立即停止侵权行为的规定作出处理决定，责令被请求人从展会上撤出侵权展品，销毁介绍侵权展品的宣传材料，更换介绍侵权项目的展板。

对涉嫌侵犯外观设计专利权的处理请求，被请求人在展会上销售其展品，地方知识产权局认定侵权成立的，应当依据《专利法》第十一条第二款关于禁止销售行为的规定以及第五十七条关于责令侵权人立即停止侵权行为的规定作出处理决定，责令被请求人从展会上撤出侵权展品。

第二十六条　在展会期间假冒他人专利或以非专利产品冒充专利产品，以非专利方法冒充专利方法的，地方知识产权局应当依据《专利法》第五十八条和第五十九条规定进行处罚。

第二十七条　对有关商标案件的处理请求，地方工商行政管理部门认定侵权成立的，应当根据《商标法》、《商标法实施条例》等相关规定进行处罚。

第二十八条　对侵犯著作权及相关权利的处理请求，地方著作权行政管理部门认定侵权成立的，应当根据《著作权法》第四十七条的规定进行处罚，没收、销毁侵权展品及介绍侵权展品的宣传材料，更换介绍展出项目的展板。

第二十九条　经调查，被投诉或者被请求的展出项目已经由人民法院或者知识产权行政管理部门作出判定侵权成立的判决或者决定并发生法律效力的，地方知识产权行政管理部门可以直接作出第二十六条、第二十七条、第二十八条和第二十九条所述的处理决定。

第三十条　请求人除请求制止被请求人的侵权展出行为之外，还请求制止同一被请求人的其他侵犯知识产权行为的，地方知识产权行政管理部门对发生在其管辖地域之内的涉嫌侵权行为，可以依照相关知识产权法律法规以及规章的规定进行处理。

第三十一条　参展方侵权成立的，展会管理部门可依法对有关参展方予以公告；参展方连续两次以上侵权行为成立的，展会主办方应禁止有关参展方参加下一届展会。

第三十二条　主办方对展会知识产权保护不力的，展会管理部门应对主办方给予警告，并视情节依法对其再次举办相关展会的申请不予批准。

第七章　附则

第三十三条　展会结束时案件尚未处理完毕的，案件的有关事实和证据可经展会主办方确认，由展会举办地知识产权行政管理部门在 15 个工作日内移交有管辖权的知识产权行政管理部门依法处理。

第三十四条　本办法中的知识产权行政管理部门是指专利、商标和版权行政管理部门；本办法中的展会管理部门是指展会的审批或者登记部门。

第三十五条　本办法自 2006 年 3 月 1 日起实施。

附录2 世界贸易组织 TRIPS 协议中与外贸参展知识产权保护问题有关的规定节选

第二部分 有关知识产权的效力、范围及利用的标准

第一节 版权与有关权

第九条 与《伯尔尼公约》的关系

1. 全体成员均应遵守《伯尔尼公约》1971年文本第一条至第二十一条及公约附录。但对于《伯尔尼公约》第六条之2规定之权利或对于从该条引申的权利,成员应依本协议而免除权利或义务。

2. 版权保护应延及表达,而不延及思想、工艺、操作方法或数学概念之类。

第十条 计算机程序与数据的汇编

1. 无论以源代码或以目标代码表达的计算机程序,均应作为《伯尔尼公约》1971年文本所指的文字作品给予保护。

2. 数据或其他材料的汇编,无论采用机器可读形式还是其他形式,只要其内容的选择或安排构成智力创作,即应予以保护。这类不延及数据或材料本身的保护,不得损害数据或材料本身已有的版权。

第十一条 出租权

至少对于计算机程序及电影作品,成员应授权其作者或作者之合法继承人许可或禁止将其享有版权的作品原件或复制件向公众进行商业性出租。对于电影作品,成员可不承担授予出租权之义务,除非有关的出租已导致对作品的广泛复制,其复制程度又严重损害了成员授予作者或作者之合法继承人的复制专有权。对于计算机程序,如果有关程序本身并非出租的主要标的,则不适用本条义务。

第十二条 保护期

除摄影作品或实用艺术作品外,如果某作品的保护期并非按自然人有生之年计算,则保护期不得少于经许可而出版之年年终起50年,如果作品自完成起50年内未被许可出版,则保护期应不少于作品完成之年年终起50年。

第十三条 限制与例外

全体成员均应将专有权的限制或例外局限于一定特例中,该特例应不与作品的正常利

用冲突，也不应不合理地损害权利持有人的合法利益。

第十四条 对表演者、录音制品制作者及广播组织的保护

1. 对于将表演者的表演固定于录音制品的情况，表演者应有可能制止未经其许可而为的下列行为：对其尚未固定的表演加以固定以及将已经固定的内容加以复制。表演者还应有可能制止未经其许可而为的下列行为：以无线方式向公众广播其现场表演，向公众传播其现场表演。

2. 录音制品制作者应享有权利许可或禁止对其作品的直接或间接复制。

3. 广播组织应享有权利禁止未经其许可而为的下列行为：将其广播以无线方式重播，将其广播固定，将已固定的内容复制以及通过同样方式将其电视广播向公众传播。如果某些成员不授予广播组织上述权利，则应依照《伯尔尼公约》1971年文本，使对有关广播之内容享有版权之人，有可能制止上述行为。

4. 本协议第十一条有关计算机程序之规定，原则上适用于录音制品制作者，适用于成员域内法所确认的录音制品的任何其他权利持有人。在部长级会议结束乌拉圭回合多边贸易谈判之日，如果某成员已实施了给权利持有人以公平报酬的制度，则可以维持其制度不变，只要在该制度下录音制品的商业性出租不产生实质性损害权利持有人的复制专有权的后果。

5. 依照本协议而使表演者及录音制品制作者享有的保护期至少应当自有关的固定或表演发生之年年终延续到第50年年终。而本条第3款所提供的保护期则应自有关广播被播出之年年终起至少20年。

6. 任何成员均可在《罗马公约》允许的范围内，对本条第1款至第3款提供的权利规定条件、限制、例外及保留。但《伯尔尼公约》1971年文本第十八条应在原则上适用于表演者权及录音制品制作者权。

第二节 商标

第十五条 可保护的客体

1. 任何能够将一企业的商品或服务与其他企业的商品或服务区分开的标记或标记组合，均应能够构成商标。这类标记，尤其是文字（包括人名）字母、数字、图形要素、色彩的组合以及上述内容的任何组合，均应能够作为商标获得注册。即使有的标记本来不能区分有关商品或服务，成员亦可依据其经过使用而获得的识别性，确认其可否注册。成员可要求把"标记应系视觉可感知"作为注册条件。

2. 不得将上述第1款理解为阻止成员依其他理由拒绝为某些商标注册，只要该其他理由未背离《巴黎公约》1967年文本的规定。

3. 成员可将"使用"作为可注册的依据，但不得将商标的实际使用作为提交注册申请的条件，不得仅因为自申请日起未满3年期不主动使用而驳回注册申请。

4. 申请注册的商标所标示的商品或服务的性质，在任何情况下均不应成为该商标获得

注册的障碍。

5. 在有关商标获注册之前或即在注册之后，成员应予以公告，并应提供请求撤销该注册的合理机会。此外，成员还可提供对商标的注册提出异议的机会。

第十六条　所授予的权利

1. 注册商标所有人应享有专有权防止任何第三方未经许可而在贸易活动中使用与注册商标相同或近似的标记去标示相同或类似的商品或服务，以造成混淆的可能。如果确将相同标记用于相同商品或服务，即应推定已有混淆之虞。上述权利不得损害任何已有的在先权，也不得影响成员依使用而确认权利效力的可能。

2.《巴黎公约》1967 年文本第六条之 2，原则上适用于服务。确认某商标是否系驰名商标，应顾及有关公众对其知晓程度，包括在该成员地域内因宣传该商标而使公众知晓的程度。

3.《巴黎公约》1967 年文本第六条之 2，原则上适用于与注册商标所标示的商品或服务不类似的商品或服务，只要一旦在不类似的商品或服务上使用该商标，即会暗示该商品或服务与注册商标所有人存在某种联系，从而注册商标所有人的利益可能因此受损。

第十七条　例外

成员可规定商标权的有限例外，诸如对说明性词汇的合理使用之类，只要这种例外顾及了商标所有人及第三方的合法利益。

第十八条　保护期

商标的首期注册及各次续展注册的保护期，均不得少于 7 年。商标的续展注册次数应系无限次。

第十九条　使用要求

1. 如果要将使用作为保持注册的前提，则只有至少 3 年连续不使用，商标所有人又未出示妨碍使用的有效理由，方可撤销其注册。如果因不依赖商标所有人意愿的情况而构成使用商标的障碍，诸如进口限制或政府对该商标所标示的商品或服务的其他要求，则应承认其为"不使用"的有效理由。

2. 在商标受其所有人控制时，他人对商标的使用，亦应承认其属于为了保持注册所要求的使用。

第二十条　其他要求

商标在贸易中的使用不得被不合理的特殊要求所干扰，诸如要求与其他商标共同使用、以特殊形式使用或以不利于商标将一企业的商品或服务与其他企业区分开的方式使用。本规定不排除在使用某商标以区分不同企业之商品或服务的同时，要求使用另一商标来区别同一企业的特殊商品或服务。但这两个商标之间未必有联系。

第二十一条　许可与转让

成员可确定商标的许可与转让条件；而"确定条件"应理解为不得采用商标强制许可

制度，同时，注册商标所有人有权连同或不连同商标所属的经营一道，转让其商标。

第三节　地理标志

第二十二条　地理标志的保护

1. 本协议的地理标志，系指下列标志：其标示出某商品来源于某成员地域内，或来源于该地域中的某地区或某地方，该商品的特定质量、信誉或其他特征，主要与该地理来源相关联。

2. 在地理标志方面，成员应提供法律措施以使利害关系人阻止下列行为：

（1）不论以任何方式，在商品的称谓或表达上，明示或暗示有关商品来源于并非其真正来源地，并足以使公众对该商品来源误认的。

（2）不论以任何使用方式，如依照《巴黎公约》1967年文本第十条之2，则将构成不正当竞争的。

3. 如果某商标中包含有或组合有商品的地理标志，而该商品并非来源于该标志所标示的地域，于是在该商标中使用该标志来标示商品，在该成员地域内即具有误导公众不去认明真正来源地的性质，则如果立法允许，该成员应依职权驳回或撤销该商标的注册，或者依一方利害关系人的请求驳回或撤销该商标的注册。

4. 如果某地理标志虽然逐字真实指明商品之来源地域、地区或地方，但仍误导公众以为该商品来源于另一地域，则亦应适用本条以上三款。

第二十三条　对葡萄酒与白酒地理标志的补充保护

1. 各成员均应为利害关系人提供法律措施，以制止用地理标志去标示并非来源于该标志所指的地方的葡萄酒或白酒，即使在这种场合也同时标出了商品的真正来源地，即使该地理标志使用的是翻译文字，或即使伴有某某"种"、某某"型"、某某"式"、某某"类"，或相同的表达方式，虽然本协议第四十二条第一句规定了应采用民事程序，但成员在履行此项义务时，可以不采用民事程序而采用行政程序。也均在制止之列。

2. 如果某葡萄酒或白酒的商标中包含有或组合有标示该酒的地理标志，则对于所标示者并非该酒之来源地的商标，如果域内立法允许，成员应依职权驳回或撤销该商标的注册，或应根据一方利害关系人的请求，驳回或撤销该商标的注册。

3. 在遵守上述第二十二条第4款的前提下，如果诸多葡萄酒使用同音字或同形字的地理标志，则保护应及于每一标志。各成员均应在顾及确保给有关生产者以平等待遇，而且不误导消费者的情况下，确定出将有关同音字或同形字地理标志之间区别开的实际条件。

4. 为有利葡萄酒地理标志的保护，应在"与贸易有关的知识产权理事会"中举行谈判，以建立葡萄酒地理标志通告及注册的多边体系，使加入该体系的成员在保护地理标志方面可利用该体系。

第二十四条　国际谈判；例外

1. 全体成员同意：进行目的在于依上述第二十三条加强保护各个地理标志的谈判。成员不得借本条第 4 款至第 8 款的规定拒绝谈判或拒绝缔结双边或多边协议。在谈判中，全体成员均应自动顾及本条第 4 款至第 8 款对原先曾经是谈判对象的各地理标志的继续适用程度。

2. "与贸易有关的知识产权理事会"应经常对本节规定的实施进行审查，首次审查应在"建立世界贸易组织协定"生效起两年之内。凡影响履行依本节规定产生之义务的任何事宜，均可送审理事会。在有关事宜已经不可能通过相关成员双边或多边协商获得满意结果时，根据某一成员请求，理事会应当就该事宜与一方或多方成员协商。理事会应采取可能达成一致的行动，促使实现及发展本节要达到的目的。

3. 成员在实施本节规定时，不得降低"建立世界贸易组织协定"生效日临近前业已存在的该成员保护地理标志的水平。

4. 如果某成员之国民或居民已连续在该成员地域内，于相同或有关的葡萄酒或白酒商品或服务上，使用了另一成员用于标示有关商品或服务的地理标志，同时，其于部长级会议结束乌拉圭回合谈判之前已使用至少 10 年，或在该日前系善意使用，则本节之任何规定均不应要求该成员制止其继续以同样方式使用。

5. 如果在某成员适用下文第六部分规定之前或在有关地理标志于来源国获得保护之前，某商标已善意申请或获得注册，或已通过善意使用获商标权，则本节措施的实施不得因该商标与某地理标志相同或近似，而损害该商标注册的利益或效力，或损害该商标的使用权。

6. 如果某成员在其地域内的商品或服务上以惯用的通常语文作为通常名称使用时，与其他成员地理标志相同，则本节并不要求该成员适用本节之规定。如果在"建立世界贸易组织协定"生效之日，某成员地域内已有的葡萄品种的惯用名称与其他成员葡萄酒产品之地理标志相同，则本节并不要求该成员适用本节之规定。

7. 成员可做出规定：依本节而提出的任何有关（将地理标志作为商标）使用或注册的请求，均须在受保护的地理标志不被作为地理标志使用在该成员域内已经为人所共知之后的 5 年内提出，如果该商标在注册之日已被公布，并且公布之日早于上述"人所共知"之日，则须在该商标注册后 5 年内提出，只要对该地理标志的使用或注册不是恶意的。

8. 本节不得损害任何人在贸易活动中对其姓名或其继续用之营业名称的使用权，但若以误导公众的方式使用，则不在其列。

9. 对于在其来源国不受保护或中止保护的地理标志，或在来源国已废止使用的地理标志，依本协议无保护义务。

第四节 工业品外观设计

第二十五条 保护要求

1. 对独立创作的、具有新颖性或原创性的工业品外观设计，全体成员均应提供保护。

成员可以规定：非新颖或非原创，系指某外观设计与已知设计或已知设计特征之组合相比无明显区别。成员可以规定：外观设计之保护，不得延及主要由技术因素或功能因素构成的设计。

2. 各成员应保证其对保护纺织品外观设计的要求，特别是对成本、检验或公布的要求，不至于不合理地损害求得保护的机会。成员有自由选择用工业品外观设计法或用版权法去履行本款义务。

第二十六条　保护

1. 受保护的工业品外观设计所有人，应有权制止第三方未经许可而为商业目的制造、销售或进口带有或体现有受保护设计的复制品或实质性复制品之物品。

2. 成员可对工业品外观设计的保护规定有限的例外，只要在顾及第三方合法利益的前提下，该例外并未与受保护设计的正常利用不合理地冲突，也未不合理地损害受保护设计所有人的合法利益。

3. 可享有的保护期应不少于10年。

第五节　专　利

第二十七条　可获专利的发明

1. 在符合本条下述第2款至第3款的前提下，一切技术领域中的任何发明，无论产品发明或方法发明，只要其新颖、含创造性并可付诸工业应用，本条所指的"创造性"及"可付诸工业应用"，与某些成员使用的"非显而易见性"、"实用性"系同义语。均应有可能获得专利。在符合第六十五条第4款、第七十条第8款及本条第3款的前提下，获得专利及享有专利权，不得因发明地点不同、技术领域不同及产品之系进口或系本地制造之不同而予以歧视。

2. 如果为保护公共秩序或公德，包括保护人类、动物或植物的生命与健康，或为避免对环境的严重破坏所必需，各成员均可排除某些发明于可获专利之外，可制止在该成员地域内就这类发明进行商业性使用，只要这种排除并非仅由于该成员的域内法律禁止该发明的使用。

3. 成员还可以将下列各项排除于可获专利之外：

（1）诊治人类或动物的诊断方法、治疗方法及外科手术方法。

（2）除微生物之外的动、植物以及生产动、植物的主要是生物的方法；生产动、植物的非生物方法及微生物方法除外。

但成员应以专利制度或有效的专门制度，或以任何组合制度给植物新品种以保护。对本项规定应在"建立世界贸易组织协定"生效的4年之后进行检查。

第二十八条　所授予的权利

1. 专利应赋予其所有人下列专有权：

（1）如果该专利所保护的是产品，则有权制止第三方未经许可的下列行为：制造、使用、提供销售、销售，或为上述目的而进口该产品；这项权利，如同依照本协议享有的有关商品使用、销售、进口或其他发行权利一样，均适用上文第六条。

（2）如果该专利保护的是方法，则有权制止第三方未经许可使用该方法的行为以及下列行为：使用、提供销售、销售或为上述目的进口至少是依照该方法而直接获得的产品。

2. 专利所有人还应有权转让或通过继承转移其专利，应有权缔结许可证合同。

第二十九条　专利申请人的条件

1. 成员应要求专利申请人以足够清楚与完整的方式披露其发明，以使同一技术领域的技术人员能够实施该发明，并可要求申请人指明在申请日或（如提出优先权要求）在优先权日该发明的发明人所知的最佳实施方案。

2. 成员可要求专利申请人提供其相应的外国申请及批准情况的信息。

第三十条　所授权利之例外

成员可对所授的专有权规定有限的例外，只要在顾及第三方合法利益的前提下，该例外并未与专利的正常利用不合理地冲突，也并未不合理地损害专利所有人的合法利益。

第三十一条　未经权利持有人许可的其他使用

如果成员的法律允许未经权利持有人许可而就专利的内容进行其他使用（"其他使用"，系指除第三十条允许之外的使用）包括政府使用或政府授权的第三方使用，则应遵守下列规定：

（1）对这类使用的（官方）授权应各案酌处。

（2）只有在使用前，意图使用之人已经努力向权利持有人要求依合理的商业条款及条件获得许可，但在合理期限内未获成功，方可允许这类使用。一旦某成员进入国家紧急状态，或在其他特别紧急情况下，或在公共的非商业性场合，则可以不受上述要求约束。但在国家紧急状态或其他特别紧急状态下，应合理可行地尽快通知权利持有人。在公共的非商业使用场合，如果政府或政府授权之合同人未经专利检索而知或有明显理由应知政府将使用或将为政府而使用某有效专利，则应立即通知权利持有人。

（3）使用范围及期限均应局限于原先允许使用时的目的之内；如果所使用的是半导体技术，则仅仅应进行公共的非商业性使用，或经司法或行政程序已确定为反竞争行为而给予救济的使用。

（4）这类使用应系非专有使用。

（5）这类使用不得转让，除非与从事使用的那部分企业或商誉一并转让。

（6）任何这类使用的授权，均应主要为供应授权之成员域内市场之需。

（7）在适当保护被授权使用人之合法利益的前提下，一旦导致授权的情况不复存在，又很难再发生，则应中止该使用的授权。主管当局应有权主动要求审查导致授权的情况是否继续存在。

（8）在顾及有关授权使用的经济价值的前提下，上述各种场合均应支付权利持有人使用费。

（9）关于这种授权之决定的法律效力，应接受司法审查，或显然更高级主管当局的其他独立审查。

（10）任何规范这类使用费的决定，均应接受司法审查，或接受该成员的显然更高级主管当局的其他独立审查。

（11）如果有关使用系经司法或行政程序业已确定为反竞争行为的救济方才允许的使用，则成员无义务适用上述（2）项及（6）项所定的条件。确定这类情况的使用费额度时，可考虑纠正反竞争行为的需要。一旦导致授权的情况可能再发生，主管当局即应有权拒绝中止该授权。

（12）如果这类授权使用是为允许开发一项专利（"第二专利"），而若不侵犯另一专利（"第一专利"）又无法开发，则授权时应适用下列条件：

1) 第二专利之权利要求书所覆盖的发明，比起第一专利之权利要求书所覆盖的发明，应具有相当经济效益的重大技术进步；

2) 第一专利所有人应有权按合理条款取得第二专利所覆盖之发明的交叉使用许可证；

3) 就第一专利发出的授权使用，除与第二专利一并转让外，不得转让。

第三十二条　撤销与无效

撤销专利或宣布专利无效的任何决定，均应提供机会给予司法审查。

第三十三条　保护期

可享有的保护期，应不少于自提交申请之日起的20年年终。对于无原始批准制度的成员，保护期应自原始批准制度的提交申请之日起算。

第三十四条　方法专利；举证责任

1. 在第二十八条第1款（2）项所指的侵犯专利所有人之权利的民事诉讼中，如果专利的内容系获得产品的方法，司法当局应有权责令被告证明其获得相同产品的方法，不同于该专利方法。所以，成员应规定：至少在下列情况之一中，如无相反证据，则未经专利所有人许可而制造的任何相同产品，均应视为使用该专利方法而获得：

（1）如果使用该专利方法而获得的产品系新产品。

（2）如果该相同产品极似使用该专利方法所制造，而专利所有人经合理努力仍未能确定其确实使用了该专利方法。

2. 任何成员均应有自由规定：只有满足上述（1）或（2）规定之条件，被指为侵权人的一方，才应承担本条第1款所说的举证责任。

3. 在引用相反证据时，应顾及被告保护其制造秘密及商业秘密的合法利益。

第六节　集成电路布图设计（拓扑图）

第三十五条　与集成电路知识产权条约的关系

全体成员同意，依照"集成电路知识产权条约"第二条至第七条（其中第六条第3款除外）、第十二条及第十六条第3款，为集成电路布图设计（即拓扑图，下称"布图设计"）提供保护；此外，全体成员还同意遵守下列规定。

第三十六条　保护范围

在符合下文第三十七条第1款的前提下，成员应将未经权利持有人（本节中"权利持有人"一语，应理解为含义与"集成电路知识产权条约"之"权利的持有者"相同）许可而从事的下列活动视为非法：为商业目的进口、销售或以其他方式发行受保护的布图设计；为商业目的进口、销售或以其他方式发行含有受保护布图设计的集成电路；或为商业目的进口、销售或以其他方式发行含有上述集成电路的物品（仅以其持续包含非法复制的布图设计为限）。

第三十七条　无须获权利持有人许可的活动

1. 对于第三十六条所指的从事任何含有非法复制之布图设计的集成电路或含有这类集成电路之物品的活动，如果从事或提供该活动者，在获得该物品时不知也无合理根据应知有关物品中含有非法复制的布图设计，则不论第三十六条如何规定，任何成员均不得认为该活动非法。成员应规定：在上述行为人收悉该布图设计原系非法复制的明确通知后，仍可以就其事先的库存物品或预购的物品，从事上述活动，但应有责任向权利持有人支付报酬，支付额应相当于自由谈判签订的有关该布图设计的使用许可证合同应支付的使用费。

2. 上文中第三十一条（1）~（11）项规定的条件，原则上应适用于有关布图设计的任何非自愿许可证，或政府使用的或为政府而使用的、未经权利持有人授权的活动。

第三十八条　保护期

1. 在要求将注册作为保护条件的成员中，布图设计保护期不得少于从注册申请的提交日起，或从该设计于世界任何地方首次付诸商业利用起10年。

2. 在不要求将注册作为保护条件的成员中，布图设计保护期不得少于从该设计于世界任何地方首次付诸商业利用起10年。

3. 无论上述第1款、第2款如何规定，成员均可将保护期规定为布图设计创作完成起15年。

第七节　未披露过的信息的保护

第三十九条

1. 在保证按照《巴黎公约》1967年文本第十条之2的规定为反不正当竞争提供有效保护的过程中，成员应依照本条第2款，保护未披露过的信息；应依照本条第3款，保护向政府或政府的代理机构提交的数据。

2. 只要有关信息符合下列三个条件：

——在一定意义上，其属于秘密，就是说，该信息作为整体或作为其中内容的确切组合，并非通常从事有关该信息工作之领域的人们所普遍了解或容易获得的。

——因其属于秘密而具有商业价值。

——合法控制该信息之人，为保密已经根据有关情况采取了合理措施。

则自然人及法人均应有可能防止他人未经许可而以违背诚实商业行为的方式。在本节中，"以违背诚实商业行为的方式"，应至少包括诸如违约、泄密及诱使他人泄密的行为，还应包括通过第三方以获得未披露过的信息（无论该第三方已知或因严重过失而不知该信息的获得将构成违背诚实商业行为）。

披露、获得或使用合法处于其控制下的该信息。

3. 当成员要求以提交未披露过的实验数据或其他数据，作为批准采用新化学成分的医药用或农用化工产品上市的条件时，如果该数据的原创活动包含了相当的努力，则该成员应保护该数据，以防不正当的商业使用。同时，除非出于保护公众的需要，或除非已采取措施保证对该数据的保护、防止不正当的商业使用，成员均应保护该数据以防其被泄露。

第八节　协议许可证中对限制竞争行为的控制

第四十条

1. 全体成员一致认为：与知识产权有关的某些妨碍竞争的许可证贸易活动或条件，可能对贸易具有消极影响，并可能阻碍技术的转让与传播。

2. 本协议的规定，不应阻止成员在其国内立法中具体说明在特定场合可能构成对知识产权的滥用，从而在有关市场对竞争有消极影响的许可证贸易活动或条件。如上文所规定，成员可在与本协议的其他规定一致的前提下，顾及该成员的有关法律及条例，采取适当措施防止或控制这类活动。这类活动包括诸如独占性返授条件、禁止对有关知识产权的有效性提出异议的条件，或强迫性的一揽子许可证。

3. 如果任何一成员有理由认为作为另一成员之国民或居民的知识产权所有人正从事违反前一成员的有涉本节内容之法规的活动，同时前一成员又希望不损害任何合法活动，也不妨碍各方成员作终局决定的充分自由，又能保证对其域内法规的遵守，则后一成员应当根据前一成员的要求而与之协商。在符合其域内法律，并达成双方满意的协议以使要求协商的成员予以保密的前提下，被要求协商的成员应对协商给予充分的、真诚的考虑，并提供合适的机会，并应提供与所协商之问题有关的、可公开获得的非秘密信息以及该成员能得到的其他信息，以示合作。

4. 如果一成员的国民或居民被指控违反另一成员的有涉本节内容的法律与条例，因而在另一成员境内被诉，则前一成员应依照本条第3款之相同条件，根据后一成员的要求，提供与之协商的机会。

参考文献

[1] 潘杰. 展览艺术——展览学导论 [M]. 哈尔滨：黑龙江美术出版社，1992.

[2] 刘士名. 世界商品展览设计 [M]. 哈尔滨：黑龙江科学技术出版社，1992.

[3] 林厚福. 展示设计 [M]. 北京：学苑出版社，1996.

[4] 韩斌主. 展示设计学 [M]. 哈尔滨：黑龙江美术出版社，1996.

[5] 王天平，丁允朋. 博览经济与博览设计 [M]. 上海：上海人民美术出版社，2003.

[6] 苏文才. 会展概论 [M]. 北京：高等教育出版社，2004.

[7] 马勇，肖轶楠. 会展概论 [M]. 北京：中国商务出版社，2004.

[8] 王春雷. 会展市场营销 [M]. 上海：上海人民出版社，2004.

[9] 桑德拉·L.莫罗. 会展艺术会展管理实务 [M]. 上海：上海远东出版社，2005.

[10] 林厚福，马卫星. 展示艺术设计 [M]. 北京：北京理工大学出版社，2006.

[11] 王方华，过聚荣. 会展导论 [M]. 上海：上海交通大学出版社，2006.

[12] 巴利·西斯坎德. 会展营销全攻略 [M]. 郑睿译. 上海：上海交通大学出版社，2005.

[13] 李辉，谭红翔. 参展企业实务 [M]. 北京：对外经济贸易大学出版社，2007.

[14] 马勇，吴亚生，覃旭瑞. 会展空间设计与搭建 [M]. 重庆：重庆大学出版社，2007.

[15] 郭奉元. 会展营销实务 [M]. 北京：对外经济贸易大学出版社，2007.

[16] 程爱学，徐文峰. 会展全程策划宝典 [M]. 北京：北京大学出版社，2008.

[17] 王春雷，黄猛，吴凌菲. 参展实务 [M]. 北京：高等教育出版社，2010.

[18] 钟景松. 外贸参展全攻略——如何有效参加 B2B 贸易商展 [M]. 北京：中国海关出版社，2010.

[19] 王重和. 国际会展实务精讲 [M]. 北京：中国海关出版社，2011.

[20] 马勇，王春雷. 会展管理的理论、方法与案例 [M]. 北京：清华大学出版社，2013.

[21] 马勇，李丽霞. 会展学原理 [M]. 重庆：重庆大学出版社，2015.

[22] 王方华，过聚荣. 中国会展经济发展报告（2009）[M]. 北京：社会科学文献出版社，2009.

[23] 罗伊列维奇. 商务谈判 [M]. 北京：中国人民大学出版社，2015.

[24] 朱美婷. 在德国参展常见的知识产权问题"警告函"和"临时禁令"的应对措施 [J]. 进出

口经理人，2006（2）：62-64.

[25] 罗秋菊. 参展商参展决策研究——以东莞展览会为例 [J]. 旅游学刊，2007（5）.

[26] 马亚楠. 境外参展知识产权保护法律问题研究 [J]. 法制与社会，2010（5）.

[27] 俞华等. 从欧洲经验看中国会展知识产权保护 [J]. 中国中小企业，2010（5）.

[28] 钱龙. 论我国展会知识产权保护体系的完善 [J]. 中国高新技术企业，2012（29）：2-4.

[29] 段玉敏. 从会展角度探析展会的知识产权保护 [J]. 陕西农业科学，2012（2）：241-244.

[30] 何赟. 展会的知识产权保护研究 [J]. 经济思路探讨，2012（1）：40-41.

[31] 孙凌云. 论会展营销中的客户关系管理 [J]. 旅游纵览，2013（12）.

[32] 何会文，崔连广，王晶. 互动视角的企业参展绩效影响机理研究——兼论非典型观众的价值与贡献 [J]. 南开管理评论，2014（3）.

[33] 唐明贵. 贵州会展大数据发展的SWOT分析与对策 [J]. 市场论坛，2015（8）.

[34] 刘凯. 展会知识产权保护研究 [D]. 广州：华南理工大学硕士学位论文，2010.

[35] 赵颖. 论我国展会知识产权的保护 [D]. 兰州：甘肃政法学院硕士学位论文，2011.

[36] 王含西. 参展商参展绩效评估模型研究 [D]. 上海：华东师范大学硕士学位论文，2012.

[37] 裘晨雪. 中国境内展会知识产权纠纷处理研究 [D]. 广州：广州大学硕士学位论文，2012.

[38] 徐春林. 中国企业境外参展遭阻击 [N]. 国际商报，2008-03-06.

[39] 查灿长，方妍. 知识产权，国际会展踩不得的地雷 [J]. 上海应用技术学院学报，2009，3(1).

[40] 王婷. 931家中国会展从业者签署联合宣言保护知识产权 [EB/OL]. http://www.china.com.cn/chinese/kuaixun/1089415.htm，2006-01-11.